JN448602

브루그만의

시편사색

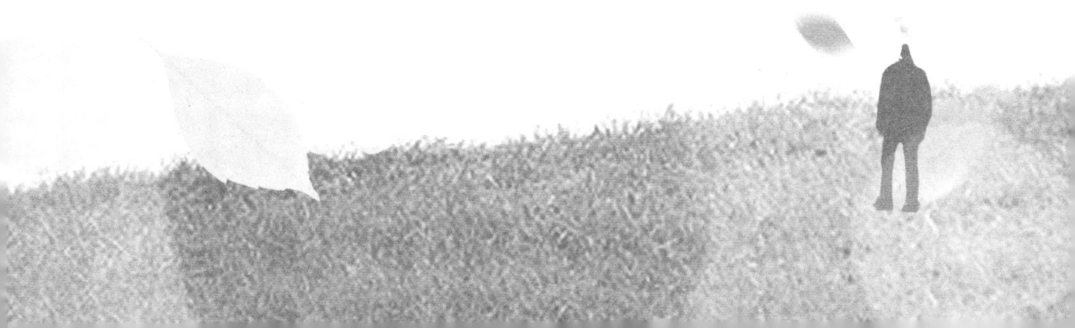

브루그만의 시편사색

초판 2쇄 2012년 7월 5일

지은이 브루그만
옮긴이 조호진
펴낸이 박영호
펴낸곳 도서출판 솔로몬
주 소 서울시 동작구 사당 3동 207-3, 신주빌딩 1F
전 화 02) 599-1482
팩 스 02) 592-2104
등록일 1990년 7월 31일
등록번호 제16-24호

ISBN 978-89-8255-403-3 03230

값 14,000원
ⓒ 2007 도서출판 솔로몬
이 출판물은 저작권법에 의해 보호를 받는 저작물이므로 무단 전제와 무단 복제를 할 수 없습니다.

브루그만의

시편사색

브루그만 지음

조호진 옮김

솔로몬

역자 서문

늘 그렇지만, 번역을 모두 마치고 나면 이렇게 번역된 책을 출간하는 것이 과연 옳은 일인지에 대한 고민을 하지 않을 수 없다. 과연 출간될 만한 책을 번역한 것인지도 의문이 들지만, 이런 수준의 번역을 책으로 내는 것이 민폐가 되지 않나 걱정스럽기 때문이다. 이번에는 잘 아는 선배 목사님께서 맡겨주신 책이었으니 책선정은 문제가 되지 않았다. 하지만 번역의 질과 수준에 대한 의문은 번역자에게 늘 꼬리표처럼 따라다닌다. 항상 그렇지만 아쉽고 송구스러울 뿐이다.

사실 '번역자의 글' 을 쓰지 않고 조용히 뒤에서 나타나지 않는 것이 어찌 보면 더 편안한 일인지도 모르겠지만, 본서를 읽고 공부하고자 하는 독자들에게 본서에 대한 특징과 더불어 본서를 읽을 때 좀 더 재미있고 유용하게 읽을 수 있는 방법 세 가지를 지적해 두고자 글을 쓰게 되었다.

첫 번째로, 브루그만은 시편연구서를 내면서 그의 서문에서도 밝혔듯이 영어번역성경보다는 자신의 직역본문을 더 즐겨 사용했다. 그렇

기 때문에 브루그만이 본문에 관해 이야기하는 내용을 읽다보면 과연 이 본문이 어디에서 나오는 본문 내용인지 이해하기가 모호한 경우들이 종종 있다. 그것은 브루그만이 히브리어 성경에서 직역한 내용을 본문으로 삼아 연구를 진행했기 때문이다. 이점을 염두에 두고 우리말 성경을 대조해 가면서 본서를 읽는다면 많은 도움이 될 것이다.

두 번째로, 브루그만은 독자들이 시편을 잘 알고 있다는 전제를 하고 책을 써 나갔다. 아니, 좀 더 솔직하게 말하자면, 브루그만은 독자가 시편을 통째로 암송하고 있다는 전제하에 글을 쓴 것 같다.

하나의 시편에 대해 해석하고 설명하는데 있어서, 그는 본문을 거의 인용하지 않고 바로 주석으로 이야기를 이어 나간다. 본문을 읽다 보면 논리적인 연결성이 없어 보이기도하고 언뜻 보아서는 서로 상관성 없는 주제들이 이 사이 저 사이 무질서하게 넘나드는 것처럼 보이기도 한다. 좀 더 심하게 말하자면 리포트를 얼기설기 엮은 것처럼 보이는 부분들도 상당히 있다.

그러므로 본서를 읽을 때 우리는 우선 성경을 펼쳐야 한다. 시편을 바로 옆에 펴 놓고 책을 읽다가 논리적으로 연결이 안 되는 것처럼 보이거나 혹은 뜬금없는 이야기가 돌출하는 것처럼 보이면 시편본문을 다시 정독한 뒤 본문으로 돌아와야 한다.

실제로 원서를 읽고 번역하면서 번역자인 나도 시편본문을 읽고 또 읽고 깊이 숙고해 보고나서야 작가가 말하고자 하는 의도를 찾아 낼 수 있었다.

다시 말하지만, 브루그만은 본서를 쓰면서 시편본문을 독자가 완전히 숙지하고 있다는 전제를 두고 집필을 한듯하다. 그런 까닭에 책의 서술 방식에서 대개의 경우 시편본문의 삽입 없이 바로 논평하거나 주석하는 방식으로 글쓰기가 이루어졌음을 다시 한 번 더 기억해주기 바란다.

마지막 세 번째로, 브루그만은 비평주의 방법론을 받아들이고 그것에 기초해서 연구를 진행했다. 번역자인 나의 개인적 신학성향은 보수적인 신학입장이다. 그렇기 때문에 브루그만의 신학적 전제나 해석과 주석 가운데 일정 부분은 개인적으로 수용하기 어려운 부분들이 있었다. 그러나 본서는 각자가 가지고 있는 신학적 입장과 성향에 관계없이, 브루그만이 이야기하고자 했던 시편에 대한 통찰력과 고민들은 유익한 부분들이 상당히 많다고 생각한다.

번역자는 확신하건대 브루그만의 이러한 통찰력은 오늘 현대를 살아가는 우리들에게 시편에 대한 새로운 이해의 지평을 열어주고 새로운 관심을 불러일으킬 수 있는 중요한 열쇠가 될 수 있을 것으로 확신한다.

역자 조호진

차례

저자 서문

시편은 연구하기에 낯선 문학이다. 시편은 매우 분명하고 명확해 보인다. 시편문학은 모호하지도, 전문적이지도 혹은 복잡하지도 않다. 하지만 누구든지 시편 연구를 시작하면, 아직 풀리지 않은 매혹덩어리들이 그 안에 담겨 있음을 알게 된다. 시편에 대한 모든 주석들은 필연적으로 부분적이거나 일시적일 수밖에 없다. 물론 이 책도 그런 제한적인 결과물 중 하나일 수밖에 없다. 그러나 이 책의 연구가 부분적이고 일시적인 성격을 가질 수밖에 없는 이유는, 그저 연구 자체가 제한적이어서가 아니라 시편이라는 연구재료의 성격 때문이다. 시편이라는 문학재료에는, 다루어질 수 있는 것 그 이상의 무언가가 있다. 그래서 시편 연구자는 완전하지 못하다는 느낌이나 혹은 충분히 검토하지 못했다는 생각으로 연구를 끝내게 된다. 물론, 바로 이런 점으로 인해, 시편은 우리의 해석이 다 끝난 뒤에도 계속해서 오랫동안 우리에게 자양분을 공급해 준다. 우리는 시편 문학에 대한 여러 주장과 요구들이 고갈되지 않고, 여전히 샘솟듯이 분출되고 있음을 잘 알고 있다.

나는 비평주의 학문의 위대한 유산을 시편 연구와 따로 떼어놓을 수 없다는 입장을 취해왔다. 그러나 이런 비평주의 유산을 모두 반복하거나 혹은 그런 연구 자료들을 일일이 열거할 필요는 없다고 생각하며, 또한 그렇게 열거하는 것이 유익하다고 생각하지도 않는다. 그러나 그럼에도 불구하고 그런 유산들에 의존하고 있고, 비평주의 연구업적을 이 연구의 중요한 토대로 사용할 것이다. 사실, 내가 본서를 구성한 기본적인 계획은 양식비평(form-critical)과의 교감에서 얻어진 것이다.

나는 정위(定位)-혼미(昏迷)-새로운 정위(orientation-disorientation-new orientation)이라는 "틀"을 사용했다. 그러나 이 책을 비평적으로 읽는 사람이든 아니면 이 책을 시편 영성의 입문서로 사용할 사람이든 간에, 애당초 이런 골격을 엄격하게 적용하고자 제안한 것이 아님을 먼저 말해두고자 한다. 이런 틀이 시편을 포괄하는데 충분하다고 생각하지 않는다. 왜냐하면 사실 우리에겐 시편을 가장 적절히 이해할만한 "마스터 키"가 없기 때문이다. 내가 이런 구성 원리를 제안한 것은, 지금까지 다른 방식으로는 보지 못했던 시편내용들을 볼 수 있도록 돕기 위해서이다. 어떤 패러다임이 훌륭한가 그렇지 않은가의 기준은, 좀 더 깊은 연구를 하고자할 때 그 패러다임이 학생 스스로 길을 발견하는 것을 도와주느냐 그렇지 않느냐에 달려있다. 특별히 이 도구를 우리의 신앙생활에서 "부정적인 (내용의) 시편들"을 어떻게 이해할 수 있는가를 보여주는 방법으로 사용했다.

나는 "비평주의 이후"의 시편해석이 어떠해야 하는지 그 방향성을 보여주는 시도를 하는 한편, 특히 내가 염두에 둔 것은 시편의 목회적 활용에 대한 내용이다. 이것을 통해서, 신앙공동체의 실제적인 삶에서 어떻게 시편이 신앙의 목소리로서 역할 할 수 있는가를 보여주고자 했다. 그래서 시편의 흐름과 일상적인 우리 삶의 역동성을 서로 연결시켜 생각하고자 노력했으며 삶의 전개 단계들이 갖는 모든 세밀한 과정들에 대해서 혹은 "진행들"에 대해서 주의를 기울였다. 마찬가지로 시편의 모든 세밀한 단계들에 대해서도 주의를 기울였다. 그러나 우리가 삶의 여러 움직임들이나 변화들을 하나의 방식으로서가 아니라 다양한 방식으로 만나게 되는 것처럼, 신앙생활에 있어서도 여러 다양한 움직임들과 여러 시기들이 있다는 것은 너무나 자명해 보인다. 나는 일반적인 우리의 경험들과 시편을 통해 주어지는 신앙의 공급, 이 양자 간을 연결하고자 노력했다. 이 점에 대해 고집을 피우거나 혹은 환원주의자가 되고 싶지 않다. 하지만 목회적 아젠다가 비평적 학문성을 통해 목회적 차원에서 이익을 누릴 수 있다는 점, 그리고 목회적 아젠다가 지나치게 인기에 영합하거나 우민화할 필요가 없다는 점도 보여주고 싶다.

여기서 활용한 비평주의 방법론에 대해 살펴보자면, 우선 나는 베스터만(C. Westermann)이 재정비한 궁켈(H. Gunkel)의 양식분석(form analysis)을 대부분 채용했다. 시편의 장르는 내가 사용한 틀(정위-혼미-새로운 정위)에 아주 중요한 정보를 주었다. 두 번째로, 나는 예배의 창조성에 관한 모빙켈(S. Mowinckel)의 이해가 기대이상의 도움이 된다는 것을 발견할 수 있었다. 베거 (Beger)와 룩크만(Luckmann) 그리고 그들의 이해를 통해서, 나는 "사회적 구성"이 능동적, 창조적인 과제임을 알았다. 예배(혹은 이와 같은 사회구성이 생기는 모든 장소에서)는, 우리에게 새로운 세상을 형성해주는 상상력이 있고 창조적인 구두 연설의 배경(setting)이 된다. 그리고 이것은 우리의 경험에서 동떨어진 것이 아니다. 또한 나는 궁켈의 연구 속에 들어있었지만 요즘 들어서야 많은 관심을 받는 방법론, 갑작스럽게 등장하고 있는 사회학적이고 수사학적인 분석 방법들에 대해서도 주의를 기울이고자 노력했다. 이 방법론들은, 내가 보여주고자 했던 것처럼, 시편 안에서 진행되는 내용들이 우리 삶에서 진행되고 있는 것들과 매우 상통하는 공통점을 갖고 있으며 긴밀하게 접촉되고 있음을 보여 준다.

나는 시편 전체를 완전하고 충분하게 다뤄야 한다는 의무감을 느끼지는 않았다. 만약 내가 제안한 틀이 생존력을 갖고 있다면, 이 틀은 여기서 다루어지지 않은 다른 여러 시편들이 어디에 놓여야하고 전체와의 관계 속에서 어떻게 이해되어야 할지를 알려줄 것이다. 제왕시(royal psalms), 시온의 노래들 혹은 위대한 역사적 이야기들에는 관심을 많이 기울이지 않았다. 이런 시편들이 지금의 연구에서는 그리 유용하다고 생각하지 않기 때문이다. 물론 그렇다고 해서 이런 시편들이 목회적인 관심들에 유용하지 않다는 것은 아니다.

나의 주된 관심은 신학적인 것이었다. 이 연구의 마지막 부분에서, 십자가 고난과 부활이라는 신학적 틀을 통해 시편의 형태와 역동성을 가장 잘 이해할 수 있다는 결론에 도달했다. 그러나 이런 결론을 통해 시편을 "기독교적인 책"으로 탈바꿈시키길 원한 것은 결코 아니다. 나는 시편 본문들이 심오한 유대적 특성을 갖고 있음을 반복해서 강조했다. 도리어 내가 말하려는 내용은 다음과 같다.

기독교인들에게 정위(定位)-혼미(昏迷)-새로운 정위(orientation-disorientation-new orientation)간의 이동은, 나사렛 예수의 생애를 통해서 가장 명백하게 잘 나타난다. 물론 이 내용이 예수님의 생애에만 배타적으로 나타나는 것은 아니라고 생각한다. 빌 2:5-11에서도 이런 이동을 명백하게 볼 수 있는 표현을 발견할 수 있다. 이 부분은, 다른 뭔가를 특별히 강조하지 않아도 내가 제시한 틀과 서로 연관될 수 있다.

> 정위: 그는 근본 하나님의 본체시나
>
> 혼미: [그는] 자기를 비어
>
> 새로운 정위: 이러므로 하나님이 그를 지극히 높여

나는 이 내용을 존재론적인 방식으로 이해하지 않는다. 더 나아가서 기독론적인 논리에서 이해하려는 것에도 관심이 없다. 이 내용에서는 예수님의 생애, 특히 고난 이야기가 이런 예수님의 삶을 좀 더 명확하게 묘사한다. 아마 왕의 운명에 대한 제의와 특별한 연관성을 지니고 있다고 생각한다.

교회 생활에서는 세례가 이런 문제를 종교의식적인 형태로서 잘 보여준다. 시편에서 내가 묘사한 두 개의 이동은, 세례에 있어서도 핵심적으로 동일하게 관찰 된다.

> 그러므로 우리가 그의 죽으심과 합하여 세례를 받음으로 그와 함께 장사되었나니 이는…그리스도를 죽은 자 가운데서 살리심과 같이 우리로 또한 새 생명 가운데서 행하게 하려 함이니라(롬6:4).

세례를 통해서, 우리는 자기 삶에 대한 통제를 상실하는 것(혼미)이 새로운 삶(새로운 정위)의 전제 조건임을 알 수 있다.

구약성경의 근본적인 사상 속에서도(예레미야, 에스겔 그리고 제2 이사야), 예루살렘의 운명에 대해 동일한 이동들이 마찬가지로 나타난다. 예루살렘은 세워지고 심겨지기 위해서(렘 1:10) 반드시 뽑아지고 부서져야하는 도시이다. 큰 대가를 치르거나 연속성이 깨져 불연속성이 되는 의미는, 유대인들이 홀로코스트나 이스라엘의 상황을 이해하고자 노력하는데 중요한 역할을 했다.

전승의 세 가지 차원들, 즉 예수님의 생애, 기독교 신자들의 세례 그리고 예루살렘을 둘러싼 유대인들의 운명, 이 모든 것들은 깊은 상실과 함께 놀라운 은혜가 강한 긴장 속에서 하나로 묶여있음을 단적으로 보여준다.

이러한 것들을 통해서 우리는 시편연구에 도움을 얻을 수 있다. 부정적인 (내용의) 시편들, 다양한 종류의 불평들, 원수를 갚아 달라는 부르짖음들 그리고 심각한 참회 등등이 하나님으로 향한 신앙의 삶에서 어떻게 토대를 이루는가를 보여준다. 대부분의 기독교 영성과 경건은, 궁극적으로는 신비적이거나 혹은 비현실적인 면을 가지고 있다. 우리는 빛의 자녀들로서, 힘에서 힘으로 그리고 승리에서 승리로 나아가는 것을 추구하면서 어두움과 혼미(disorientation)에 관한 목소리들을 의도적으로 멀리해 온 경향이 있다. 그러나 이러한 방식은 시편을 무시하는 것과 같은 처사이다. 경험이라는 측면에서 볼 때, 그와 같은 행위는 스스로 속이는 것이다. 차일즈(B. S. Childs)가 시편을 정경적인 책으로 간주하면서 궁극적으로는 소망의 책으로 다룬 것은 분명 올바르다. 그러나 그 소망은, 놀랍게도 하나님께서 그 가운데에 존재하고 계시는 상실과 어두움 가운데에 분명 뿌리를 두고 있다. 유대인들의 유랑, 십자가 고난에 대한 기독교인들의 고백, 우리 삶속에서 우리가 반드시 만나야만 하고 결코 배격할 수 없는 어두움이 있다는 솔직한 고백-바로 이 모든 것들이 새로운 삶을 선물로 받기 위한 토대이다.

시편은 지배 문화를 크게 파괴한다. 그것은 우리가 들어 가야하는 어두움을 부인하거나 혹은 없는 척 덮어버리고자 한다. 개인적으로 본다면, 우리는 부정적인 측면에서 멀어져 있다. 공적으로 본다면, 우리는 통제를 실행하려는 노력이 실패했음을 부인한다. 핵무기를 통해 통제하려는 우리의 필사적인 마지막 노력은, 우리가 통제하는데 실패했음을 적나라하게 고백하는 것이나 마찬가지다. 하지만 우리 사회는 광고 선전이나 소비 중심주의 이데올로기를 통해 이런 면들을 위장한 채, 계속해서 이 길로 나아간다. 이 모든 것에 대항해서, 시편은 강력한 항의를 제기하고 또한 우리가 좀 더 진솔한 모습으로 어두움에 직면하도록 초청한다. 어두움에 맞대응할 수 있고 또한 그 안에서 살 수 있는 근거는, 비록 현재 어둠속에 처해 있지만 그 안에서도 우리는 부르짖을 대상이 계시기 때문이다. 부르짖을 대상인 그분은, 비록 어둠속에 계시지만 그저 어둠의 일부분은 아닌 분이시다(참조. 요 1:1-5). 이 분이 우리와 함께 어둠속에 계시겠다고 약속하셨기 때문에, 우리는 빛의 힘이라는 손쉬운 방법을 통해서가 아니라 흔들림 없는 연합의 능력을 통해 어두움이 기묘하게 변화하는 것을 발견하게 된다. 어둠속에서 그분이 "두려워말라"라고 말씀하시는 것을 통해, 우리는 놀랍게 새로운 삶을 부여받는다. 시편은 자기기만을 향해 던져진 경계선이다(참조. 렘 5:22). 시편은 우리에게 개인적으로건 혹은 공적으로건 어두움을 부인하거나 무시하는 것을 허용하지 않는다. 왜냐하면 셋째 날이건 혹은 막을 수 없는 다른 정해진 날을 통해서건, 어두움이 있는 그곳이 바로 새로운 삶이 시작되는 곳이기 때문이다.

시편에 대한 나의 생각은, 이 책의 서론 앞 표제부분에 써넣은 업다이크(Updike)와 미란다(Miranda)의 글에서 인용한 두 개 인용 사이에서 다루어졌다. 업다이크는 종교적 언어가 "죽은 자들의 말씀들"이며, 이 말씀들은 화자가 죽은 이후에도 힘과 권위를 가지고 남는다고 주장한다. 다시 말해서, 사람은 아마도 "언어적 피조물"이기 때문에, 우리에 관해 가장 오랫동안 지속되는 것은 서로에 대한 우리의 진지한 언어(speech)이다. 그러므로 나는 이런 시편 말씀들이 우리들 가운데서 가장 살아있고, 현재적이고 능력 있는 것으로 드러나게 될 "죽은 사람들의 목소리"라고 간주한다(참조. 히 12:1). 토끼(Rabbit)에 관해 업다이크가 훌륭하게 특징적 표현(업다이크는 "토끼는 부자다"를 비롯해 4개의 유명한 토끼관련 소설을 썼다-역자 주)을 하게 되는 것은, 토끼가 다른 모든 것들을 조롱했는데도 불구하고 토끼가 조롱하거나 무시해버리거나 혹은 평범화시켜 버릴 수 없는 강력한 말씀들과 얼굴과 얼굴을 맞대게 되었을 때이다.

진술한 이 순간은, 엘리 비젤(Elie Wiesel)의 특징적인 표현으로 다시 강조된다. "시는 존재한다. 그래서 죽은 사람들도 찬반을 표현할 수 있다." 그들은 시편 안에서 실제로 표현한다. 그들은 신앙에 찬성을 표한다. 그러나 신앙에 찬성을 표하면서, 더 나아가 진술함에, 고통에, 열정에 그리고 결국에는 기쁨에 찬성을 표현한다. 그들의 계속적인 의사표현은 생명의 말씀이 될 말씀을 제시해 준다.

다른 한편, 미란다(Miranda)의 이야기는 매우 다른 정황에서 출발한다. 업다이크가 예술적, 문학적 실체를 이야기하는 반면, 미란다는 그런 미학적인 것에는 거의 시간을 할애하지 않고 사회적 현실 상황을 겨냥한다. 그는 우리 연구주제에 주변인들의 상처와 사회학적 분석이라는 비평적 도구들을 가져온다. 미란다는 역설했을지도 모르지만, 나는 해방신학을 하는 것에 대해 자세히 이야기하지 않았다. 왜냐하면 어떤 목적의식에 속해 있는 것이 아니라 시편을 듣는 것에 집중하기 때문이다. 그러나 시편 기록자들도 인간의 웰빙(well-being)을 존중하지 않는 신앙에 대해서는 인내하지 않았다. 그들은 인간의 웰빙을 존중하지 않고 다른 식으로 생각하거나 행동하는 어떤 하나님에 대해서도 참을성이 없다. 이런 유대적인 주장은 기독교의 모든 손쉬운 영성에 대해 경고한다. 정의, 의로움 그리고 공평함에 대한 질문들은 종종 우리를 놀라게 하면서 힘과 규칙성을 가지고 규칙적으로 보좌에 아뢰어진다.

나는 업다이크와 미란다가 제공한 내용들이 하나로 함께 묶여있다고 확신할 수는 없다. 업다이크의 토기도 그렇게 생각하지 않았을 것이다. 왜냐하면 공의에 대한 열정적인 이슈들은 그의 영역에 거의 없기 때문이다. 토끼에게는 매우 안타까운 일이다. 역시 우리에게도 매우 안된 일이다. 토끼는 우리에 대한 연구이자 우리의 풍부한 현대성에 대한 연구이기 때문이다. 아마도 바로 이것이 토끼가 기껏해야 시편의 맨 가장자리에만 서성이는 이유일 것이다. 그는 시 안으로 들어설 수 없으며, 주장할 수 없으며, 확신할 수 없으며, 혹은 시를 통해 자신을 나타낼 수도 없다. 그는 찬양할 수 없다. 그는 부르짖을 수 없다. 시편은 토끼와 그의 동료들에게 어두운 불연속성의 이 세상으로 들어오라고 불러들이는 초청이다. 이것이 바로 세상이기 때문이다. 신실한 부르짖음과 응답이 변화와 차이를 만들어내는 것도 바로 이 세상에서이기 때문이다. 이 점이 "우리 모두는 변하게 될 것입니다."라는 이유이다. 시편은 멈추지 않을 것이다. 시편은 지금까지도 멈추지 않았다. 그리고 시편은 깨어짐과 어그러짐조차도 포용하고 있는 삶 전체 안으로 들어오도록, 토끼 같은 사람들을 계속해서 초청한다.

본문에 대한 인용은 RSV에서 인용하거나 혹은 저자 자신의 번역에서 채택해 사용했다.

놀트(Ernest F. Nolte)에게 평생 동안 빚진 것을 고백하며 헌사를 드리고자 한다. 그는 친구이자, 교사요 멘토이며 대학동료, 목사, 모델 그리고 무엇보다도 "believer-inner" 였다. 그는 시편의 파토스와 기쁨으로 산다. 그는 토라의 사람이다. 그는 시냇가에 심겨진 나무와도 같은 사람이다(시 1:3). 그의 마음은 견고하다(시 112:8). 이로 인해 우리는 더욱 더 좋으며 이를 통해 축복을 받는다.

나는 특별한 감사의 말을 매우 사려 깊고 현명한 편집자인 프렛타임(Terence E. Fretheim) 교수에게와 그리고 이 책이 출판되어 나오기까지 나를 뒷받침해 주신 Augsburg Publishing House 출판사 분들께 드리고자 한다.

브루그만(Walter Brueggemann)

서론

"목회자들을 네가 원하는 대로 비웃어라,

그들은 우리가 들어야 할 말씀들,

죽은 자들이 이야기했던 말씀들을 가지고 있다."

Rabbit in John Updike, *Rabbit Is Rich*

"시편은 불의에 대한 정의의 투쟁을 보여주고

있다고 분명하게 말할 수 있다."

Jose Miranda, *Communism in the Bible*

시편은 우리에게 주어진 성경전승 중에서 가장 믿을 만한 신학적, 목회적, 종교의식적(제의적) 자료들을 제공해 준다. 즐겁고 고통스런 시절들이 시작되고 끝날 때, 세대가 가고 또 다른 세대가 올 때, 신앙을 가진 남녀들은 그들의 문젯거리들을 들고 하나님과 대화를 하곤 한다. 시편은 이런 대화를 도와주는 좋은 자료이다. 시편이 하나님과의 대화에 도움이 되는 이유는, 시편은 처음부터 신앙의 대화를 나누는 양 편 모두를 표현하는 대화체 문학이기 때문이다. 한편으로는, 폰 라트(Von Rad)가 지적했듯이, 이스라엘이 하나님 앞에서 표현한 신앙의 고백들이 시편의 구성요소이다. 시편이 이런 도움을 충분하고도 훌륭하게 제공하는 이유는, 진지한 찬양에서부터 말할 수 없는 분노와 의심에 이르기까지, 하나님을 향한 이스라엘의 모든 말을 시편이 잘 표현하기 때문이다. 또 다른 한편으로는, 루터가 그토록 열정적으로 이해했던 것처럼, 시편은 그저 하나님께만 드려졌던 것이 아니었기 때문이다. 시편은 복음의 소리였으며, 하나님의 신실한 백성들에게 선포된 하나님의 선한 말씀이기도 했다. 신앙 공동체는 시편 문학을 통해서 하나님의 위엄어린 선포를 들었고 또한 지금도 계속해서 듣고 있다. 이 하나님께서는 가장 깊은 필요 속에서 그리고 가장 높은 찬양 속에서 공동체를 만나주시는 분이시다. 시편은 우리의 삶 전체를 하나님의 다스리심 아래로 이끌어 놓는다. 그곳은 모든 것들이 복음의 하나님께 복종해야 하는 곳이다.

오늘날의 시편해석은 묘한 상황으로 둘러싸여 있다. 우선 경건한 해석전통이 있는데, 이 전통은 시편이 훌륭하고 모범적인 신앙, 또는 깊은 신앙에 필요한 내용들과 이런 깊은 신앙을 소유하는 데에 필요한 유익한 조건들이 정밀하게 조율되어 있다고 본다. 시편활용에 대한 이런 전통은 비평이전적인 경향을 갖고 있다. 또한 이와는 달리, 좀 더 일반적인 의견일치를 이루고 있는, 잘 확립된 학문적 해석 전통도 있다. 이 해석전통은 비평적인 경향, 즉 경건적인 전통의 단순함을 넘어서서 연구하는 경향을 가지고 있다. 하지만 때때로 이 해석방법은 통찰력 깊은 모습이기보다는 학구적인 모습이 되기도 한다. 이러한 두 가지 해석 전통은 상대편에 대한 지식이나 관심의 결여, 혹은 만남의 부재 속에 진행되었다. 경건적인 전통은 학문적 관점들과 통찰력을 무시함으로써 분명 약화되어 왔다. 반대로, 학문적인 해석 전통은 연구 방법론에 있어서 상당히 딱딱하고 건조해지는 양상을 띠는 데, 그 이유로서 전자는 통찰력들과 방법론들을 시편주석의 본질적인 문제들에 도입하는 것에 무능력하거나 아니면 매우 그것을 꺼려하는 것에 기인하며, 후자의 경우에는 너무 지나치게 형식적인 질문들에 집착하는 경향을 보이기 때문이다. 그렇다고 해서, 이 두 해석 전통 간의 이러한 간격을 너무 지나치게 과장해서 이야기할 필요는 없다. 해석자들 간에 얼마간의 접촉점과 일치점들이 있기 때문이다. 하지만, 그렇다 하더라도 이런 접촉은 제한적이고, 극히 미온적인 수준이다.

정말 필요 불가결 하다고 생각되어 지는(그리고 여기서 시도하고 있는) 것은 비평이후적인(postcritical) 해석이라는 것에 동의한다. 경건적인 전통과 학문적인 전통 이 양자가 서로를 뒷받침하고, 정보를 주고,

또한 서로를 바로잡게 해주는 역할을 담당한다. 그래서 학문적 방법들의 수확이 경건의 본질에 대해 비평할 뿐만 아니라 경건의 전통을 확장하고 더 강하게 만들어 주는 것이다.

시편은 복음 선포에 있어서 아주 길고 신실한 시편해석의 역사를 가지고 있는데, 이 역사는 심지어 비평주의로부터도 방해받지 않았다. 이런 시편 이해는, 이미 잘 알려져 있으며 대중적으로 사랑받고 있는 몇몇 시편들 특히 23, 46, 121편 등에 초점을 맞추고 있다. 이러한 시편들은 개인적인 경건을 통해 표현된다. 이와 같은 대중적인 경건성은 시편들 중에서 몇몇 시편들만을 매우 선택적으로 사용하는 경향이 있다. 이러한 시편들은 지극히 로맨틱한 경향을 가지고 있어서, 신앙인들에게 믿음의 확신을 불어넣어 주거나 믿음을 강화하는데 도움을 준다. 이런 선택적인 (그리고 로맨틱한) 경향은 선택된 시편들을 교회의 예배의식들에서 많이 사용함으로써 재차 강조된다. 이런 양상은 주로 교회의 온건한 해석을 뒷받침하는 긍정적이고 "훌륭한" 시편들만을 활용하게 한다(가장 폭이 넓다고 하는 몇몇 로마 카톨릭의 책들에서조차도, 시109편을 교회의 예배생활에 "너무 지나친" 것으로 간주해서 누락시키고 있다). 다음에 이어질 논의에서는, 이와 같은 선택이라는 문제에 대해 진지하게 비평할 것이다. 내가 강조하는 바는, 모든 시편이 각각의 가치를 충분히 드러낼 수 있도록 해야 한다는 것이며, 모든 시편들이 우리의 삶의 정황 속에서 반드시 사용 되어져야 한다는 것이다. 선택하는 폭이 좁아지면 좁아질수록, 우리의 비평은 점점 더 예리해지고 거칠어져야 한다. 왜냐하면 이와 같은 선택적 삭제는 하나님과 더불어 지내온 이스라엘 삶의 여러 모습들을 우리가 이해하는 데에 걸림돌이 되기 때문이다.

이와 같은 선택은 결과적으로 하나님과 이스라엘간의 상호관계의 범위를 절뚝발이 모습으로 매우 심각하게 축소시켜버린다.

나의 비평은, 비록 타협하지 않는 모습 그대로라고 하더라도, 그럼에도 제한적이다. 왜냐하면 시편은 독자들이 어떤 수준이든 간에-원시적이든 혹은 학문적인 수준이든, 제한적이든 혹은 포괄적이든, 솔직하든 혹은 보호적이든 간에- 신앙의 사람들이 시편 안으로 들어오는 것을 허락하기 때문이다. 다양한 진술과 민감성을 가지고 있는 모든 "종류와 상황의" 신앙을 가진 사람들은, 시편에서 영원히 공급되는 "생명의 양식"을 발견한다. 비록 의사소통에서 발생하는 갖가지 방식들에 대해 완전히 이해하지는 못한다 하더라도 모든 비평적 학문성은, 이 문학에서 수용되어 제공된 선물을 존중해야만 한다.

우리는 비평이전적인 해석 전통들 중 또 다른 방식에 대해서도 깊이 숙고해 보아야만 한다. 이것은 과거 많은 세대들이 행했고 또한 지금도 시편을 대중적으로 사용하는 방식보다 앞선 것이다. 단순히 신자들뿐만 아니라 위대한 복음주의적 신앙의 교사들도, 마찬가지로 시편에서 신앙을 위한 특별한 자료를 발견했다. 그들은 현대적 학문성의 별다른 도움 없이도 그러한 일들을 했다. 좀 더 정확하게는, 특히나 위대한 종교개혁자들이 그들의 복음적인 열정과 식견을 시편을 사용하고 연구하는데 집중했다. 루터가 종교개혁에 대한 그의 통찰력들을 로마서에서 토대를 두었던 것처럼, "새로운 의로움"에 대한 중심적인 선언을 시편에서 찾았다. 이 신학적 전통은 시편이 하나님의 복음 전반을 요약적으로 표현한다고 결론지었다. 이것은 칼빈에게 있어서도 마찬가지였다. 그는(종종 그가 풍자되는 것처럼) 합리성만 가지고 있던 사람이 아니라,

적절하고 상상력이 풍부한 신앙의 표현을 추구했던 깊은 경건성을 지니고 있던 사람이었다. 그가 사람이 표현한 신앙 전반을 발견했던 곳은, 다름 아니라 시편에서였다. 그는 시편을 향해, 하나님과 함께하는 삶이 치러야 할 대가와 그런 삶이 주는 기쁨을 충분히 보여주는 "영혼의 해부도"라고 불렀다.

시편에 대한 이런 이해들은 우리에게 매우 귀중한 것이다. 뿐만 아니라 이것들은 매우 중요하고 결정적이다. 우리는 이런 종교개혁가들 이후에 등장한 비평적 학문성의 수확들이, 우리를 이런 고귀한 주장들로부터 멀어지게 하는 것을 결코 용납해서는 안 된다. 그러나 그럼에도 불구하고 이런 위대한 종교개혁자들이 "비평 이전적"이었다고 주장하는 것만은 아니다. 우리가 해 왔고 앞으로도 해 나가야 하는 것과 마찬가지로, 사실 그들은 그들에게 활용 가능했던 가장 비평적인 연구 방법들을 실행했고 진전시켰다.

우리는 비평이전적인 사람들이 아니다. 우리는 학문적 합의점들을 물려받은 상속자들인데, 이런 학문적 업적은 시편 설명을 위해 사용되어야 하고 또한 우리의 교사로서 그것을 반드시 포용해야만 한다. 나는 이제 계속해서 뒤에 이어질 내용들에서 이러한 학문적인 합의점들을 통해 정보를 충분히 공급받으면서 시편들을 다룰 것이다. 이것은 단순한 것이기보다는 요약적인 것이 될 것이다.

시편에 대한 학문적 연구의 성과물들은 주로 헤르만 궁켈의 양식비평적 접근을 통해서 얻어졌다. 궁켈의 뛰어난 통찰력은, 시편의 표현 형태들과 표현 양식들이 대부분의 경우 몇몇 되풀이되는 패턴들로 이해할 수 있다는 것을 발견했다(분명, 모든 시편들이 이런 패턴들에 종속되지는 않으며, 또한 우리는 그렇게 해야 한다는 특별한 압박감을 느낄 필요도 없다). 더군다나 이런 몇 개의 전형적인 언어 양식들은 어떤 특징적인 신앙의 행위들을 표현했는데, 이런 언어 양식들은 아마도 반복적인 삶의 정황이나 혹은 반복적인 종교의식 행위를 반영했던 것 같다. 그러므로 궁켈이 발견한 것은, 언어(speech) 양식들, 종교적 주장들 그리고 사회적 배경들이 집합적으로 군(群)을 이루고 있다는 점이었다.

이점은 시편연구에 있어서 우리 목적을 위해서 각각의 모든 개별 시편들을 모두 생각할 필요가 없으며, 그렇게 할 수도 없다는 것을 의미한다. 그리고 우리는 각각의 개별 시편들을 마치 그 시편이 홀로 서 있는 것 인양 그렇게 외떨어진 독립체로 취급할 필요도 없다. 우리는 어떤 언어 양식의 특징적이고 전형적인 본보기 역할 하는 몇몇 대표적인 시편들을 선택할 것이다. 이런 시편들은 신앙의 어떤 전형적인 행위들이나 주제들에 대해 자세히 설명해 주거나, 혹은 신앙과 불신앙의 어떤 전형적인 상황을 반영한다. 그러므로 시편 연구는, 비록 하나하나 개개의 시편들이 가지고 있는 세부적이고 특정적인 점들과 주제발전들에 관해서도 주목해야겠지만, 그러나 여기서는 먼저 시편의 몇몇 전형에 대한 주의를 기울이면서 시작할 것이다. 한 그룹에 속해 있는 여러 시편들의 세부적인 주제발전들은, 전형적인 시편이 다양한 화자들을 통해 다양한 내용들로 발전해나가는 놀랄만한 개방성을 갖고 있음을 보여준다.

시편 연구에 있어서 두 번째 중요한 진전은, 궁켈의 제자였던 모빙켈을 통해서 이루어졌다. 모빙켈은, 이러한 대표적인 시편들을 이스라엘의 삶을 주도했던 단일한 제의적 배경(setting)을 통해서 가장 잘 이해할 수 있다는 가설을 발전시켰는데, 이 주장은 학자들의 폭넓고 꾸준한 관심과 인정을 받아왔다. 모빙켈은 많은 시편들이 해마다 새해가 되는 시점에 예루살렘 성전에서 성대하게 거행된 즉위 축제을 반영한다고 주장했다. 이스라엘의 하나님인 야웨께서는 이 축제에서 그 해의 새로운 왕으로 성대하고 종교의식적(제의적)인 방식으로 재등극하는데, 이 재등극은 창조를 새롭게 갱신하고 웰빙(well-being)을 보증하는 것이다. 예루살렘의 다윗왕가는 이 의식에서 중추적 역할을 했고, 그리고 물론 이 제의가 갖는 신학적인 주장들을 통해 큰 정치적 수확을 거두어들였다. 모빙켈은 그의 주목할 만한 연구 업적에 의해서, 많은 시편들을 포괄할 수 있는 방법을 발견했다.

그의 가설에 대한 학문적인 반응은 두 가지이다. 한편에선 이 가설이 너무나 포괄적이고 광범위해서 지나치게 확대된 주장을 하는 것이며, 많고 다양한 시편들을 너무 하나의 단일한 행위로 통합하는 주장을 하고 있다고 본다. 그리고 모빙켈이 제안한 제의적 행위 자체도 불확실한 비교들을 토대로 전제된 것이고, 이스라엘적인 명확한 증거가 부족한 전제라고 본다. 그러므로 시편이 이스라엘의 다양한 삶속에서 자유롭게 역할 하도록, 시편해석은 지금보다 훨씬 더 다원적이고 또한 다양해져야 한다. 다른 한편으로, 이 모든 과도함들에도 불구하고, 모빙켈의 가설은 분명 이 분야에서 중심을 차지하고 있고 또한 우리에게 줄 수 있는 최상의 지배적 가설을 제공해 준다. 그러므로 우리는 이 가설을 일시적인 것으로 취급하는 한도에 한해서, 또한 이 가설에 시편해석에 대한 최고 권력을 부여하려는 유혹에 주의를 기울이는 한도 내에서, 이 가설이 우리 연구에 정보를 제공해 주는 것을 허용해야할 만 할 것 이다. 이 가설은 결론으로서가 아니라 하나의 제안으로서 다루어져야 한다. 그러나 시편이 가지고 있는 제의적 특성에 새로운 관심을 부여함으로써, 모빙켈의 연구는 우리가 오늘날 종교 의식을 행할 때 유사한 사례들을 적용하는 데에 매우 중요한 통찰력들을 제공해 준다.

세 번째 학문적 수확은, 베스터만의 공헌이다(베스터만의 연구가 학자들 사이에서는 궁켈이나 모빙켈 만큼의 "정경적인 지위"를 얻지는 못했다. 그러나 그의 연구가 나에게는 매우 중요하다고 생각된다. 베스터만은 궁켈의 양식 비평을 따르지만 동시에 모빙켈의 제의적 가설을 배격한다. 그는 탄식이 시편 표현의 근본적인 유형이며 대부분의 다른 시편 형태들은 탄식에 대한 반응에서 도출된 것이라고 주장한다. 그는 탄식 시편에 사용되는 표현이 근본적으로 깊은 소외감으로부터 깊은 신뢰, 확신 그리고 감사라는 하나님으로 향한 신앙으로 이동해 나가는 것임을 보여주었다. 베스터만이 시편 연구에 제공한 가장 중추적인 공헌은, 시편의 움직임 속에서 문학적 역동성을 구분해 내었다는 점이다. 이 문학적 역동성은 우리가 이미 하나님과의 경험을 통해 알고 있는 신앙의 역동성과 잘 상응한다. 또한 이 문학의 역동성은 신앙의 역동성에 목소리를 부여한다.

이 책에서는 시편에 대한 비평이후적 읽기를 추구할 것이다. 즉, 우리는 신앙을 표현하는 비평주의 이전의 열정, 진술, 통찰력등을 배제하지 않은 채, 궁켈, 모빙켈 그리고 베스터만과 같은 학자들을 통해 얻어진 비평주의적 업적들을 충분히 활용할 것이다. 특별히, 탄식 시편의 해부(베스터만이 비평주의 학자로서 전체 시편의 구조적인 핵심부로 보여주었던)와 영혼의 해부(칼빈이 성경적인 신앙을 식별하고 표현하는 것에 관해 언급했던)간에는 매우 밀접하게 맞물리는 상응점이 있다. 밀접한 이 상응점을 밝혀 나가기 위해, 우리는 시편들 사이에서의 움직임과 역동성을 제안할 것이다. 각각의 시편들은 그 나름대로의 개별성 속에서 존중받아야 하겠지만, 그러나 각각의 시들에 대한 고집스러운 어떤 형식을 쫓기보다는 상호 연관성에 중점을 둘 것이다. 무엇보다도, 우리의 해석이 신앙으로 충만한 것이기를 바란다. 즉 교회에서의 최고의 신앙, 가장 신뢰할 만한 신앙에 도움이 되고자 한다. 요점은 본문으로 하여금 그 본문자체에서 복음적인 이야기를 말하게 하고 그 자체에서 복음적인 주장을 하게끔 하는 것이다. 비평적인 연구와 신앙으로 충만한 진솔함 이 두 가지 모두가 이런 의도에 도움이 될 것이다.

다음에 이어질 논의는, 매우 일반적인 세 가지 주제들인 정위(orientation)의 시편, 혼미(disorientation)의 시편, 새로운 정위(new orientation)의 시편이라는 주제들로 구성된다. 시편은 대략적으로 이런 방식으로 나누어져 그룹화 될 수 있다. 또한 인간 삶의 흐름도 이런 여러 그룹들 중 하나를 실제로 경험하는 것에 속해 있거나 혹은 하나에서 다른 그룹으로 이동하는 것에 자리 잡고 있는 것이다. 우리는 논의를 이런 방식으로 조직하는 것을 통해, 비평주의적인 연구(특히 궁켈과 베스터만)와 실제 인간 삶의 여러 모습들(기도생활 속에서 시편을 사용하는 것으로 알려진 사람들의)간의 상호 연관성에 대해 주목하고자 한다.

인간의 삶은, 지속적으로 주어지는 축복에 대해 감사하도록 만드는 만족스런 시기들로 구성된다. 우리는 이런 시기에 잘 부합되는 시로서 "정위(定位)의 시편들" 을 살펴볼 것이다. 이 시편들은 다양한 방식들로 기쁨, 즐거움, 선함, 조화 그리고 하나님의 신뢰성, 하나님의 창조, 하나님이 다스리시는 규범 등을 자세히 이야기한다.

인간 삶은 상처, 외로움, 고통 그리고 죽음의 시기들로 인한 고통으로 구성된다. 이런 것들은 분노, 후회, 자기연민 그리고 증오 등을 일깨운다. 여기에 상응하는 것으로서 우리는 "혼미의 시편들"에 대해 살펴볼 것이다. 이 시편들은 분노와 고통스런 혼란의 시기들과 어울리는 시들과 언어형태들로 되어있다. 이러한 언어와 탄식은 혼란을 경험할 수 있도록 해주기 위해 확연히 구별되는 형태로 되어 있는데, 이 형태들은 필요한 무절제, 과장 그리고 거슬림 등을 허용한다.

인간의 삶은 하나님이 부어주시는 새로운 은총에 압도당할 때, 절망 가운데서 갑작스럽게 기쁨이 끼어들어올 때, 놀라움 속에서 찾아오는 반전으로 구성된다. 오직 어두움만이 있던 곳에 빛이 있게 된다. 이런 복음의 놀라움에 잘 상응하는 것으로서, 우리는 "새로운 정위(定位)의 시편들"을 살펴볼 것이다. 이 시편들은 담대하게 하나님의 새로운 은총에 대해 이야기하고 모든 것들을 새롭게 만들어 주는 하나님의 신선한 간섭하심에 관해 이야기한다. 이 시편들은 우리 사람들을 새로운 상황 속에 넣어주시는 하나님의 통치권을 확실히 보여준다. 이런 방식을 통해서, 시편이 인간 삶의 여러 시기들과 상응하는 형태로 이루어져 있으며 이런 시기들을 시편이 이야기하도록 하게 한다는 것이다. 인생의 여러 시기들의 이동은, 변환적인 것이지 발전적인 것이 아니다. 즉 이 이동은 결코 분명하지도, 쉽지도 혹은 "자연스럽지도" 않다. 이것은 항상 고통과 놀라움 속에서 일어나며, 또한 각각의 세대 속에서 각기 다른 이동이 만들어졌을 수도 있다는 것을 전제해 볼 수 있다.

그러나 인간 삶은 그저 단순히 우리가 우리 자신을 발견하는 장소에 대한 설명이 아니다. 인간 삶은 또한 하나의 환경에서 다른 환경으로의 이동이기도 하며, 변화시키고 변화 받는 것이기도 하고, 우리가 기대하지 않았던 새로운 환경을 통해 우리 자신이 놀라운 경험을 하게 됨을 발견하는 것이기도 하며, 필사적으로 옛 환경에 매달리면서 새로운 장소에 저항하는 그런 것이기도 하다.

그러므로 우리는, 시편에서 표현하는 신앙생활이 '이동'에 초점을 맞추고 있다고 주장하게 될 것이다. 이 이동들은 항상 진행되는 것이며 또한 이 이동 때문에 우리는 정기적으로 놀라움에 처하게 된다. 또한 우리는 정기적으로 이 이동에 저항한다.

이런 이동들 중 한 가지는, 확립된 정위에서부터 혼미의 시절로의 이동이다. 이 이동은 부분적으로는 환경이 변한 것으로 경험되지만, 그러나 대부분은 환경 변화가 갖는 의미에 대해 주관적으로 깨닫고 주관적으로 수용하는 것이다. 이것은 갑작스러운 수용이거나 혹은 정반대로 천천히 다가오는 수용일 수 있다. 옛 것과 이미 기존에 알고 있던 세상의 해체가 진행되는 것 그리고 하나님의 선한 피조 세계에 대한 안정적이고 신뢰할 만한 확신을 포기하는 것이 이 수용(받아들임)을 구성한다. 해체로의 이동은 부정적인 면들, 즉 분노, 후회, 죄악, 수치, 고립, 절망, 증오 그리고 적대감등이 급부상하는 것을 포함한다.

불평과 탄식이란 형태에서 시편 대부분을 특징적으로 표현하는 것이 바로 이 이동이다. 탄식 시편은 혼미과 혼란으로의 이동을 고민스럽고 고통스럽게 표현한다. 탄식은 마치 받아들일 수 없는 것으로서 카오스라는 새로운 상황을 받아들이며, 하나님의 선한 피조 세계를 특징적으로 보여주는 조화의 부재를 이제는 받아들이는 진솔한 시편이다. 혼미라는 측면은 개인적인 것일 수도 있고, 혹은 거대하고 공공적인 것일 수도 있다. 어떤 것이든지 간에, 혼미는 개인적으로는 세상이 끝장나 버리는 것으로 경험되는데, 혼미는 열정적인 시를 만들어내지는 않는다.

이 해체적인 이동은 매우 특징적이게도 유대적인 이동이고, 견고한 저항을 불러일으키는 이동이며, 혼미의 경험조차도 하나님과의 관계성 속에 있다는 것을 의심하지 않는 이동이다. 더불어서 이런 이동에 대해 열성적으로 하나님께 아뢰어야만 하는 이동이다. 유대인들이 혼돈에 대해서 표현하고 포용하는 매우 특징적인 모습이 기독교 신앙에서는 예수님의 십자가 사건 속에서 결정적으로 구체화된다. 십자가 사건과 십자가에 대한 기억은, 모든 "죽어가는" 사람들에게 반드시 신앙 안에서 행해져야 하는 모델이 된다. 바로 이 점이 몇몇 해석자들이 시편 속에 나오는 탄식의 목소리를 사실은 십자가에 달린 주님의 목소리라고 말할 수 있다고 생각하는 이유이다. 그러나 나는 그렇게까지는 보지 않는다. 그보다 내가 선호하는 입장은, 기독교인들의 시편 사용이 더 빛을 발하고 또한 시편 사용이 계속적으로 요청되는 이유가 십자가 고난 때문이며, 그렇기 때문에 시편을 사용함에 있어서 우리는 주님에 관한 언급을 전후해서 이곳저곳을 살펴보고 활용해야 한다는 생각이다. 주님에 관한 언급은 시편 자체의 목소리이기도 하지만 혼미, 고통, 죽음에 대한 우리 자신이 겪은 경험의 목소리이기도 하다. 물론, 탄식 시편들이 모두 동일한 것은 아니다. 그 안에서도 서로 다른 중요한 차이점들이 존재한다. 그래서 참회의 시편들보다는 의롭게 고통당하는 자들의 시편들이 좀 더 직접적으로 예수님께 적용된다. 하지만 그럼에도 불구하고, 전체적으로 이해해 볼 때, 예수님에 관한 역사라고 보는 관점이 우리가 탄식 시편들을 만나는 가장 중심적인 접촉점이 된다.

우리가 만드는 또 다른 이동은, 혼미라는 정황으로부터 새로운 정위로의 이동인데, 이 이동은 이동 그 자체가 하나님의 새로운 은총으로 주어지는 놀라움이자, 우리가 모든 것을 상실했다고 생각했을 때 우리에게 새롭게 만들어져 주어지게 되는 조화로움이기도 하다. 이 이동은, 우리가 결코 도망칠 수 없다고 포기하는 바로 그 때, 카오스의 "무덤"으로부터 떠나는 놀라운 변화를 동반한다. 이 이동은 우리가 도저히 설명할 수 없는 그런 것이며, 하나님의 간섭하심이라고 인정할 수밖에 없는 그러한 이동이다. 새로운 삶으로 떠나는 이 이동에는 기쁨, 놀라움, 경이, 두려움, 고마움 그리고 감사 등을 포함하는 긍정적인 반응들이 급격하게 생겨난다.

두 번째 이동도 첫 번째 이동과 마찬가지로 많은 시편들이 매우 특징적인 감사 시편 형태 그리고 선포적인 찬양시 형태를 가지고 있다. 이런 형태들은 결정적인 시간, 간섭하심, 역전, 구원, 건져내심 해방, 치유 등에 관한 이야기를 쏟아낸다. 찬양 시편들은 개인이나 공동체가 새로운 정황, 즉 생명을 허락하고 고양시키는 정황으로 이동하는 시편인데, 이 이동을 놀랍고 경쾌하게 표현한다. 또한 이 정황에서는 하나님의 방법과 하나님의 뜻이 놀랍도록 우세하게 승리를 거둔다. 이와 같은 찬송들은, 우리가 소망을 잃어버렸을 때 하나님의 통치가 가시적으로 그리고 효과적으로 알려진다는 기쁜 선언이 된다.

이 놀라운 이동은 특징적으로 유대적인 이동, 합리적인 기대치를 넘어서는 이동, 귀에 거슬리는 영광송을 일으키는 이동인데, 왜냐하면 새로운 생명이라는 은총은 기쁘고 충만하게 하나님께 속한 것이기 때문이다. 새로운 정위에 대한 유대적인 특징적 표현은, 기독교에서는 예수님의 부활을 통해 구체화된다. 바로 이런 이유 때문에, 교회는 이런 시편들을 부활절에 관한 특정한 언급과 더불어 사용하곤 한다. 이점은 이런 찬양 시편들이나 감사 시편들이 예수님의 새로운 생명에 대한 언급들, 즉 이스라엘의 기쁜 확신에 관한 언급들 그리고 놀랍게 허락된 우리 자신의 실제 경험에 대한 언급들 사이를 오가며 사용된다는 것을 의미한다. 우리는 우리가 경험하는 실제 인간 경험들에 대한 시편의 형태들을 다음처럼 도표화할 수 있다.

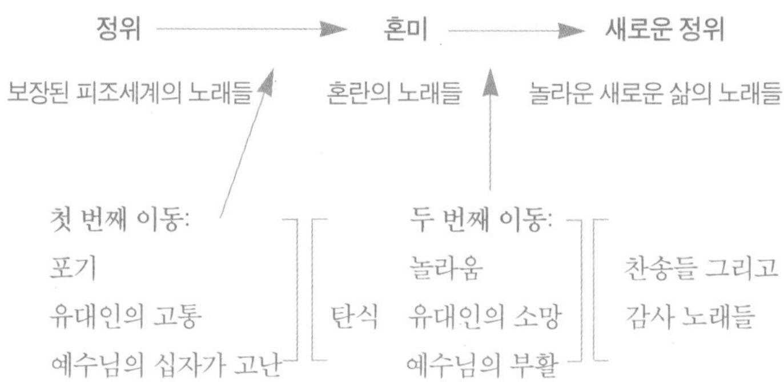

시편을 이와 같이 정렬하는 것을 통해, 나는 양식에 대한 '비평적 연구'와 웰빙과 배반, 절망과 놀라움의 경험 등에 대한 '비평이전적인 인식' 이 양자 간의 연계성을 제안하고자 한다. 그리고 이처럼 비평적 분석과 비평이전적인 인식을 함께 연계하는 것을 통해, 나는 우리 개인의 경험적 차원과 우리의 가장 기교적인 분석, 이 양자 모두를 충분히 정당화시켜 줄 수 있는 '비평이후적인'(postcritical) 시편 해석 방식을 제안하고자 한다. 그러므로 나는 비평주의적인 민감성들이 우리의 종교적 경험들을 도와줄 수 있으며 그 결과 우리가 우리 신앙의 상황에 대해 좀 더 지적으로 그리고 더욱 신실하게 이야기할 수 있게 만든다는 사실을 분명히 인식해 주기를 바란다.

이런 제안은 몇 가지 신학적 차원을 갖는데, 그건 첫째, 기독교 신앙의 핵심적 순간들(십자가 고난과 부활), 둘째, 유대적 경건성의 결정적 경향들(고난과 소망), 셋째, 가장 많이 반복되는 시편적인 표현들(탄식과 찬양), 그리고 넷째, 죽음과 부활하는 우리 삶의 시기들, 이런 여러 요소들 사이에 연결점을 제공한다는 점이다. 만약 시편을 이런 민감한 지적 노력을 통해 이해할 수 있다면 우리가 시편을 사용하는 것이 성경적인 신앙에 대해 유대적인 형태와 기독교적인 형태 모두를 실천함에 있어서, 좀 더 깊어지고 중요성을 인식하게 될 것이다. 마지막 분석을 살펴보면, 시편은 우리를 향해서 힘을 부여해 주고 있음을 알 수 있다. 왜냐하면 우리 삶이 그와 같다는 것을 알기 때문이다. 회피와 부인(否認)을 통해 무감각이 커져가고 큰 부정에 빠져있는 사회에서는 우리 삶의 진실을 이야기하고 있는-하나님의 다스리심이라는 측면에서-이런 시편들을 회복하고 사용하는 것이 중요하다.

시편 그 자체로 들어가기에 앞서서, 세 가지 전제 사항들을 이야기할 필요가 있을 듯하다.

분명 정위(定位)-혼미(昏迷)-새로운 정위라는 공식을 통한 이동은, 한 번에 모든 것을 경험하는 것은 아니다. 우리는 다른 방법들과 다른 틀을 통해서도 종종 우리들이 하나님과의 관계에 있어서 다양한 삶의 정황들에 처해 있음을 발견하곤 한다. 하지만 나는 어떤 순환적인 규칙적 이동을 결코 제안하고 싶지 않다. 어제의 새로운 정위가 오늘에서는 우리가 당연히 여기고 보호하려는 옛 정위가 되는 것을 우린 쉽게 발견할 수 있다. 골든게이(Goldengay)는 우리가 새로운 정위로부터 옛 정위로 자꾸 미끄러져 들어갈 뿐만 아니라, 또한 하나의 시편이 화자의 정황이나 의도에 따라 이런 둘 중 어느 편을 표현하는 것에도 사용될 수 있음을 날카롭게 지적했다. 그럼으로, 비록 내가 하나의 도식을 제공하기는 했지만, 나는 이 도식과 틀이 너무 세밀하게 취급 되는걸 원치 않는다. 왜냐하면 삶은 사실 이 도식보다 훨씬 더 복잡하고 예측불허의 상황들이 있기 때문이다. 나는 그저 이 도식을 삶과 언어, 혹은 리꾀르가 제시했던 것처럼 "제한적 경험들"과 "제한적 표현들" 사이의 연결 방식으로서 제공했을 뿐이다.

시편들이 결부되어 있는 실제 경험들은 매우 다양한 종류들일 수 있다. 학자들은 관행적으로 개인적인 탄식과 공동체적인 탄식을 구분지었고, 베스터만은 감사시편들과 찬양시편들을 결부지어 생각했다. 이것이 옳다는 것은 의심할 여지가 없다. 하지만 내가 말하려는 요점은, 신앙의 상황이라는 측면에서 볼 때 경험적으로는 개인적인 이슈들이나 공동체적인 공적 이슈들이 모두 같은 성격을 가지기도 하며 이 두 가지는 신앙에 있어서 동일한 위협이나 놀라움으로 경험될 수 있다는 점이다. 나는 이미지나 인상에 의해 이야기하는 것을 선호하기 때문에, 어떤 경험이 우리를 신앙의 역동성에 동일하게 초청하는 경우, 실제로는 그 경험은 전혀 다른 여러 종류들일 수도 있다.

두 개의 이동으로 구성된 이런 도식은, 근본적으로는 삶을 우리 문화와는 전혀 이질적인 방식으로 이해한 것이다. 우리 문화가 갖고 있는 주도적인 이데올로기는, 지속성과 연속성이며, 또한 고통, 상처 그리고 상실을 기피하는 것이다. 게다가 우리의 주도적 문화는 순수한 새로움이나 진정한 놀라움이 일어나는 것을 꺼려한다. 놀라움이 상실만큼이나 환영받지 못한다는 것은 흥미로운 점이기도 하고 동시에 부인할 수 없는 사실이기도 하다. 그리고 우리 문화는 이 두 가지 경험을 금하는 쪽으로 구성되어 있다.

이러한 점은 우리가 이 둘 중 어느 방향으로 이동 할 때에-혼미 안으로의 이동 혹은 새로운 정위 안으로의 이동-우리는 반문화적인 행동을 하고 있는 것이고 이것은 다른 사람들에게는 파괴적인 것으로 인식될 것을 의미한다. 아마도 바로 이점으로 인해, 실제로 우리는 지금까지 탄식시편들을 거의 사용하지 않았을 것이다. 진지하게 이런 두 가지 이동을 표현하고 설명하는 예배 공동체에서는, 시편이 말하는 진실이 무엇인지를 단언한다. 그것은 만약 우리가 우리 생명을 유지하고자 한다면 우리는 그것을 잃게 될 것이고 복음을 위해 잃었을 때에는 우리가 생명을 받게 될 것이라는(막 8:35) 점이다. 이와 같은 시편 활용이 우리 문화에서는 당연한 것으로 여겨질 수 없겠지만, 그러나 삶을 좀 더 탁월한 방식으로 살겠다는 결심과 의도가 있을 경우에는, 시편을 이렇게 활용하는 것이 가능할 것이다.

정위(定位)의 시편

Psalms of Orientation

내가 형통할 때에 말하기를,

"영영히 요동치 아니하리라" 하였도다.

여호와께서 주의 은혜로 내 산을 굳게 세우셨더니

시 30:6-7a

신앙의 공동체들은 정위의 시편들(Psalms of Orientation)을 만들었고, 옮겼으며, 소중히 여겼고 또한 의지했다. 이 사람들에게는, 그들의 신앙이 중요한 것이면서 또한 그들에게 만족을 주는 것이기도 했다. 우리가 시편연구를 시작하면서 처음으로 살펴볼 신학적 중요점은, 신앙의 이슈들에 대해 고요하면서도 확신을 가지고 표현하는 시편들에 대해서이다. 이런 시편들은 매우 안정적이며 의심을 넘어서 있는 시편들이다. 시편에 등장하는 사람은 불가항력적인 갈등과 긴장 속에서 살지 않거나, 혹은 그런 와중에도 신앙이 흔들리지 않는다. 이처럼 삶의 이슈들 속에서도 행복한 안정이 주어지는 이유는, 하나님을 믿을 수 있고 그분을 신뢰할만한 분으로 알고 있기 때문이다. 이 공동체는 이런 특별하신 하나님을 믿기로 결정했다. 행복한 안정성에 관해서, 많은 시편들은 하나님께서는 신뢰할만한 분이시라는 분명한 사실에 근거해, 이런 하나님께 삶의 근거를 두기로 결심하는 것으로 표현한다.

우리는 이제 평온한 상태에서 신앙을 지향하는 내용을 보여주는 시편들에 대해 다섯 가지 대 표적인 유형들로 생각해볼 것이다. 다양한 이런 시들은 어떤 정형화된 형태로 그리 쉽게 규정되지 않는다. 아마 이런 시들은 베스트만이 묘사적인 찬양시(descriptive hymns)로 취급한 부류에 들어가는 것이 가장 적절할 것이다. 즉 이 시편들은, 오래전부터 시작해서 앞으로 다가올 미래까지 계속 주어질 삶의 은총들에 대해, 시인이 감사하고 확신해하는 그런 행복하고 축복된 상황에 대해 진술한다. 삶은 이런 시편들이 진술하듯이, 문젯거리가 있거나 혹은 위협을 당하지 않는다. 도리어 삶과 세상은 하나님께서 계획하신대로 질서가 잘 잡혀있는 세상으로 진술된다. 삶은 "별로 놀랄 일이 없는 세상" 에 가깝고, 결과적으로 "두려울 일이 없는" 세상이기도 하다. 이 시편들은 어떤 사건이나 어려움들 혹은 갑작스런 고통들에 대해 언급하지 않는다. 그보다는, 어떻게 모든 것들이 존재하고 있고 또한 실제로 계속 그렇게 존재해왔는지를 진술한다. 우린 분명 양식 비평을 엄격하게 좇아가지는 않을 것이지만, 이 시편 표현들의 내용과 양식에 대해 일차적으로 관심을 기울일 것이다.

이 시편들은 다양한 방식으로 창조 신앙을 표현한다. 이 시편들은 이 세상이 질서가 잘 잡혀있고, 안정적이며, 생명을 공급하는 시스템을 갖추고 있다고 단언한다. 그것은 하나님께서 이 세상을 그렇게 정하셨고 또한 계속해서 이 모든 과정들을 효과적으로 통치하고 계시기 때문이라고 단언한다. 동시에, 이런 시스템이 매일매일 적절하게 작동할 것에 대한 확고한 믿음과, 그렇게 만드신 하나님을 향한 깊은 감사가 이 시편들에 등장한다. 여기에서 창조란 이 세상이 어떻게 존재하게 되었는가에 대한 관념적인 이론이 아니다. 오히려 하나님의 신실하심과 선하심을 관대함과 지속성 그리고 규칙성을 가지고 경험할 수 있다는 확신이다. 혼돈은 우리에게 주어지지 않으며, 또한 이처럼 조화롭게 질서 잡힌 세상에서는 혼돈에 관한 내용을 듣는 것조차도 허용되지 않는다. 이 세상은 근본적인 확실성들을 통해 잘 운용되는 것으로 표현된다. 하나님의 법(nomos)이 장악하고 있기 때문에, 아직까지는 무질서

(anomie)에 대한 어떤 암시도 없다. 물론, 이런 확신은, 그 이면에 자리잡고 있는 혼미(disorientation)에 대해 경험적으로 이미 알고 있다. 혼미는 인간 경험에 속한 것이기 때문이다. 이 과정은 계속적으로 모순적이다. 하지만 이런 시편들은 공식적으로는 혼미에 대한 이런 앞선 경험이나 새로운 시작에 대해 무시하는 경향을 갖고 있다.

이런 종류의 시편은 신학적인 기능을 가지고 있다. 즉 하나님을 찬양하고 하나님께 감사하는 기능이다. 그리고 이런 시편은 매우 중요한 사회적인 기능을 가지고 있다. 그것은 신앙 공동체가 갈등과 불안으로부터 벗어나 자유롭게 삶을 살아갈 수 있도록 해주는 "거룩한 덮개"를 표현해주고 유지하는 것이다. 즉 삶은 단순히 우리가 성취해야 할 과제가 아니며, 세상은 사람들의 독창성과 노력으로 만드는 끝없는 건조물도 아니다. 삶에는 우리가 의지할 수 있는 주어짐(givenness)이 있다. 이 주어짐은 하나님의 보호를 받는다. 이 주어짐은, 바로 여기 우리 앞에도 있고, 우리를 넘어서서 우리 이후에도 계속될 것이고, 우리 앞 뒤 주변을 둘러싸고 있다. 시편의 시적인 표현은 이 주어짐을 표현하는 최상의 언어인데, 이 주어짐은 우리가 시작한 것은 아니지만 우리를 기다린다. 여기에는 긴밀함이 있는데, 이 긴밀함은 최상의 삶을 위한 정황을 제공한다. 우리가 이런 시편들을 사용할 때마다, 이런 시편들은 우리로 하여금 삶의 모든 부조리들에도 불구하고 '확실성이라는 덮개' 에 대해 확신하게 한다.

시편이 이렇게 보호하는 실재를 그저 지시해 주고 알려주기만 하는 것이 아니라는 점을 주목하라. 시편은 이런 점을 일깨워주고, 제공하며, 이것을 단단히 지탱하고 간직하기도 한다. 이것은 모빙켈이 대중적인 예배가 주는 창조적인 힘에 대해 연구한 결과 얻어진 중요한 수확이다. 사실 그런 예배는 "세상을 만들어가는" 것이다. 이런 시편들은 창조자가 실제로 세상을 만들어 나가는 수단들이 된다. 아마도 이것은 "하나님께서 말씀으로 창조 하신다"는 의미 중 하나일 것이다. 이런 창조적 말씀은 제의적 과정 속에서 이런 시편들을 통해 말해진다. 그리고 이스라엘이 하나님께서 통치하시는 안전한 세상을 "다시 재 경험"하고 "재 진술"하는 것은 바로 이런 예배라는 세계에서이다.

훌륭한 신앙은 기쁜 마음으로 확신을 가질 수 있다. 그러나 만약 우리가 비평적으로 평가하더라도, 그것 역시 좀 더 나은 이해가 될 것이다. 그러므로 누가 삶을 이런 시편들이 이해하고 설명하는 방식으로 경험하는 것인지, 누가 이런 종류의 확신을 가지기를 원하는지 물어보는 것도 시편을 이해하는데 도움이 된다.

이와 같이 질서정연함에 대해 확신에 차 있고 만족스러워 하는 진술은, 아마도 부유함이나 경제적 안정 그리고 정치적으로 중요한 위치에 있는 사람들로부터 생성되었을 것이다. 즉 이런 종교적 확신은 실제로 삶을 선하고 자비롭고 흔들림 없는 것으로 경험하는 사람들로부터 생겨난다. 이런 사실은 이 시들을 의심스럽게 여기게 하는 것이 아니라, 오히려 이런 시편들을 상세하게 읽게 한다. 왜냐하면 모든 사람들이 삶을 이런 식으로 경험하거나 삶에 대해 이런 식으로 담대하게 이야기하는 것은 아니기 때문이다. 삶은 단지 몇몇 사람들에게만 잘 정돈된 것이고, 그런 종류의 삶은 다른 사람들의 희생의 대가로 그런 특징을 가지게 되곤 한다. 이런 시편들을 통해서, 우리는 삶이 일치되고, 균형 잡히며, 조화롭다고 생각하는 사람들의 삶의 경험과 종교적 감성들을 배우게 된다. 그런 사람들은 그들에게 "줄로 재어 준 구역은 아름다운 곳에 있는" 사람들이다(시 16:6). 이점은 그들이 가장 좋은 땅과 아주 훌륭한 상황 속에서 삶을 마쳤다는 것을 의미하며, 감사하는 삶을 사는 것이 어렵지 않았다는 것을 의미한다.

좀 의심스럽기는 하지만 이런 가능성을 통해, 우리는 감히 창조신앙, 즉 하나님의 질서정연함에 대한 확실한 느낌이 언제나 가장 훌륭하고 고상한 신앙은 아니라고 주장한다. 때때로, 이런 순수한 동기는 공허하다. 그리고 비록 행복하기는 하지만 불공평하게 배열되어 있는 현재의 삶을 그냥 현상유지 하도록 부추기기만 하기도 한다. 이런 시편들을 사용함에 있어서, 우리는 창조신앙이 쉽게 사회적 보수주의로 전락할 수 있는 그런 위험스런 방식들을 경계해야 한다.

> 불가피하게 주어진 질서에 연계된 신학은, 창조에 대한 믿음을 때때로 피조세계의 숭배를 초래하는 것들로 속박한다. 창조에 대한 하나님의 뜻은 집산주의자(중요한 자산 등을 정부의 관리 하에 두고 강력하게 중앙에서 통제하는 것, 역자 주)의 권력에 부합하는 것이 되어버린다. 만약 이런 사람들이 이런 신앙의 용어들을 그들의 목적에 맞도록 받아들이면서, 창조에 대한 믿음을 정치적인 개념으로 바꿔버린다면, 이건 어떤 특정 정파의 목적에 부합하게 되고, 이 모든 것들을 판단해야 하는 신학은 결국 교회를 정치적 요소로 만들어 버리게 된다. 즉 으뜸가는 정치적 요소가 되어버린다.

이런 시편들을 자유롭게 사용해도 좋을만한 때가 있다. 하지만 반대로 이런 시편들을 매우 조심스럽게 사용하거나 아니면 이런 시편들의 제한점을 알고서 사용해야 할 경우도 있는 것이다. 불의와 무질서 때문에 이런 시편들의 신앙과 깊은 모순을 일으키는 그런 경험을 하는 사람들과 공동체들도 있기 때문이다. 그러므로 이런 시편들 안에 누구의 관심이 반영되어 있으며, 또 이런 시편들을 통해 그리고 그들의 사용목적에 의해 누구의 관심이 충족되었는지를 우리는 항상 물어봐야 한다.

이런 시편들은 그저 "거룩한 덮개"로서 공동체적인 삶을 이끌어 가도록 역할 했던 것만은 아니다. 그런 역할 이외에도 동시에 사회적인 통제의 역할을 했을 수 있다. 이렇게 작용함으로써, 이 시편들은 젊은이들을 복종과 보상의 체제로 이끌어 갔을 수도 있고, 그래서 어떤 종류의 공인된 사회적 행동을 하도록 부추겼을 수도 있다. 또한 사회적으로 용인되지 않는 것을 하나님의 창조를 파괴하는 행위라고 규정하였을 수도 있다. 그리고 이런 시편들은 이 세상에서 성공하지 못하는 사람들을 하나님의 창조에 있어서 우선적인 것들이나 기준들 밖에서 살고 있는 사람들이라는 관점을 도덕적으로 정당화하는데 사용되었을 수도 있다. 창조 신앙은 사회적으로 힘 있는 사람들에 의해 가장 일반적으로 표현되곤 한다. 삶이 잘 조직되고 질서 있는 것으로 경험하는 사람들은 다름 아니라 왕족들이다. 창조신앙은 미묘하게도 자기만족을 인정하거나, 반대자들을 경고하거나, 아이들을 타이르는데 일조한다. 이런 시편들을 사용함에 있어서 당파적으로 적용하는 것을 경계하는 것은 매우 중요한 일이다. 당파적인 적용은 하나님의 창조를 웰빙 그리고 윤리에 대한 우리의 사회적 경험과 손쉽게 대충 일치시켜 버리려 할 때 일어난다.

이미 이런 종류의 시편들이 갖는 중요한 한쪽 측면에 대해 이야기를 했으므로, 이제 우리는 다른 측면에서 또 다른 한 가지를 강조할 수 있다. 이런 시편들의 종교적인 힘은, 모든 종류의 사람들과 모든 상황들에 대해 매우 지대하고 대단하다. 이런 시편은 사회적으로 성공한 사람들을 통해 표현되어 왔다. 그러나 이 시편들의 종교적인 중요성은 "성공한 사람들"을 넘어선다. 이 시편들은, 현재의 "풍요"를 아무것도 가지고 있지 못한 사람들, 그러면서도 창조에 대한 하나님의 선한 계획이 결국에는 승리하게 될 것이고 모든 하나님의 피조물들에게 공평과 안식이 있게 될 것이라고, 소망 중에 확신하고 있는 사람들에게도 평가기준을 제공한다. 바로 이런 이유 때문에, 이 시편들은 종말론적인 측면에서 다루어질 수 있다. 공동체는 하나님의 창조가 아직 충분하게 완성되지 못했음을 인정하면서도, 확신을 가지고 그런 모습을 기다린다. 내가 생각하기에는 이런 종류의 종말론적인 측면은, 이것이 가지고 있는 사회 구성과 유지라는 원래적인 사회적 기능으로부터, 변혁이나 새로운 창조와 관련된 좀 더 폭넓고 광범위한 주제로 옮겨간다. 시편은, 비록 아직 경험하진 못했지만 깊이 갈망하고 있는 건강한 삶, 정위(定位)의 삶에 관해 이야기한다. 이 시편들은 이 세상을 향한 하나님의 목적이 결국 원상복구된다는 깊은 확신으로 이동한다. 이 목적은 창조가 충만해질 때까지 포기되지 않을 것이다. 시편은 창조가 결국엔 창조주에게 속하게 될 것이고 창조주를 섬기게 될 것이라고 주장한다. 시편은 틀림없이 일어나게 될 것에 대한 예견이다. 좀 많이 이상할 수도 있겠지만, 이 시편들은 창조자의 방식이 열매를 맺게 될 때 현재의 불공평한 상황들이 극복될 것이라고 주장함으로써, 현상 유지에 대항하는 비평적 기준을 제공하기도 한다. 그러므로 사회적인 통제로서 역할 하는 바로 이 시편들이,

또한 사회적인 갈망으로서 역할하기도 하며 사회적인 비평이 되기도 한다. 그러나 이런 양면적인 모습이 되려면, 이 시편들을 통해 우리가 표현하려는 것이 무엇이며 우리가 왜 이 시편들을 사용하는지에 대해 미리 알고 있어야 하고 계획하고 있어야 한다.

창조시편 Songs of Creation

정위(定位)에 대한 가장 근본적인 경험은 삶의 규칙들을 매일 경험하는 것인데, 이런 경험은 신뢰할만하고, 동일하며, 공평하다. 시편 공동체는 하나님께서 이런 경험을 공급하시고 유지하신다고 이미 확신한다. 감사는 바로 여기에 적절하게 반응하는 것이다. 이 세상은 우리들에게 축복을 부어주시기 위한 하나님의 방편이다. 하나님께서는 일 년의 계절들을 통해, 삶의 계절들을 통해, 하루의 필요들을 통해 우리의 시간들을 배열하신다. 우리는 이런 모든 과정들을 통해서, 우리 자신들이 안전하고 자유롭다는 것을 발견한다. 우리는 이점을 어떤 종교적인 대단한 통찰력을 통해 알게 되는 것이 아니라, 삶이 우리에게 이런 방식을 통해 다가오기 때문에 알게 된다.

시편 145편

이 시편은 창조자를 향한 이스라엘의 기쁘고 감사한 확신을 대표적으로 보여준다. 이 시 안에는 플롯의 전개나 혹은 점차적인 강조 같은 모습은 없다. 시편 145편은 그 형태에 있어서 본질적으로 정적이며, 이 세상의 영원한 진실이 무엇인지를 표현하는 내용이다. 이 시편의 처음 부분에서 진실이었던 내용이 이 시의 마지막 부분에서도 여전히 진실로 동일하게 표현된다. 이처럼 이 시편의 처음부터 마지막까지 진실인 내용은, 야웨께서 든든히 다스리시기에 이를 의지할 수 있다는 점이다. 우리는 이 시편에서 일련의 확신들을 접하게 되는데, 여기 열거된 확신들은 원래의 목적을 변질시키지 않으면서 다시 재배열할 수도 있다. 그러나, 현재 본문형태의 배치가 히브리어 알파벳 순서로(acrostic) 되어 있기 때문에, 현재의 배열이 필요하다. 즉 각각의 행들이 히브리어 알파벳 철자들 순서로 시작한다. 그러므로 첫 번째 행은 א으로 시작되며, 두 번째 행은 ב로 시작한다. 나머지 행들도 동일한 방식으로 되어 있다. 번역을 하면 어쩔 수 없이 이런 묘미를 잃어버릴 수밖에 없지만, 우리는 이 시편에서 이런 방식을 사용한 목적을 알 수 있다. 그 목적은 창조의 충만함과 종합적인 모습을 역설함으로써, 하나님께서 이 세상을 A에서 Z까지 잘 배치하시고 정위하게(oriented) 하셨음을 찬양하는 것이다. 여기에는 한 치의 오차나 긴장 혹은 어긋남이 없다. 이것은 가장 신뢰할만하고, 정결하고, 어린 아이 같은 신앙을 가지고 있는 이스라엘이다.

1-7절은 도입부이다. 찬양할 사람이 누군지를 말함으로써 찬양하는 것이 이스라엘의 특징이다. 찬양의 범위는 개인적인 "나" 로부터 시작해서 대대로 이어지는 공동체까지이다(4절). 찬양받으시는 하나님은 친숙한 하나님이시며(1절), 위대하고, 측량할 수 없고, 두렵고, 영광스럽고, 놀라운 일들을 행하시는 왕 같은 분이시다(1절). 이러한 어투(speech)는 매우 종교적인 감성을 나타내고, 또한 이 세상의 질서에서 알 수 있는 하나님의 경이로움을 나타낸다. 알파벳을 통한 구조는 이 시

편이 매우 기교적인 시편이며, 또한 훈련을 잘 받고 교육을 잘 받은 공동체를 반영하고 있음을 알려준다. 아마, "헤아리는 것/숨기는 것"을 다루고 있는 잠언 25:2-3절은, 이 시편이 왕실이라는 정황, 즉 엘리트 집단의 자녀들이 창조의 신비와 위임명령에 대해 배우는 학교에 속해 있었음을 보여주지 않나 싶다. 하나님의 위대하심을 "측량할 수 없는"으로 표현한 3절을 주목하라.

만약 1-7절이 왕실적이고 교훈적인 설정을 반영한다면, 8-9절은 다른 문제를 보여준다. 아마도 8-9절은 하나님에 대한 이스라엘의 가장 오래된 신학적 주장, 틀림없이 이스라엘 왕실보다도 더 오래된 주장을 반영한다(참조. 출 34:6-7). 여기서는 야웨가 두 번 불려진다. 4개의 구(phrases)에서, 야웨의 주된 특징이 매우 단적으로 나타난다. 은혜로우시며, 자비하시며, 노하기를 더디하시며, 인자하심이 크시도다. 이런 용어들을 충분히 살펴보려면 많은 부분을 할애해야 할 것이다. 하지만, 우리는 이런 표현들이 하나님의 자유, 긍휼 그리고 언약파트너에게 (이 경우에는 전체 피조 세계를 주시는 것을 통해) 무한하게 자기 자신을 주시는 모습을 표현한다고 요약해서 말할 수 있다. 아마 이 시편의 나머지 부분은 이 구절들을 보충하는 내용, 그러니까 자기를 내어 주시는 하나님의 특징을 어떻게 매일의 삶속에서 창조세계의 축복들을 통해 경험할 수 있는지 보여주는 부연 설명으로 이해하는 것이 최선의 이해일 것이다.

여기에 서술된 하나님의 특징들은 대중적인 신학에서 다뤄지지 않았다. 이런 내용들은 인격적이고, 관계적이고, 언약적인 삶의 차원들이다. 창조는 야웨의 신실하심으로 인해 유지된다. 확고하지만 설명할 수는 없는 하나님의 신실하심을 통해, 모든 삶은 긴밀성을 갖는다. 우리는 신실하심에 관한 찬양에 대해 두 가지를 말할 수 있다. 첫 번째, 이것은 신학적인 논리나 분석을 통해 도달한 결론이 아니다. 이것은 신뢰성을 매일 경험하면서 얻게 되는 판단이다. 이 판단의 증거는, 삶에 필요한 것들을 제공받고 있고 양육 받고 있다는 단순한 사실들이다. 두 번째, 신뢰에 대한 이와 같은 양상은, 어린아이가 부모님과 함께하는 삶이 신뢰할 만하다는 것을 매우 견고한 방식으로 배우는 것을 다룬 에릭슨(Erik Erikdon)의 "basic trust"와 많은 공통점이 있어 보인다. 이 시편은 신뢰를 다룬다는 점에서는 "어린아이같이 천진난만한" 시편이라고 할 수 있다(참조. 마 18:3-4).

10-13a절은 1절에서 다루어진 주제로 다시 돌아간다. 즉 이분이 왕이시며 의심할 여지없는 통치권자라는 주제이다. 이 구절들은 하나님의 통치의 위엄과 하나님의 영광스런 임재에 관해 장대하게 표현한다. 여기 나온 단어들에는 나라"(kingdom)가 3번, "능력"이 두 번 포함되어 있다. 이 세상의 신뢰성은 이 세상이 본래적으로 가지고 있던 것이 아니라, 믿음직한 통치자께서 선물로 주신 것이다.

13b-20a절에서는 갑작스런 전환이 일어나고, 이 절은 이 시편을 이해할 수 있게 하는 중심적인 단서를 제공한다. 과감한 복음적인 이동을 통해, 이 시편은 야웨의 위대하신 능력이 연약하고 궁핍한 자들에게 특별히 향한다고 선언한다. 여기서는 더 이상 하나님의 왕적인 모습은 나타나지 않으며, 자기 자신을 내어 주시는 하나님의 배려하심만이 나타난다. 이런 모습은 하나님 앞에서 뭔가를 요구하는 자들에게서가 아니라 하나님을 깊이 의지하는 자들을 향해 나타난다. 인간성의 변화는

자기를 내어 주시는 하나님을 통해서 가능케 되는데, 마리아는 이에 관한 내용을 반복 한다. "권세 있는 자를 그 위에서 내리치셨으며, 비천한 자를 높이셨고, 주리는 자를 좋은 것으로 배불리셨으며" (눅 1:52-53). 시편 145편은 하나님께서 만드신 창조세계의 질서를 찬양한다. 이 질서는 다스리는 것뿐만 아니라 놀라게 하고 그리고 역전시키고 또한 가망 없어 보이는 피조물들에게 기대할 수 없었던 선물들을 주시는 것이기도 하다. 하나님의 왕권은 다른 한편으로는 돌봄 받지 못하는 자들을 돌보시는데 동원된다.

이 본문은 모든 이라는 단어가 주도한다. 그러나 일반화하는 경향이 이 시편의 특수성들을 잃게 하지는 않는다. 일반화된 것은, 삶에 대한 능력이 부족한 자들에 대한 야웨 하나님의 섬세한 배려하심이다. 왕의 권능이라는 관점으로부터 긍휼히 여기시는 관점으로의 전환은, 의도적인 것이고 또한 결정적인 것이다. 이런 전환은 "왕" 에 대해서 뿐 아니라 "나의 하나님" 에 대한 것이다. 하나님의 위대한 행위들은 궁핍한 자들을 위한 것들이다.

야웨의 행하심을 표현하는 말들은 특징적이게도 분사형태(-ing)로 되어 있다. 즉 야웨의 행하심은 어쩌다 끼어드는 사건들이 아니라 야웨께서 모든 곳에서 규칙적으로 행하시는, 확실히 계속되는 과정들이다. 이 시편은 신뢰할 수 있는 생계부양과 양육 과정들을 통해서 하나님을 충분히 알 수 있다고 선언한다. 그래서 이 단락 안에는 15-16절에서 보는 것처럼 친숙하고 사랑스러운 "식탁 기도"가 자리 잡는다. 이 기도 습관은 정확하게 요점을 보여준다. 창조에 대한 위대한 우주적인 선포와 매일 공급되고 유지되는 선물 간에는 연결점이 있다. 양육하시는 하나님에 대한 이런 신뢰는 하이델베르크 신조(Heidelberg Catechism)에도 잘 첨부되었다.

> …그분이 나를 훌륭히 보호하시므로, 하늘에 계신 내 아버지의 뜻이 없다면 머리터럭 한 올조차도 내 머리에서 떨어질 수 없다.

비록 이 확신들은 일반적인 것이지만, 18-19절에는 이런 창조신앙이 가지고 있는 언약적 차원이 분명하게 나타난다. 물론 하나님의 선물들이 다른 사람들에게 배타적인 것은 아니지만, 양육적인 보호를 경험하는 것은 정확하게는 하나님을 부르고 경외하는 자들에게 주어진 것이다. 이 세상의 균형은 야웨의 기대와 함께 만족스럽게 살아가는 사람들에 의해 가장 잘 경험된다.

우리는 20절에서 잠시 숨을 돌린다. 이 구절은 출애굽기 34:6-7절에 나오는 오래된 신앙 고백문을 생각하게 한다. 하나님과의 관련성은 항상 양면성을 지니고 있다. 구원과 심판. 이 구절에 이르기까지 이 시편은(그리고 특별히 8-9절은) 긍정적인 측면만을 보여주었다. 그러나 이제 우린 교차대조적인 형태(chiastic)로 있는 반의적 평행(antithetical parallel)을 만난다. 동사들은 보호하신다(שׁמר, 분사형태로 사용된, 이 동사에 대해서는 시 121편을 참조하라, "언약 준수자들")와 멸하신다(שׁמד, "언약 파기자들")이다. 이 구절은 시편이 가지고 있는 거대한 요구의 엄정하고 냉정한 모습을 보여준다. 아마도 이 구절은 현실주의의 목소리일 것이다. 즉 창조는 순종적인 책임을 다하는 사람들 범주 내에서 역할을 한다는 것이다. 이 선언은 또한 사회적 통제의 한 형태가 되었을 것이다. 이 통제를 통해서 사회질서 운용자는 하나님의 축복을 어떤 정해진 방향으로-받을만한 사람들에게로- 운영했을 것이다. 하나님의 선물들은 조심스럽게 주어지는 상급으로서 운영된다.

이 구절은, 창조를 자유롭게 찬양하는 것과 특정한 사회형태나 사회적 관심을 진지하게 주장하는 것, 이 두 가지 사이의 미묘한 연결성을 살펴보는데 충분한 도움을 준다. 이것이 사회적 삶의 지향을 경험하는 방식이다. 우리가 하나님의 선하심을 찬양할 때마다, 하나님의 선하심이 "육체적인" 형태를 지니고 있는 양 찬양한다. 정위(定位)의 삶을 충분히 유지하려면, 우리는 지배적 영역들과 그 경계선들을 받아들여야 한다.

우리는 시편 145편이 창조를 조화롭고 균형 잡혀있으며 신뢰할만한 것으로 이해하는 시편들 중에서 가장 대표적인 것으로 간주한다. 삶을 이런 방식으로 제시하는 것은 훌륭한 신앙의 행위이지만, 동시에 이건 "부유한" 사람들의 경험과 관심을 반영하는 것으로 보이기도 한다. 사실, 이런 신앙은 종종 높은 사회적 지위에서부터 오는 것으로 보이기도 한다. 우리는 이 두 가지 측면을 모두 진지하게 고려해야 한다. 우리는 같은 기능을 수행하는 다른 시편 3편을 더 다룰 것이다.

시편 104편

시편 104편도 역시 선하심과 경외심을 불러일으킬만한 창조세계의 특성을 광범위하게 송축한다.

이 시편은 145편과는 조금 다른 어조를 가지고 있다. 시편 145편이 창조주의 긍휼에 초점을 맞추고 있다면, 시편 104편은 창조의 찬란

함과 화려함에 훨씬 더 많은 관심을 둔다. 시편 145편과는 대조적으로, 이 시편에서는 처음 시작부분과 마지막 부분을 제외하고는 놀랍게도 하나님이라는 이름이 거의 등장하지 않는다. 이러한 점은 이 시편이 이집트에서 차용되었음을 반영한다. 그러니까 도시적이고 제왕적이지만 이스라엘의 역사적 측면의 기억은 별로 반영하지 않은 노래, 즉 창조주보다는 창조세계에 대한 노래를 차용한 것일 수 있다. 이런 점들은 질서, 조화 그리고 창조의 웅장함을 찬양하는 시를 되살려 낸다. 이 시편에서 선포하고 주장하는 양상은 제2이사야와 크게 다르지 않으며(참조. 이사야 40:12-17) 특히 회리바람 같은 하나님의 말씀과도 별반 다르지 않다(욥 38-41).

시편 104편도 다시 한 번 더 일련의 분사들로 구성되어 있는데, 이 점은 이 시가 전형적인 묘사적 찬양시(descriptive hymn)임을 보여준다. 이 시편의 화자는 창조세계에 관해 언급해야할 특징들을 목록화시키고, 이 모든 것들이 하나님께로 말미암았음을 이야기한다.

이런 장엄하고 압도적인 기술은 23절에서 끝난다. 이 시편의 마지막 부분은 매우 적절한데, 하나님의 창조세계에서 "사람"이 노동자로서 가지는 역할에 대한 내용을 다룬다. 노동은 삶에 있어 사람의 몫이다. 노동은 저주나 혹은 특별한 짐이 아니다. 노동은 창조세계의 적절한 역할들 중에서 인류의 고유한 삶에 속한다. 이 시편의 나머지 부분은, 하나님께서 질서 있게 만드신 세상을 바라보면서 얻을 수 있는 세 가지 결론을 담고 있다.

하나님께서는 신실하고, 고귀하고, 관대하신 분이시다. 이 점은 "바다"(25절)를 통해 비유된다. 관습적으로만 본다면, 바다는 두려움과 강한 위협을 표현한다. 그러나 여기서의 바다는 놀이 감에 불과하며, 엄청난 바다괴물은 그 안에서 그저 하나님의 즐거움을 위해 섬기고 있을 뿐이다(참조. 욥 41장). 다른 한편으로 바다괴물은 악을 구체적으로 구현한 것이다. 여기에서 어떤 사람들은 악이 우리가 생각하는 것 이상으로 하나님과 하나님의 방식에 순순히 반응하는 모습을 나타낸다고 생각한다.

27-30절에서 우리는 식탁 기도에 대한 적절한 사용을 볼 수 있는데, 이것은 시편 145:15-16과 별로 다르지 않다. 그러나 차이점도 있다. 여기에서 음식을 얻는 사람들은 모든 창조물들이다. 전체 세상이 매일 하나님의 공급하심과 하나님의 얼굴과 하나님의 임재와 하나님의 호흡에 의존하고 있다. 이 세상은 매우 인상 깊을 뿐 아니라 찬양 받아야 한다. 그러나 이 세상은 결코 독자적인 존재가 아니다. 이 세상은 창조물, 즉 항상 창조주께 빚지고 있는 존재이다. 이 세상은 질서가 잘 잡혀 있고 신뢰할 만하다. 그러나 이 세상은 이 세상만으로는 도무지 살아남거나 웰빙할 수 있는 가능성이 없다. 이 모든 것들은 하나님께서 매일 공급하시는 선물이다.

이런 깨달음은 화자를 31-34절로 이끈다. 화자는 여기에서 자발적인 경이, 감사 그리고 찬양으로 나아간다. 이 시편은 이런 매우 큰 외침들을, 하나님의 선하심에 대한 개인적인 기쁨으로 전환시켜 놓았다. 이 시편 안의 다른 어떤 구절들보다도 바로 이 구절에서, 야웨는 그분의 이름 그대로 불려진다. 자발적으로 복종하고 감사하는 사람들이 야웨라는 이름을 명확하게 부른다. 화자는 깨닫게 된다. 하나님께서는

> 나뭇잎들과 풀들, 비와 가뭄, 풍년과 흉년, 음식과 물, 죽음과 연약함, 부요함과 가난함 그리고 우리들에게 우연이 아니라 아버지의 손을 통해 다가오는 다른 모든 것들을 통해 다스리신다는 것을.

31-34절의 화자는 그를 위한 어버이 같은 돌봄을 통해 모든 재난이 무효화되는 사람이다. 이 시편은 우주론적인 관심으로 나아가지 않는다. 그저 이 세상이 신뢰할 만하다는 확신을 주고자하는 목회적 관심을 가지고 있을 뿐이다. 그러므로 칼빈은 이렇게 말할 수 있었다.

> 이 시편이 가지고 있는 의도는 미래를 향해 우리가 확신을 갖도록 격려하는 것이다. 그러니까 이 시편은, 우리가 이 세상을 살면서 마치 하나님께서 이 지구를 인류에게 거주지로 주셨다고 말씀하지 않은 것처럼 계속된 두려움이나 긴장 상태에서 살지 않아도 된다고 격려한다.

칼빈은 그가 살던 과거 시대의 남성형 언어를 사용하긴 했지만, 이 시편에서 우주적인 주장이 남성적 언어가 아니라 어버이적인 은유로 표현되었음을 분명히 보고 있다.

어쩌면 칼빈도 모성의 언어를 잘 사용할 수도 있었을 것이다. 어떤 경우이든, 세상은 잘 돌보아지고 있다.

이 시편은 35절의 결론을 거스를 수 없다. 이 세상은 하나님께서 주신 자유로운 선물이지만, 그러나 이 선물은 기대와 대가를 통해 온다. 이것은 다른 무언가가 될 수 없다. 모든 세대들은 에덴동산에 있었던 첫 번째 사람들이 배웠던 것을 배운다(창세기 2-3). 양육하시는 주께서는 통치 주권을 포기하시지 않았다. 이런 기쁨의 왕국에서는, 이런 어버이적인 의지가 영광을 얻어야만 한다. 시편 145:20에서처럼, 이 구절은 이 시편이 단순히 사심 없는 신앙만을 표현한 것이 아니고 사회적 삶의 분명한 장치를 보호한다는 것을 암시한다.

시편 33편

시편 33편은 새로운 세상을 노래하는 새로운 노래이다(3절). 이스라엘이 항상 노래하는 세상은, 야웨께서 지금 창조하고 계신 새로운 세상이다. 이 새로운 세상은 하나님께서 신실함으로 통치하시는 세상, 하나님의 공의를 통해 질서 잡힌 세상이다. 그런 세상을 향한 유일하고도 적절한 반응은, 그런 세상을 우리에게 가능하게 만들어주신 분을 향해 신뢰를 가지고 확신에 찬 찬양을 하는 것이다.

1-5절은 이 시편의 중심 주제를 이야기하고 있으며, 이스라엘이 부르는 찬송의 기본적인 표현구조가 어떠한지 그 본보기를 제공한다. 이 부분은 명확한 두 개의 묘사적인 요소들로 구성되어 있다. 첫 번째, 1-3절에는 이스라엘로 하여금 찬송하도록 명령하는 다섯 가지 명령형들이 연속적으로 등장 한다. 즐거워하라, 찬송하라, 새 노래를 만들라, 노래하라, 연주하라. 이 명령들은 그 자체가 자기 자신을 드리며 찬송하는 행위들이기도 하다.

두 번째, 이 구절들 뒤에는 왜 찬송해야 하는지 그 이유를 알려주는 4-5절이 뒤따라 나오는데, 그 내용은 송영을 불러일으키는 야웨의 행동들과 성품들에 대한 설명이다. 이 부분은 특별히 "왜냐하면"(כִּי)이라는 단어로 도입된다. 여기에 제시된 이유들은 이스라엘의 하나님을 향한 온전한 고백의 재료들을 제공 한다. “왜냐하면 여호와의 말씀은 정직하며, 그 행사는 다 진실하시도다. 저는 정의와 공의를 사랑하심이여, 이 세상에 여호와의 인자하심이 충만하도다.” 그러므로 이스라엘이 새 노래로 찬양하는 것은(1-3절) 야웨의 새로운 세상과 잘 맞아 떨어진다(4-5절).

이 언어(speech)들이 이 백성의 입술위에 있다는 것은 분명 적합한 일이다. 1절에서 찬양하라고 부름 받는 사람들은 “의롭고 정직한” 사람들, 즉 토라를 잘 지키고 또한 질서정연한 야웨의 세상에 적절하게 속해 있는 사람들이다. 이점은 4-5절의 야웨의 말씀이 정직하다는 표현(4절)이나, 그분께서는 공의를 사랑하신다는 표현(5절)과도 잘 맞아떨어진다. 정확하게 동일한 형용사들이, 찬양하는 사람들과 그 찬양을 받으시는 분께 사용되었다. 이것이 부조화가 없는 관계이자 세상이다. 모든 것들이 세세한 부분까지도 함께 잘 어울리고 맞아 떨어진다.

그러나 야웨께 사용된 형용사들이 찬양하는 사람들에게 사용된 형용사보다는 좀 더 광범위하다. 1절에서 반복적 표현이 두 번 나타난 것 이외에도, 세 가지 다른 내용들이 사용되었다. 정직(אמונה), 완전히 믿음직한; 정의(משפט) (전통적으로 의로움[צדק]과 짝을 이루어 야웨의 언약적인 신실함을 표현하는); 그리고 이 시편에서 결정적인 역할을 하는 인자하심(חסד). (야웨를 특징적으로 표현하는 이런 용어들 묶음은 호 2:19-20에서 발견된다. 렘 9:24에 세단어가 한꺼번에 나오는 것을 보라) 이런 특징은, 우리가 출애굽기 34:6-7절에서 유래된 것으로 보았던 시편 145:8-9절과 다를 것이 없다.

마지막으로, 4-5절이 매우 훌륭하게 배열되어 있고 그 결과 야웨라는 이름이 이 작은 신앙고백 단락의 처음과 마지막 부분에 자리매김하고 있음을 주목하라. 이건 아마도 처음 1-3절 부분에 두 번 이름이 나온 것에 대한 대답일 것이다. 어쨌든, 야웨 그분의 정직함과 신실함을 통해 계속해서 꾸준히 증거들을 보여주는 이 세상이, 송영의 근본적인 토대이다. 창조세계는 창조자와 혼돈되지 않지만, 오로지 창조자만이 그와 같은 창조물을 만들 수 있기 때문에 창조자에 대한 중요한 증거가 된다.

6-9절은 이미 4절에서 언급했던 야웨의 말씀의 능력을 보여준다. 이 단락은 말씀을 통해 창조된 창조세계(6절)를 선언하는 것에서 시작하고, 9절에서 이점을 다시 되풀이하는 것을 통해 결론지어 진다. 하나님의 말씀에 의한 창조는 창조의 여러 모습들 중 단지 한 방식에 불과하지만, 그러나 그것은 가장 경이롭고 장엄하다. 이런 설명은 이 세상이 야웨의 말씀에 완전히 의존하고 있음을 단언하는데, 이 세상이 실제로 "말씀으로부터 새롭게 되었기" 때문이다(롬 4:17). 그러나 이것은 동시에 불연속성도 선언한다. 왜냐하면 하나님은 결코 창조물에 의해 속박되거나 제한되지 않으시기 때문이다. 창조자가 창조물에 대해 갖는 관계성은 자유로운 것이며, 결정적인 움직임은 하나님으로부터 세상을 향한 것이지 결코 세상으로부터 하나님을 향한 것이 아니다.

7절의 세부 내용들은 그 탁월함에 있어서 마치 욥과 비슷하게 들린다. 이 구절 내용들은 이 세상을 향한 야웨의 완전한 다스리심을 명확하게 표현한다. 물들을 곳간에 두신다는 이미지는, 이 세상은 보잘것없지만 그에 반해 야웨께서는 얼마나 경외로운 분이신지를 보여준다. 이사야 40:12-17에 나오는 같은 불균형과도 비교하라. 당신은 얼마나 위대하신지!

이와 같은 장엄한 다스리심에 대한 적절한 반응은, "두려워하고 경외하는" 것이다(8절). 이 시편의 주제들처럼, 피조물들은 창조주와 창조세계가 얼마나 다른지를 잘 인식하고 있으며, 또한 이것을 반전시킬 어떠한 능력도 없다는 것을 잘 알고 있다. 이 점은 1-5절을 넘어서서 나아간다. 1-5절에서는, 우리가 주목했던 잘 맞아 떨어지는 구성이 조화로운 느낌을 가지고 찬송을 시작했다. 이제 이 송영은, 몇몇 형용사들이 하나님과 경배자 간에 동일하게 적용되긴 했지만, 양자 간의 격차는 극복될 수 없다는 분명한 사실을 확고하게 하는 쪽으로 급격하게 나아간다. 두려움과 떨림 속에서 찬양을 불러 일으키는 것은, 창조주와 피조물들 간의 융화성 때문이 아니라 모순성 때문이다.

10-17절은 야웨의 장엄함과 의심할 여지없는 권능을 나타낸다. 이 부분은 야웨의 권능에 대한 매우 전형적인 송영인데, 욥기 5:8-15; 9:5-10 그리고 이사야 44:24-28을 떠오르게 한다. 수사학적으로 보자면, 이 구절들에는 다른 것들과 평행을 이룰 수 없는 야웨만의 특징적인 행동들을 묘사하는 일련의 동사들이 지배적으로 나타난다. 무효케 하시도다, 폐하시다, 감찰하시다, 지으시며, 보심이여. 그리고 이런 동사들 뒤에는 두 번에 걸쳐 이런 동사들의 결과를 반영하는 내용이 삽입되어 있다. 첫 번째로, 12절에서 하나님의 백성이 되는 것에 관한 결론이 도출된다. 두 번째로, 16-17절에서 사람들의 계획들이 그런 것들을 쓸데없는 것으로 만드시는 하나님의 통치권 앞에서 무효가 된다는 내용이 서술된다(참조. 창 50:20).

하늘에서 감찰하시는 하나님에 대한 은유(13절)는, 중요한 용법이다(참조, 시 2:4; 신 26:15). 이 은유는 하나님께서 이 세상에 대해 완전히 자유로우시다는 것과 더불어, 이 세상에 세심한 주의를 온전히 기울이신다는 두 가지 모두를 확실하게 이야기한다. 시편 33편 전체 단위는 완전한 확신을 표현한다. 이스라엘은 염려할 필요가 없다. 왜냐하면 하나님의 다스리심은 의심할 여지없는 것이고 또한 도전받지 않을 것이기 때문이다. 마태복음 6:25-33에서는, 염려로부터 자유를 누릴 수 있는 이유가 다름 아니라 창조세계를 향한 하나님의 다스리심에 대한 확신에서 나온다고 선언한다.

일반적으로, 이스라엘의 창조신앙은 존재론적인 질문에는 별다른 관심을 두지 않는다. 그러므로 8-22절에 나타나는 창조신앙과 관련된 항목들은-드높은 경외, 권능, 장엄등과 같은 모든 내용들-경배하는 회중의 필요들을 위해서나 그들의 신앙을 위해 활용되었다. 이와 같은 우주적인 선포조차도, 이런 찬송을 노래하는 공동체의 목회적인 관점에서 다루어졌다.

절정 부분은 "보라"(הנה)(18절)를 통해 도입된다. 그리고 평결이 그 뒤이어 등장한다. 이 평결은 야웨에 대한 것이지만, 또한 이 세상에 대한 것이기도 하다. 이 두 가지 평결이 함께 제시된다. 은유도 더욱 강화된다. 13절에서는 은유가 일반적이었다. "야웨께서 감찰하신다." 이제 은유도 특수화된다. "야웨의 눈." 이것은 온 세상을 일반적으로 감찰하시는 것이 아니다. 이제 야웨의 감찰은 두려움과 소망을 품은 신앙의 사람들에게 주어진다(참조. 신 11:22). 이스라엘은 야웨의 파수꾼 같은 돌보심 속에서 살아간다. 그러나 이 돌봄은 순종하는 자에게만 독특하게 주어지는 것이다. 이 시편은 어떻게 해서 창조 신앙이 토라 종교에 대한 선포들로 옮겨가는지를 보여주는 증거이다.

이 새로운 노래가 얼마나 섬세하게 만들어졌는지 주목하라. 두려움이라는 모티브는 우리를 8절로 되돌아가게 만드는데, 거기서 사용되었던 일반적인 용어는 이제 특정화된 용어가 되었다(18절). 모든 사람들은 두려워할 것이다. 이스라엘은 소망한다. 이스라엘의 소망은 일반적이지도 않고 막연하지도 않다. 그들의 소망은 야웨의 인자하심에 초점이 맞추어져 있다(18절, 이미 5절에서 선언되었다). 이 땅 전체는 이미 그런 성실로 가득 차 있지만, 그러나 이스라엘은 전체 피조세계에서 발견되는 신뢰성에 그들이 품는 특별한 기대의 근거를 둔다.

18-22절에 나오는 하나님과 세상에 대한 평결은 확고부동함이라는 주제를 담고 있다. 확고부동함이라는 주제는 5절을 다시 돌아보게 한다. 이 주제는 이 구절 단위의 처음과(18절) 마지막 부분(22절)에 등장함으로써 18-22절의 골격을 결정짓는다(우리말 성경에서 '인자하심'으로 번역된 단어가 영어성경에서는 '확고부동한 사랑' 으로 표기되어 있다. 역자주). 이스라엘의 노래는 성실함에서 성실함으로 옮겨간다. 바로 이런 토대위에 소망이 놓여진다. 이스라엘은 소망에서 소망으로 옮겨가며, 이 세상이 보여주는 특징적인 반응인 두려움도 잘 넘어선다. 이스라엘은 창조세계 안에서 창조주를 향한 소망을 품을 토대를 볼 수 있는 눈을 가지고 있다. 평결들의 중간 구절들인 19-21절은, 이스라엘의 소망이 어떤 내용인지를 제공한다.

a) 이 세상의 위험에서부터 건져내주심(19절).

b) 모든 위험스러운 상황에서 보호해주심(20절). 이스라엘이 이런 상황

속에서 보호하심을 기다리는 것은, 미친 짓이 아니라 염려 없이 하나님의 선한 질서에 대해 확신을 갖는 것이다.

c) 이스라엘이 "의지"(בטח)할 수 있는 것은 하나님의 거룩하신 이름을 알기 때문이며(21절), 또한 그것은 모든 위협으로부터 안정을 주고 모든 유혹에 대해서 확신을 주는 이유를 제공한다.

이제 우리는 왜 시편 33편이 의인들과 정직한 사람들을 호출하면서(1절) 시작하는지 그 이유를 알 수 있다. 왜냐하면 그들은 "창조를 읽는" 사람들이며, 그들은 이 세상의 선한 질서 속에서 하나님의 성실하심을 식별하는 사람들이며, 그렇기에 그들은 소망으로 가득 찬 삶을 살 수 있는 사람들이기 때문이다. "창조를 읽을" 수 없다는 것은 소망 없는 삶을 산다는 것이고, 창조주의 참된 이름을 알지 못한다는 것이며, 또한 그 이름을 의지할 수 없다는 것이기도 하다. 의지할 수 있다는 것(21절)은 야웨의 확고부동함에 대한 반응이다. 이것은 새 노래가 노래하고 있는 것과 완벽하게 잘 맞아 떨어진다. 이 노래는 새로운 것이다. 왜냐하면 하나님의 신뢰성이, 하나님을 믿을 수 없는 것처럼 보이게 하거나 피조물들이 하나님을 의지하지 않는 것처럼 보이는, 모든 부조화들을 넘어선다는 복음적인 확신 때문이다. 시편 33편은 하나님에 대한 심오한 선포이며, 또한 이스라엘 안에 있는 참된 신앙에 대한 담대한 선언이기도 하다. 창조에 관해 이 시편은 그저 한번 스치듯 바라보는 사람들에게는 세상의 진리가 스스로 드러나는 것이 아님을 분명히 인식하고 있다. 순종하지 않는 사람들은 보지만 결코 깨닫거나 알 수 없다. 창조세계조차도 언약의 응답을 통해서만 제대로 읽을 수 있으며, 믿음의 눈을 통해서만이 분별될 수 있다.

시편 8편

시편 8편은 창조신앙에 대한 또 다른 확실한 표현이다. 이 시편의 구조는 직접적이고 매우 분명하다. 이 시편은 왕이신 창조주를 양괄적으로 찬양하는 내용이 1a절과 9절에 나오면서 골격을 형성한다. 그리고 그 안에는 불균형적인 두 개의 요소들이 자리 잡고 있다. 1b-2절에는 하나님의 영광에 대한 찬양이 나온다. 본문은 분명치도 않고 확실하지도 않다. 하나님에 대한 이 송영은 3-8절에 나오는 사람에 대한 상대적인 찬송과 조화를 이룬다. 사람은 이제 하나님의 창조 사역의 중심이자 초점의 대상이다. 이 시편은 지금까지 우리가 살펴본 다른 창조시편들보다 한걸음 더 나아간 시편이다. 왜냐하면 여기에서 사람은 창조세계를 다스리는 하나님의 대리자로 인식되기 때문이다. 창조는 질서가 잘 잡혀있고, 또한 사람은 그 질서를 다스리는 결정적인 역할 대리자의 지위를 점하고 있다. 지금까지 살펴본 창조시편들에서, 사람은 중요한 수취인이었을 뿐 대리자는 아니었다.

3-8절은 사람의 역할을 규정하는데, 첫 번째로는 천사라는 존재와의 관계에서(5절), 그 다음으로는 다른 피조물들과의 관계에서(6-8절) 규정짓는다. 첫 번째 관계에서, 사람은 영광과 존귀로 표현된다. 이런 수식들은 일반적으로 하나님에게 관련된 것들이었는데 여기서는 사람에게 할당되었다. 두 번째 관계에서, 사람은 모든 다른 피조물들을 다스리는 권한을 인정받고 있는데, 이것 역시 하나님께 특징적으로 할당된 것이었다. 사람은 천사와의 관계에 있어서 하나님과 다르지 않은 존귀

와 영광을 지니고 있다. 사람은 다른 피조물들에 대해 하나님과 다르지 않은 통치권을 가지고 있다. 사람은 하나님과 다르지 않다.

이 시편은 우리가 살펴본 다른 시편들과 마찬가지로, 하나님이 창조하신 세상은 훌륭하고 안정적인 세상임을 고백하고 있으며, 확신과 안전도 인정하고 있다. 그리고 이런 확신은 이 시편이 담고 있는 4개의 정황들을 인정하는 것을 통해 좀 더 고양 된다.

첫째, 이 시편이 창조신앙의 주류인 창세기 1:1-2:4a와 밀접하게 연관되어 있다는 생각은 폭넓게 받아들여져 왔다. 성경이 카오스에 대항하는 저항선으로부터 출발하는 것처럼, 이 시편에 대한 우리의 이해도 선한 질서에 대한 찬양에서부터 출발한다. 창세기와 시편 8편 양쪽 텍스트에서, 사람은 선한 질서의 중심에 서 있다.

둘째, 여기에서 찬양받는 사람은 제왕의 특성을 지닌다. 아마도 시편 8편은 안전하고 호사스러운 궁정 환경을 찬양하는 것에서 기원된 것이 아닌가 싶다. 그러나 하나님이 창조하신 세상을 명령하고 돌보라는 책임과 권위는, 지금은 모든 사람에게 주어진 명령이다. 이런 연결에 대해서 우리는 시편 72편을 언급할 수 있는데, 시편 72편은 참된 사람이자 통치권을 가지고 있는 (8절) 왕을 향한 특권허가와 명령을 담고 있다. 그리고 왕의 권위는 정의와 의로움을 위한 것이다(참조. 시 33:5; 72:1-4, 12-14; 왕상 10:9; 사 9:7). 또한 대리자인 사람을 분명하게 왕으로 표시하고 있는 시편 144:3을 보라.

셋째, 욥기 7:17-21에서는 사람을 향한 하나님의 돌보심이 강력하다는 것을 표현하기 위해 이 시편이 사용되었는데, 이점이 욥에게는 너무나 지나친 것이었고 가혹한 것으로 인식되었음을 주목하라. 이 "권세 있는 피조물" 을 향한 하나님의 세심함은 극단으로 옮겨져서 , 하나님의 관심은 움직일 수 없는 짐이기도 하다. 또한 하나님으로부터 도망칠 수 없다는 점에 관해 다룬 시편 139:7-12절을 보라.

넷째, 이 시편이 욥에게 있어서는 너무 지나친 것이었던 반면, 신약 교회가 예수 그리스도를 모든 피조물을 통치하실 분으로 이해하는데 있어서는 적절한 것이기도 하다(히 2:6-8). 그러므로 새로운 창조는 참된 왕 예수님께서 통치하시는 세상이다. 신약성경은 사람의 왕으로서의 시각을 취하고 있으며, 이것을 참된 왕이신 예수 그리스도를 규정하고 특징화하는데 사용한다. 그러나 이렇게 함에 있어서, 왕의 대리인으로서 영광, 존귀 그리고 통치가 심오하게 변화된다는 것을 결코 놓쳐서는 안 된다. 예수님을 이 모든 것들이 구체화되고 실체화된 분으로 이해해야만 하며, 결국 "그분 안에서 모든 것들이 하나가 되는"(골 1:17) 그런 분으로 인식해야만 한다. 그러나 권능과 통치권을 가지신 예수님께서는 종의 형체를 취하셨고, 그분의 다스리심이 순종의 형태가 되게 하셨다는 것도 중요하다(막 10:43-45; 빌 2:5-8). 인간의 방식으로 명령을 할 수 있는 참된 왕권은, 이제 매우 다르게 이해되어 지며 시편을 다시 읽도록 만든다.

이렇게 변화된 관점에서 본다면, 이 시편의 구조를 긴밀하게 관찰할 필요가 있다. 이 시편의 정중앙에는 사람의 권능과 권위에 대한 확신이 자리 잡고 있다. 그 가장자리에는 하나님을 향한 찬양의 확신이 자리 잡고 있다. 중심(5절)과 가장자리(1,9절)는 함께 읽어야만 한다. 한쪽만을 읽는다면 핵심을 놓치게 될 것이다. 사람의 권능은 항상 제한되어 있으며 하나님을 향한 거룩한 찬송으로 둘러싸여 있다. 송영은 통치권에게 통치권의 정황과 적법성을 부여해준다. 이 두 가지는 반드시 함께 묶여져야만 한다. 사람의 권위를 배제한 채 하나님을 찬양하는 것은, 사람에게 주어진 권위를 포기하는 것이며 또한 "모든 것을 하나님께 남겨두는" 것인데, 이것은 이 시편이 주장하는 바가 아니다. 그러나 하나님을 찬양하는 정황을 배제한 채 사람의 권능을 사용하는 것은, 창조세계에 대한 사람의 대리 통치직을 세속화하는 것이며 허용된 것 이상을 남용하는 것이다. 사람은 통치하는 존재이지만, 창조세계에 대한 궁극적인 통치권을 부여받은 것은 아니다. 그와 같은 통치권과 성실함은 오로지 하나님께만 돌려져야 한다.

이 시편은 지금까지 우리가 살펴보았던 다른 시편들에서는 제기하지 않은 다른 내용을 매우 섬세하게 정성껏 담고 있다. 이 시편은 사람이 창조의 왕관이자 정점이라는 것을 알려주면서, 동시에 사람의 권능조차도 하나님의 영광에 의해 형성되고 인정받는다는 것도 알려준다. 결국, 하나님이 만드신 훌륭한 창조세계를 인정하고 확고히 하는 것은 기쁜 일이고 하나님의 영광에 순복하는 일이다. 이런 창조 시편들은 확신과 시편적인 신앙으로 가득 찬 세상을 향한 담대한 출발점을 우리에게 제공해준다.

토라시편 Songs of Torah

창조를 찬양 할 때, 이 세상은 안정적으로 잘 형성된 세상으로 고백된다. 이 질서는 하나님의 권능, 신실하심 그리고 은혜에 견고하게 의존하고 있다. 창조를 대면하면서 이스라엘이 그저 찬양할 수밖에 없는 것은 바로 이점 때문이다. 창조의 선한 질서는 이스라엘에게 있어서는 토라를 통해 구체적으로 경험된다. 토라는 그저 이스라엘의 도덕적 가치로서만이 아니라, 삶의 구조 속에서 하나님의 뜻과 목적으로서 역할한다. 창조는 하나님의 신실하심을 통해 유지되며, 또한 창조는 조화와 평화를 이루게 되는데, 그것은 하나님께서 삶에 대해 명령하신 방식에 대해 이스라엘이 순종적으로 응하기 때문이다. 그러므로 창조와 토라는 함께 이해되며, 토라는 창조 속에서 하나님께서 이스라엘을 향해 갖고 계신 의도를 명확하게 표현해준다. 창조와 토라 간의 이와 같은 연결성은 특히나 시편 19편에서 두드러지게 잘 나타나는데, 시편 19편은 두 부분으로 구성되어 있다. 창조에 대한 기쁨과 놀라움을 찬송하고 있는 1-6절, 그리고 생명을 주는 토라의 능력에 대한 확신을 표현하는 7-14절. 다른 사람들에게는 이 주제가 매우 모순적인 것처럼 보일 수도 있다. 창조는 하나님의 확실한 선물에 대한 것이고, 토라는 이스라엘의 노력에 대한 끈덕진 재촉에 관한 것인데, 마치 확실한 선물이 조건적이고 확실치 않은 것처럼 보인다. 그러나 이스라엘에게 있어서, 토라는 하나님께서 조화롭게 만드신 세상을 향해 존귀하게 응답하는 이스라엘의 방식이다. 순종하는 이런 응답은, 계산이나 인색함 없이 감사하는 모습을 통해 기쁘게 표현된다.

시편 1편

시편 1편은 가장 명백한 토라시편이자 가장 잘 알려져 있는 토라시편이다. 이 시편은 분명 의도적으로 전체 시편 집에서 서시(prolog)로서 맨 앞에 배치되었다. 이 시편은 이스라엘의 경배하는 삶에서 가장 일차적인 과제가 순종하는 것이며, 모든 삶을 하나님의 목적과 창조세계의 질서에 맞추어 질서 있게 행해야 한다고 선언한다. 이스라엘의 신앙의 삶에서나 이 시편에서나, 의로움과 악함, 결백함과 범죄, 하나님의 목적에 맞게 사는 사람들과 그런 목적들을 무시하고 질서를 어지럽히는 사람들은, 근본적으로 도덕적인 대조를 이룬다. 인간의 삶은 조롱거리도 아니고 평범한 것도 아니다. 어떻게 삶을 살았는가가 결정적일 뿐이다.

우리의 주제인 정위(定位)라는 측면에서 볼 때, 이 시편은 그 특성상 교훈적이며, 토라의 요구에 견고히 자리 잡은 잘 안정된 삶이 행복하고 웰빙적인 삶임을 단언한다. 이런 정위를 어기는 것은 분명 행복을 축소시키거나 붕괴시킨다.

이 시편의 구조는, 순종이라는 전승이 삶을 이해하는 것과 마찬가지로, 삶의 구조를 분명하게 반영한다. 여기엔 중간지대란 없으며, 중립지대란 존재하지 않는다. 삶은-시편과 마찬가지로-날카롭게 이것/저것으로 구분된다. 토라에 순종하고 다른 것들을 피하는 것을 즐겨하는 행복한 사람이 되거나(1-2절), 아니면 이런 기쁨을 거부하는 악한 사람처럼 되는 것 뿐이다(4절). 이편을 선택한 사람은 결국 시냇가에 심겨진 나무처럼 풍성하게 되지만(3절), 그러나 저편의 마지막은 결국 사라지게 되는 겨처럼 되고 말 뿐이다(4절). 삶은 분명한 선택으로 구성되어 있다(5-6절; 참조. 신 30:15-20). 그리고 심판이 있게 될 것이다. 한 사람은 견디지만 다른 사람은 사라질 것이다. 이편 길은 창조주께서 인정하실 것이다. 헌신과 운명 간의 연결은 협상해서 바꿀 수 있는 문제가 아니다.

시편 1편은 홍정하는 것도 모호한 것도 허락하지 않는다. 이 시편은 어려움, 위험, 대가 그리고 경계선에 매우 익숙한 공동체의 목소리이다. 이 시편은 하나님이 만드신 세상이 주어져 있다는 것을 전적으로 인정하며, 또한 이렇게 주어진 창조에 대해 주의 깊게 반응하는 유일한 길이 바로 토라임을 전적으로 확신한다. 또한 이 시편은 아마도 사회화를 위해 사용된 소책자이기도 했을 텐데, 이 시편을 통해 어른들 사회는 젊은이들을 "올바른" 도덕적인 체계로 견고하게 훈련시켰을 것이다. 공동체는 이 도덕적인 체계를 문젯거리를 헤쳐 나가는 방법으로 신뢰한다. 그것은 생명과 죽음이며, 젊은이들은 아직 시간이 있을 동안에 이것을 배워야만 한다(참조. 잠 8:32-36).

시편 119편

시편 119편은 가장 광범위한 토라시일 뿐만 아니라, 모든 시편들 중에서 가장 긴 시편이기도 하다. 만약 구조적인 의미를 인식하지 않는다면, 이 시편은 그저 단조롭고 지루하고 장황하기만한 시편으로 취급될 수도 있을 것이다. 그러나 이 시편은 실로 대단히 지적인 창작물이다. 이 시편은 놀랍도록 잘 짜인 알파벳 시편이다(우린 이미 이와 같은 형태를 시편 145편에서 살펴보았다. 각행을 시작하는 첫 단어가 히브리어 알파벳 철자들이 순서대로 각기 사용되었다. 145편에서는 이 구조를 통해 충만한 찬양이 되게 하려는 의도가 있었다. 여기에서의 이런 구조는 순종이 충만하게 시행되도록 하려는 것이다). 그러나 여기서 주목할 만한 특징은, 각각의 히브리어 알파벳들이 연속되는 8개의 행들로 시작한다는 점이다(가령 א으로 시작하는 단어가 행의 첫 단어로 나오는 행이 8개가 연속해서 나오고, 그 뒤에 다시 ב로 시작하는 단어가 행의 처음 단어인 행이 8개가 연속해서 나온다. 역자주). 기교적인 측면에서 보자면, 우리는 8개의 알파벳 시들을 한 번에 갖고 있는 셈이나 마찬가지다. 이점이 이 시편을 매우 길게 만들었으며 또한 매우 특징적으로 만들었다. 본문을 번역하게 되면 필연적으로 이와 같은 특성을 잃어버리게 된다는 점이 참으로 안타까운 일이다.

이 시편을 잘 평가하기 위해서는, 우리는 왜 누군가가 이런 주제에 대해 이렇게 의도적이고 엄격한 시편을 만들고자 노력했는지를 물어봐야 한다. 세 가지 대답이 가능하다. 첫 번째, 이 시편은 원래 교훈적인 계획 하에 만들어졌다는 것이다. 이 시편은 학생들을 가르치는 교사의 작품을 반영하고 있다. 이 시편의 의도는 일반적인 것이 아니다. 이 시편은 토라에 대한 순종을 'a-b-c' 부터 젊은 학생들에게 가르치고자 만들어진 것이다. 두 번째로, 이 시편은 토라 지향적인 삶이 갖는 타당성에 관해 포괄적인 선언을 하고자 만들어졌다는 것이다. 이 시편은 토라가 인간 존재의 모든 면들을 포함하며, A에서 Z까지 모든 일들을 다 망라할 수 있다는 것을 확실하게 보여준다. 완전한 삶을 살기 위해서는 인간의 어떠한 문제나 위기도 토라에 순종하는 영역 안에 있어야 한다. 세 번째로, 이 시편의 극적인(dramatic) 의도는 메시지에 알맞은 형태를 발견하는 것이다. 그 메시지란 삶은 토라가 존귀해질 때 신뢰할 만하며 궁극적으로 조화롭게 된다는 것이다. 그러므로 이 시편은 신뢰성과 완전한 조화에 대해, 문학적이고 교육적인 경험을 제공한다. 토라로 질서 잡힌 삶은, 이 시편의 움직임이 그러하듯 안전하고 예측가능하고 완전하다.

우리는 이 시편의 형태를 알고 있으므로, 각각의 구체적인 내용에 대해 지나치게 많은 것을 들을 필요는 없다. 그러나 우리는 두 가지 관찰을 하고자 한다. 첫 번째, 토라는 죽은 문자가 아니며(참조. 고후 3:2-6) 생명을 주는 능동적인 대행자 역할을 한다. 다시 말해서, 토라는 단순히 규범들의 모음집이 아니라 생명을 주시는 하나님 임재의 한 방법이다. 토라에 대한 순종은, 빛, 생명, 기쁨, 즐거움의 근원이다. 즉, "기쁨"(שעשע)이란, 토라에 대한 반복적인 반응이다(시 119:16, 24, 47, 70, 77, 92, 143, 174). 토라는 결코 짐이 아니다. 토라의 역동적이고 생명을 주는 능력은 또한 시편 19:7-9에도 잘 나타나 있는데, 이 부분에서는 생명을 회복시키는 것이 토라라고 되어 있다.

이 시편의 교사들은 율법주의 때문에 염려하거나 시험에 들어 넘어지지 않는다. 이들은 구속적이거나 부담을 지우는 명령들을 하지 않는다. 그보다는 삶이 기본적으로 어디에 속해야하는지를 알려주는 사람들이다. 이들은 누구에게 속해야 하며, 그리고 누구에게 대답해야 하는지를 알고 있다. 그러므로 이들은 자신이 누구인지를 알고 있으며, 대부분 도덕적인 우위에 위치해 있음으로써 자신들이 생명으로 나아가게 될 것임을 알고 있다. 여기에서는 생명에 초점이 맞추어져 있으며, 도덕적 딜레마는 존재하지 않는다. 질서가 잘 잡힌 세상에서는, 자신이 어디에 속해야 하는가에 대한 결정이, 사람이 자신을 허비하거나 도덕적인 결정을 끝없이 조작해야하는 것에서 건져내 줄 것이다. 이 세상은 하나로 함께 묶여 있기 때문에 순종은 신뢰할 만한 삶의 형태이다. 그리고 그 결과는 우울이나 쓰라림이 아니라 자유이다. 이 시편은 "넓은 장소"

(רחב)라는 단어를 두 번이나 사용하고 있다.

> 내가 주의 계명의 길로 달려가리이다
> 주께서 내 마음을 넓히시면 (32절).
> 내가 자유롭게 행보할 것이오며,
> 내가 주의 법도를 구하였사오니 (45절).

우리의 현대적인 성향은 계명을 구속적이고 제한적인 것으로 보는데, 하지만 이와는 반대다. 계명은 사람들을 자유롭게 하고 사람답게 될 수 있는 공간을 만들어 준다. 이 시편은 무언가가 필요한 사람들에게 가능성을 가르치고, 또한 정체성과 직업이라는 기초적인 문제들에 대해 제대로 자리 잡는 기쁨에 관해 가르친다. 토라가 가르치는 삶은 우리가 어떤 존재가 되어야 할 것인지에 관한 선택권을 열어놓고 있을 것을 요구하지 않는다.

두 번째로, 이 시편의 교사들은 단순한 심성의 소유자이거나 혹은 환원주의자(reductionist)가 아니다. 이들은 삶이 단차원적인 계명의 삶으로 축소될 수 있다고 생각하지 않는다. 그보다는 토라에 대한 순종이, 매일의 삶의 경험을 통해 하나님과 계속해서 대화해나가는 출발점이 되고 발사대가 된다. 그러므로 이 시편은 처음 언뜻 볼 때처럼 그렇게 토라에 관해서 편협하고 고지식한 시편이 아니다. 이 시편은 신앙과 연관된 문제들을 탐구한다. 토라를 지키는 것이 성경적인 신앙 전체는 아니지만, 그러나 이것은 없어서는 안 될 첫 출발점이다. 그래서 이 시편은 순종이라는 분명한 지향에서부터 출발해서 다른 문제들을 탐구한다. 이 문제들에는 하나님을 향해 "얼마나 오랫동안?" 이라고 묻는(82-86절) 질문들도 포함된다. 이 시편은 언약 파트너에게 인자하심을 베풀어 달라고 하나님께 요구한다(76, 124, 149; 참조. 시 33:5., 8, 22절). 그리고 하나님께 약속을 실제적이고 눈에 보이도록 지켜달라고 요구한다(58, 76, 123, 133, 154). 또한 샬롬을 갈망한다(165절). 이 시편의 영성 안으로 들어가 보려면, 규칙적으로 결정되어 있는 정형화된 징벌(잘못에 대해 벌받는다는)에 대한 생각을 깨야만 한다. 이 시편은 홍정에 대한 것이 아니라, 완전한 신뢰와 복종에 관한 시편이다. 몇몇 경우들에서는, 욥기 1-2장의 이야기와 평행을 이루는데, 똑같은 고정관념과 분투를 벌인다는 점에서 그렇다. 욥기의 이야기에서는 물론이거니와, 이 시편은 "선한 사람은 번성하고 악한 사람은 고통 받는다" 고 주장하지 않는다. 그보다는, 선하시고 인자하신 분으로 이미 알려진 하나님을 향한 복종과 신뢰에 관해 단지 서술할 뿐이다.

시편 119편은 그러므로 영혼의 삶에 관해서 섬세하고 정교한 논리로 구성되어 있다. 한편으로, 이 시편은 야웨와 함께 하는 삶이 두 갈래 길임을 이해한다. 토라를 지키는 사람은 야웨로 부터 주어질 무언가를 기대할 권리를 가지고 있다. 순종은 순종하는 자에게 하나님의 관심과 하나님의 선물을 추구할 수 있게 해준다. 비록 이점과 밀접하기는 하지만, 이 시편은 타협하지 않는다. 이 시편은 오만을 통해서가 아니라 복종을 통해 여기에 들어간 사람의 말이다. 이 말은 과도하게 공손하거나 혹은 불쾌한 말이 아니다. 이것은 서로를 의지하는 법을 배운 파트너 간에 합법적으로 품을 수 있는 기대를 명확하게 표현한 것이다.

다른 한편으로는, 하나님을 향한 합법적인 기대들은 복음적인 형태를 띤다. 화자는 결국 이야기할 권리를 얻게 되었음에도 불구하고, 자기 자신을 하나님의 인자에 맡겨 버리며 하나님으로 부터의 행하심을 기다린다. 하나님께서 행하시는 것은 자유케 하시고 족쇄를 풀어주시며 억압에서 놓임 받게 하는 것이다. 토라를 다시 부르는 모습에는, 확실히 어떤 편안함이 자리 잡고 있다(52절). 그러나 이 시편은 결국 토라를 과대평가하지 않는다. 화자의 분깃은 토라도 아니고 그렇다고 토라를 지키는 것도 아니며, 바로 야웨이시다(57절). 그러므로 토라는 야웨와의 모든 범주의 상호작용을 탐험해 나가는 출입구가 된다. 분명 이 시편은 시편 1편의 단순한 공식을 넘어선 탐구를 하고 있다. 순종으로 가득한 삶은 신앙의 결론이 아니다. 순종하는 삶은 신앙의 출발점이며, 또한 하나님과의 다양한 교제로 충만한 삶에 좀 더 가까이 다가가는 것이기도 하다. 이 사람이 살아가는 것은 은혜에 의해서이지 순종에 의해서가 아니다(77절).

시편 15편과 24편

우리는 토라시의 범주 안에 시편 15편과 시편 24편을 넣는다. 이 두 개의 시편들 중 24편이 15편보다 좀 더 복잡하다. 어쨌든, 이 두 개의 시편은 모두 토라에 대한 순종을 성소에서 하나님께 나아가기 위한 자격으로 간주한다. 15편에서는, 2-5a절이 1절의 질문에 대답하는 형식으로 되어있다. 2-5a절의 내용은 토라를 지키는 사람, 순수하게 의로운 사람이 성소에 들어가 하나님의 임재하심을 누릴 수 있도록 허락된 사람이라는 내용이다. 시편 24:3-6절에서도 동일한 내용이 나오는데, 4절에서는 특별히 토라를 지키는 것에 관한 규정들이 나온다.

이 두 개의 시편만 따로 떼어내 본다면 그 성격이 공격적일 수도 있다. 왜냐하면 이 시편들은 순종하는 사람들만이 하나님의 임재 앞에 들어갈 수 있다고 주장하기 때문이다. 그러나 이런 영성은 안정성을 잘 갖춘 공동체, 아직은 신학적으로 모호하거나 도덕적으로 혼란한 세상에 대해 말하지 않는 공동체를 반영한다는 점을 상기해야 한다. 여기서의 삶은 조화를 이루는 카테고리들에 여전히 포함되어 있는 삶이다. 신학적으로는 삶은 안정적이다. 그러므로 하나님께 나아가는 것을, 우리가 알고 있는 내용들 즉, 의지함, 신뢰할 만함 등에 적합한 행동으로 평가하는 것은 적절한 평가이다. 이처럼 적절하게 제 역할을 다하고 있는 세상에서는, 이런 기대들이 진실성과 중요성을 가지고 있다. 아직 여기에는 율법의 위기가 없으며, 무질서에 접근해 간다는 느낌도 없다. 이런 세상에서는, 하나님께서 도덕적으로 무관심하다고 느끼지 않는다. 사람이 어떻게 순종 하는가 혹은 불순종 하는가가 결정적으로 중요할 뿐이다.

••• 지혜시편 Wisdom Psalms

지혜시편들은 질서 잡혀 있고 신뢰할 만한 세상에 대한 또 하나의 표현들이다. 이 시편들은 그 어조와 그리고 비교적 정형화되지 않은 형태에 있어서 교훈적인 색체를 띠고 있다. 중심 주제를 통해 지혜시편인지 아닌지를 가장 잘 규명할 수 있다.

시편 37편

이 시편은 모든 시편들 중에서 가장 명백하게 교훈적인 면모를 지닌다. 이 시편에는 잠언서에서 쉽게 발견할 수 있는 격언들이 모아져 있다. 다만 이런 격언들 모음이 어떤 질서나 발전 단계 없이 조금은 불규칙적으로 모아져 있다. 하지만, 이 시편이 담고 있는 내용들에는 중요한 제한점들이 있는데, 이 시편은 히브리어 알파벳 구조로 되어 있어서 교육적인 목적으로 교묘하게 구성되어 있다. 이처럼 조심스럽게 배치되어 있는 배열은 이 시편이 주장하는 내용과 잘 상응 한다. 즉 이 세상은 대단히 잘 질서 잡혀 있고 또한 덕(virtue)은 결국 상급을 받는다는 내용과 잘 상응한다.

이 시편의 알파벳식 진술은 여러 개의 정형적인 지혜적 형태들로 구성되어 있는데, 이들 각각은 교훈적인 내용을 담고 있다. 가장 기초적인 지혜 형태가 1-2절에 분명하게 나타난다. 이 부분은 두 가지 금지 내용으로 구성되어 있으며, 전치사 "왜냐하면"(כי)으로 도입되는 동기 부여가 첨가되어 있다. 같은 형태가 8-9절에서도 나타나는데, 그 부분에는 세 개의 명령형들과 하나의 동기 부여가 나온다(참조. 27-28절). 또한 좀 덜 교훈적인 요소들로 되어 있는 부분들도 있다. 두 가지 관찰들이 나타나는 10-11절 그리고 12-13절이 그러하다. 이 부분들은 대조들과 현재의 선택들을 서술한다. 마찬가지로 이런 구조로 되어 있는 18-20, 21절도 보도록 하라. 16절에서, 다른 지혜 형태들보다 "좀 더 나은" 격언을 읽게 된다. 그러나 지혜에 관련된 모든 형태들은 동일한 가정, 즉 이 세상은 질서정연하며 이 질서에 적합한가 그렇지 아니한가가 결과들을 좌우한다는 가정과, 질서에 대한 중요한 문제들이 사회적 행동과 연관되어 있다는 가정 하에 작용한다. 신학적인 요점은, 웰빙(혹은 웰빙의 부족)이 창조세계의 질서를 아는 것에 의존한다는 점이다. 이런 창조 질서는 공동체 안에서 사회적 기대를 통해서 경험된다.

이 시는 토라 시편들보다는 좀 더 분명하게 행위와 결과간의 밀접하고 예측 가능한 관계를 표현한다. 이와 같은 교훈의 목적은 (간접적으로 창조주의 통치권의 권위를 증명하는) 젊은 사람들에게 사회적으로 용인되는 행동 양식이 스며들게 하는 것이다. 그런 행동은 전체 공동체의 웰빙에 결정적으로 기여한다. 그러므로 이런 주장은 하나님에 관해 언급하긴 하지만, 그러나 이 경우는 대부분 실용을 목적으로 한 토대에서 만들어 진다. 이건 성공적이다! 그리고 이점은 공동체를 반영하는데, 모든 것들은 이 공동체를 위해 일한다. 사실, 그들은 자기 자신들을 "모든 것이 합력하여 선을 이루는" 사람들로 이해했다. 그리고 그들은 그들 자신들을 "하나님을 사랑하는 자들"로 이해했다(롬 8:28).

만약 우리가 이 시편의 좀 더 본질적인 관심을 발견하고자 한다면, 어떻게 땅을 지키며 어떻게 땅을 잃는가에 대한 일련의 표현들 속에서 그 점을 발견할 수 있다. 지혜의 가르침은, 일반적으로 축복을 받을 수 있고 유지할 수 있게 하는 도덕적 상황들에 대해 이야기하는데, 땅은 근원적인 축복이다. 이런 종류의 생각은 창조세계와 연결되어 있다. 왜냐하면 땅은 하나님의 조화로운 창조세계인데, 사람이 지금 땅에 대한 통치권을 가지고 있는 것은 특별한 경험이기 때문이다.

시편 37편은 땅에 관한 다섯 가지 진술들을 제공한다.

a) 대저 행악하는 자는 끊어질 것이나,

여호와를 기대하는 자는 땅을 차지하리로다(9절)

b) … 악인이 없어지리니 …

오직 온유한 자는 땅을 차지하며,

풍부한 화평으로 즐기리로다(10-11절).

c) 주의 복을 받은 자는 땅을 차지하고,

주의 저주를 받은 자는 끊어지리로다(22절)

d) 의인이 땅을 차지함이여,

거기 영영히 거하리로다(29절)

e) 여호와를 바라고 그 도를 지키라,

그리하면 너를 들어 땅을 차지하게 하실 것이라(34절)

"온유한 자가 땅을 유업으로 받을 것"(마 5:5)이라는 표현은, 분명 책임 있는 행동과 땅의 유지라는 좀 더 일반적인 정황 속에서 사용할 수 있으며 또한 그런 정황 속에서만 사용되어야 한다. 이 시편을 지배하고 있는 다섯 가지 진술들은 사실 동의어이다. 이 언급들 안에는 어떤 발전적인 진전이 있는 것이 아니라, 각각 모두다 중심 포인트를 반복한다. 땅을 소유하는 것은 야웨와 그분의 다스리심 그리고 그분의 목적과 밀접하게 연관되어 있다. 이 시편은 땅을 우리 자신의 방법을 통해서 소유할 수 있다는 모든 개념을 거부한다. 땅은 자율적인 것이 아니며, 그것을 소유하고 있는 자들의 것도 아니다. 땅은 창조주와 상관있으며(레 25:23), 참된 지혜는 창조주와 그분의 목적을 책임 있게 깨닫고 살아가는 것이다. 이런 기초적인 확신은 이 시편의 다른 다양한 가이드라인들을 통해 축적되는데, 이 모든 가이드라인은 수용 가능한 땅을 얻는 행동을 특징적으로 표현한다.

시편 14편

시편 14편은 묵상적인 시편이다. 이 시편은 공식적인 교훈적 형태를 띠지는 않지만, 주제가 무엇인지에 따라 한 시편이 어느 유형에 속할지 결정짓는 논의에서는 지혜 시편에 속한다(53:1-6과 이 시편은 같은 시편이다).

이 시편은 중심 주제를 통해 "실제적인 무신론"에 관해 서술한다. 이 시편은 무질서하고 초점 없이 행동하는 사람에 관해 살펴보는데, 왜냐하면 이것은 하나님께 속한 것이 아니기 때문이다. 여기에는 삶이 창조주께 속하지 않은 피조물의 삶이 그려져 있다. 1절에 나오는 "어리석은" 자가 뚜렷이 무신론을 이야기하지 않는다는 점을 주목하라. 그는 "그의 마음속"으로만 무신론을 이야기한다. 그러니까 그는 그런 방식으로 생각하고 결정한다.

이와 같은 잘못된 자율은, 삶에는 정해진 규범이 없다고 가정하는 결과를 낳는다. 하나님이 계시지 않는 곳에서는 모든 일들을 다 할 수 있다. 그 결과는 그런 사람의 행동이 타락하게 되고, 선함이 없게 되며(1절) 분별이 없고 그 결과 다른 사람들을 착취하게 되는 것이다(4절). 확실한 이 연결점은 분명해 보인다. 창조주가 존귀하게 여겨지지 않는 곳에서는, 피조물들의 삶이 오만해지고 타락하게 된다. 최종적인 결과는 삶이 두려움으로 가득 차게 되는 것이다(5a절). 보호자도 없으며, 한계나 경계선도 없고 모든 일들은 계속해서 위험스러워질 뿐이다. 이 길을 좇아가는 사람은, 자기 자신이 쏟아 붓는 무의미한 노력들 이외에는 다른 어떤 후원자도 갖지 못하며, 이런 노력들은 결국엔 필연적으로 쓸모없게 된다.

이 시편은 반대 주제도 제시한다. 여기는 여전히 하나님의 세상이다. 하나님께 속한 삶도 여전히 가능하며 여전히 살만한 가치가 있다. 하나님께서는 여전히 그의 하늘 보좌에서 다스리고 계신다(2절). 하나님은 마땅히 드려야할 경배를 드리는 지혜로운 삶을 찾으신다(2절). 하나님께는 의로운 사람들에게 친절을 베푸시며 그들을 도우신다(6절). 그러므로 이 시편은 그들에게 주어진 삶이 하나님의 은혜로운 통치 안에 있음을 부인하는 사람들을 꾸짖고 책망한다. 그러나 이 시편은 이런 꾸짖음과 책망이 있을 필요가 없다고 분명하게 단언한다.

6절은 기대하지 않았던 아주 중요한 확신을 보여준다. 어떤 사람은 삶이 궁극적으로는 이런 무질서한 생활에 의해 뒤틀려질 수 있다고 결론 내릴지도 모른다. 그러나 그렇지 않다. 야웨께서는 여전히 다스리신다. 이것이 이 시편에서 하나님의 이름을 두 번째로 사용한 부분이다. 우리는 야웨의 이름이 2절에서 통치하시는 하나님으로서 언급된 것을 본 적이 있다. 이제 6절에서, 우리는 그 통치의 본질이 무엇인지를 알게 된다. 심지어 어리석은 자들로 인해 뒤틀려진 세상에서 조차도, 야웨의 사업은 가난한 자들을 보호하시고 지키시는 것이다. 가난한 자들은 어리석은 자들의 변덕스러움에 방치되지 않는다(참조. 잠 17:5). 하나님께서 다스리신다는 궁극적인 특징은 어떤 존재론적인 원칙을 통해서 나타나는 것이 아니라, 야웨께서 가난한 자들과 함께 하신다는 사회적인 확인을 통해 표현된다. 부자들과 약삭빠른 자들에 의한 엄청난 자기기만이 주변인들에게 주어진 근본적이고도 타협할 수 없는 위임으로부터 결코 야웨를 흔들 수는 없다.

그러므로 시편 14편은 야웨의 다스리심을 존중하지 않는 어리석은 자의 공격에 대해, 단순히 야웨의 다스리심이 여전히 살아 있다는 것을 공식적으로 주장하는 그런 시편이 아니다. 이 시편은 하나님의 다스리심이 특별한 종류임을 선언한다.

7절은 좀 색다른 구절인데, 아마도 첨가된 절인 것 같다. 이 구절은 유다와 이스라엘의 회복을 향한 바람과 소망을 나타낸다. 여기에서 야웨의 이름이 세 번째 사용된다. 아마도 이 구절이 이런 방식으로 여기에 놓이게 된 것은, 어느 순간에 인가 피난처를 얻게 되는 가난한 자들(6절)을 이스라엘과 유다라고 인식했기 때문일 것이다. 이 구절은 앞선 내용들을 신앙 공동체의 용어로 해석한다.

시편 14편의 의도는 사람이 이 세상을 야웨의 방식(참조. 사 55:8-9)보다 더 훌륭하게 운영할 수 있다는 유혹에 맞서는 것이다. 오만한 자들이 선택할 수 있는 다른 방안은, 그들 자신의 유익을 위해 상처입기 쉬운 연약한 자들을 대가로 해서, 인생의 선함을 재정립하는 것이다(참조. 겔 34:20-24). 이 시편은 삶이 그렇게 쉽게 재구성되지 않을 것임을 확언하고 있고 또한 보호하고 있다. 하나님의 뜻은 지속적이다. 하나님께서는 약한 자들을 강한 자들로 부터 보호하기 위한 몇몇 붙박이 보호장치들과 더불어 이 세상을 만드셨으며, 이는 결코 무효화 되지 않을 것이다(참조. 사 10:12-14).

이 시편들은 따로 분리된 유형(category)으로 다루어지기 보다는 토라시편이나 지혜시편과 한 그룹으로 다루어져야 한다. 그러나 시편 111편과 시편 112편은 분리되어 다뤄지는데, 이들은 강조점에 있어서 미묘한 차이점이 있고, 하나님께서 이 세상을 도덕적으로 조화롭게 통치하신다는 절대적인 선언을 내포하고 있기 때문이다. 이 세상의 도덕적 조화는 이 두 개의 시편들이 잘 짜인 히브리어 알파벳 구조에 반영되어 있다. 이 세상은 역할을 감당하고 있고 그래서 사람들은 행위의 결과를 받게 된다(갈 6:7). 이 표현은 분명 보상과 관련된 내용을 유지한다.

시편 112편

시편 112편은 이런 주장을 잘 보여주는 좋은 예이다.

1절을 시작하는 외침은, 신뢰할 만한 징벌 시스템 전체가 야웨의 다스리심에 속한 것으로 본다. 야웨께서는 이 세상이 신뢰할 만하기 때문에 찬양받으신다. 시편 111편과 112편을 하나로 묶을 수도 있을 것이다. 만약 두 시편을 하나로 묶는다면, 시편 111편은 시편 112편에 나오는 도덕적 확신에 대한 신학적 근거를 제공한다. 이 세상은 도덕적인 통일성을 지니고 있는데, 이건 창조주가 그의 언약(111:5)을 기억하시며, 그의 언약을 세우시고(111:9), 또한 지키실 것이기 때문이다.

이 시편(112:1b-9)의 중심주장은 1b절에 나오는 명제, 즉 야웨를 경외하는 자, 토라를 지키는 자는 행복할 것이라는 명제를 검토한다. 신실한 순종은 웰빙으로 이끌어간다. 행복한 사람의 웰빙은, 사람이 바라는 전 영역에 걸친다. 웰빙은 건강과 부요함과(3절) 같이 지극히 물질적인 욕구들도 포함한다. 또한 역경에 흔들리지 않는 견고한 마음과 어떤 환경에서도 지속성을 갖는 것(7-8절; 참조. 빌 4:11-13)도 포함한다. 이런 사람을 묘사하기 위해 사용된 핵심적인 구문은 "의로운"이다. 모든 정위(定位)의 시편들(Psalms of orientation)은 의로우신 하나님께서 다스리시는 의로운 사회와 그 안에 있는 의로운 사람에 관해 이야기한다. 모든 것들이 다 옳다. 그러므로 3절에서는, 무언가를 의롭게 지속시키는 의인의 능력에 관해 이야기한다. 6절에서 그는 의로운 사람으로 표현되는데, 이것은 그가 자기 자신을 통합한다는 것을 의미한다. 그는 그의 세상을 의롭게 하고자 행동을 취한다. 그리고 9절에서 그의 의로움은 다시 한 번 더 확고해진다. 이 시편은 깨끗하고 고요한 양심을 보여준다.

행복한 사람의 의로움은 야웨의 성품 속에 자리 잡고 있고, 야웨의 성품으로 인해 가능해지는데, 야웨께서는 은혜로우시고 자비로우시며 의로우신 분이시다. 사람의 의로움에 대한 근거는 바로 여기에 있다. 야웨의 이와 같은 성품은 시편 111:3-4절에도 또한 기록되어 있으며(참조. 시 145:8-9), 이 내용은 출애굽기 34:6-7에 나오는 구약의 신앙고백 문에 의존하는 것으로 보인다. 시편 112편은 야웨를 특징적으로 보여주는 가장 훌륭하고 심오한 방법을 알고 있다. 그리고 이 시편에서 우리는 하나님의 형상을 닮은 한 사람을 다루고 있는데, 그는 그의 삶속의 행위들에서 하나님의 형상과 상응하는 사람이다. 야웨께서 그러하신 것처럼, 사람의 삶은 본질에 의해서가 아니라 신앙의 행위들에 의해 특징적으로 나타난다는 점을 주목하라. 이 삶은 행복을 향하는 삶인데, 여기에는 창조주와 피조물 간의 참된 화합이 있기 때문이다. 이스라엘의 하나님에 대한 인식과 그리고 사람됨에 대한 찬양은 적절히 함께 나타난다.

그러나 행복한 사람을 만드는 이 의로움은, 그저 단순한 인격적 자격이나 속성이 아니다. 그보다는, 의로움은 사람이 하나님으로부터 부여받은 창조세계에 대한 다스림 속에서 다른 사람들과 관계하는 방식, 즉 그가 그의 통치를 실천하는 방식을 통해 분명하게 나타난다(창 1:26-28). 그는 은혜를 베푼다(5절). 그는 공의를 실천한다(5절). 그는 가난한 자들을 돌본다(9절). 우리는 시편 14:6절에서 야웨께서 근본적으로 가난한 자들을 위한 피난처이심에 대해 살펴보았다. 이제 그런 하나님께 신실한 이 사람은, 동일한 실천을 통해 일을 한다. 이 시편은 덕이란 관계적인 것이라는 분명한 확신을 가지고 있다. 선함은 어떤 상태나 혹은 풍요나 혹은 존재적인 상황이 아니라, 사회적인 관계 속에서 이뤄지는 일련의 행위들이다. 덕은 사회적인 관계들, 명확하게는 경제정의적인 분배와 관련이 있다. (이 또한 욥 31:16-23에서 욥이 하나님에 대해 주장했던 특징적인 모습임을 주목하라) 은혜를 베푸는 것이 신앙의 삶속에서 기쁨을 만들어 낸다.

특성상 (시 104:35; 145:20b에서처럼), 이 시편은 10절에 나오는 대조적인 진술을 거부할 수가 없다. 강조점은 행복하고 의로운 사람에게 놓여있다. 그러나 요점을 강조하기 위해서, 10절은 악한 사람이 이 길로 행하지 않는다는 것을 주장할 뿐만 아니라, 그들은 저항하며 그들의 저항으로 인해 비참하게 된다고 선언한다. 악인은 하나님의 은혜를 의지하지 않는 사람이며, 그렇기 때문에 은혜를 실천할 수도 없다. 악인은 도덕적으로 나쁜 사람들이 아니라, 나누기보다는 인색하며 엄격하고 독점과 통제를 추구하는 사람들이다. 이들은 매우 엄격하고 인색하다. 왜냐하면 그들은 야웨의 풍성한 은혜를 느끼지 못하기 때문이다.

이 시편은 어떻게 행복해질 수 있는지 그 방법을 안내해 주는 지침서 역할을 해 주는 시편으로 사용될 수 있다. 그러나 이 시편의 주장은 이러한 것을 훨씬 더 넘어선다. 이 시편은 생명의 자원들을 공동체 안의 다른 사람들에게 주는 것이 참된 기쁨으로 가는 길이라고 주장한다. 이 시편은 "의에 주리고 목마른 자들은 복이 있나니, 저희가 배부를 것임이요"(마 5:6)라는 주님의 가르침을 따라하고 있다. 만족하고 충만한 신앙은 탐욕이나 자기충족 그리고 자기만족에서는 오지 않는다. 이런 모습들은 우리를 항상 먹이시는 하나님의 은혜를 의지하는 것에서 부터 오며(시 111:5), 우리도 이런 은혜를 받은 뒤 번갈아 관대해질 수 있다. 행복한 사람은 창조주의 풍성하심에 대해 알고 있는 사람이다. 창조주 그분은 그의 값비싼 창조세계로 부터는 아무것도 필요한 것이 없으신 분이시다. 신앙은 매우 다른 사회적 실천을 할 수 있게 해 준다.

웰빙의 경우들

우리가 지금까지 논의해온 다양한 종류의 정위(定位)의 시편들(Psalms of orientation)은 "평화로운 왕국"을 반영한다. 이런 시편들에서는, "시스템"이 제대로 작동하고 있다. 그리고 이 "시스템"은 하나님께서 창조하신 질서를 의미하는데, 하나님께서 이것을 공평과 신실하심으로 통치하신다. "시스템"은 또한 사회적 관계들, 가치들 그리고 기대들의 네트웍을 의미하기도 한다. 직접적 경험이라는 설득력 있는 토대 위에서, 시편들의 화자는 하나님께서 창조세계를 질서 잡으시는 방법과 사회가 그 선택들을 조종해 나가는 방법들 간에 무언가 상응하는 것이 있다고 가정한다. 모든 것들이 다 질서정연하며 신뢰할 만하다. 시편들은 이점을 하나님께서 하늘에서 다스리신다고 신학적으로 만들었지만, 이 시편들은 또한 지상에서의 경험에서도 동일한 질서와 신뢰성을 볼 수 있다고 제시하고 이야기한다.

이 질서정연함과 신뢰할 만함은 이론적이고 추상적인 개념이 아니다. 이것은 매일 매일의 삶과 인생의 여러 시기들을 경험하면서 직접적으로 알 수 있다. 베스터만은 창조세계에 대한 확신은 가족, 가문, 종족에서 특별히 나타나는 축복 패턴에 근거를 두고 있음을 발견했다. 여기에서 하나님의 선하심은, 산산이 부수는 강제에 의해서가 아니라 은밀하고 신중한 지속성을 통해서 알려지는 것이다. 창조세계의 규칙성은 출생, 결혼, 죽음, 씨 뿌리는 시기와 추수등과 같이 예측 가능한 사건들을 통해 경험되어 진다. 이런 모든 경험들은 창조주의 규칙성과 신뢰성을 나타내준다.

우리는 많은 수의 시편들을 창조세계의 축복들 가운데서 하나님의 선하심을 반영하고 확증하는 '특별한 경우를 위해 마련한 단편들'(occasional pieces)로 규정할 수 있다. 이러한 경우에, 하나님은 어디서나 눈에 보이는 가시적인 모습은 아니지만, 삶이 확고해지고 고양된 것을 통해서 비판적인 항목들의 보증인으로서 분명히 인식된다.

시편 133편

시편 133편은 가족 혹은 종족의 단결에 대한 웅변적인 확신을 담고 있다. 이 시의 구조는, 여는 선언(1절)과 두 개의 은유들을 포함하고 있는 결론(3b)으로 구성된다. 여는 행은 어떤 하나의 경험을 찬양한다. 결론은 그 경험을 축복으로 규정한다. 마지막 서술에서만 야웨의 이름이 등장한다. 야웨는 아무것도 하시지 않지만, 그러나 이와 같은 웰빙의 숨겨진 근원으로 고백된다. 그러나 웰빙에 대한 설명은 "아래로부터", 경험으로부터 주어진다.

여기서 찬양받는 연합은 두 가지 은유를 통해 표현된다. 첫 번째로, 연합은 "보배로운 기름"(2절)과 같은데, 이것은 기대 이상으로 주어지는 축복의 풍성함과 웰빙(참조. 14:3-9; 눅 7:46)을 표현한다. 두 번째로, 찬양받는 연합은 이슬(3a절)과 같은데, 이것은 기적적으로 주어지며, 다른 한편으로는 메마른 땅이라는 정황에서(참조. 호 14:5) 생명을 준다.

이 모든 이미지들은, 이러한 창조의 풍성한 성과가, 어떠한 조건이나 계획 혹은 야웨의 구체적 행위를 통해서가 아니라, "자연스러운" 것임을 지적한다. 여기 사용된 언어들은 "창조-축복"을 주로 강조한다. 이 연합은 창세기 1장에서 창조세계를 향해 선하다(좋다)고 이야기했던 것만큼 좋은 것이다. 그리고 아름답다(1절)라는 단어는 심미적인 방향으로 이동해 간다.

시편 133편은 삶의 공통적인 기쁨을 적절하게 인식하는 이스라엘의 능력을 반영하며, 또한 이런 기쁨을 야웨의 잘 정돈된 관용에 돌리는 능력도 보여준다. 이러한 시가 형성되어서 사용된 시기에 관해서는, 단지 가설을 세울 수 있을 뿐이다. 이 시편은 "가족 재 연합", 부족이 모이는 것, "형제들"이 모이는 경우, 족장들이 갈등 없이 함께 모이는 것을 반영하는 것일 수도 있다. 여기서의 목소리는 젊은 세대가 갈등 속에서 그들 자신들을 파멸시키지 않기를 바라는 염려가운데서, 이제는 안도하게 된 장로의 목소리일 수도 있다. 이 시는 모든 사람들이 하나가 되고 조화를 이루어서, 창조세계 속에서 다툼 없이 다른 모든 사람들을 돌아 볼 수 있을 만큼 충분히 인자하게 살아가기를 간절히 고대하고 있다.

시편 131편

시편 131편도 133편에 이어 삶의 신뢰할 만한 질서에 복종하는 것을 단순하게 표현한 시편이다. 1-2절은 이 시의 원래 형태인 것 같다. 갑작스럽게, 처음부터 야웨께서는 잘 질서 잡힌 삶이 그분께 속한 것으로 규정된다. 여기에는 하나님께서 주시는 대로 삶을 기쁘게 받아들이는 모습이 있다. 이 시의 본론은 두 개의 서술들로 구성된다. 첫 번째는 부정적인 부인 혹은 정직한 서술이다(1절). 이 표현은 세 개의 부정형들과 부정형으로 이해할 수 있는 네 번째 표현으로 되어 있다. 교만치 아니하고, 높지 아니하오며, 큰일에 힘쓰지 아니하고, 미치지 못할 기이한 일을 힘쓰지 [아니하나이다]. 화자는 자기 자신에 대해 지나치게 높게 생각하지 않는데(참조. 롬 12:3), 이는 그가 하나님과의 적절한 관계에 대해 잘 이해하고 있음을 의미한다. 이 관계는 동등한 대상들 간의 관계가 아니며, 화자가 기쁘게 받아들여야 하는 복종, 순종, 신뢰의 관계이다. 2절에서는 이와는 반대로 하나님의 모성적 돌보심을 의지하는 사람이 누리는 평온과 웰빙의 든든함에 대해 긍정적으로 표현한다. 이 표현은 조금 다른 방식으로 민수기 11:11-15와 이사야 49:14-15절에 접근할 수 있는, 대담한 은유이다. 이 은유는 하나님과의 관계성을 특징적으로 보여주는데, 이것은 인간의 모든 상호작용들 중에서 가장 신뢰할만한 것이고, 기초적이고, 의지적인 관계성을 관찰하는 것으로 성장한다. 어린 아이는 어머니와 동등해지려고 하거나 혹은 어머니로부터 독립하려고 하지 않는다.

이 시편의 주장들은 이사야 2:6-22절의 내용과 가장 강력하게 대조를 이루는데, 이사야 부분에서 이스라엘은 교만하고 오만하며, 스스로를 높이고, 방자하고 제멋대로라고 책망 듣는다. 선지자는 이런 길은 파멸로 이끌 뿐이라고 말한다. 이 시편의 목소리는 긍정적인 한 쪽 면을 공포한다. 이는 포기나 체념을 뜻하는 것이 아니라, 하나님과 함께하는 삶이 결국 어떻게 되는지 깨닫는 것을 의미한다.

매우 특징적인 것은 가정적인 은유를 사용하는 것인데, 이것은 삶의 적합한 질서에 관해 아주 멋진 신학적 확신을 만들어낸다. 첫 번째로, 이 은유는 피조물다움은 자율과 대조적임을 강조한다. 신실한 사람은 마치 작은 어린아이처럼, 마치 어미가 먹이주기를 기다리는 자그마한 새처럼, 결코 자율 쪽으로 기울어지지 않는다. 두 번째로, 이 시는 이런 기쁨, 복종, 의지는 사람을 근심에서 자유롭게 한다고 이해하고 있다. 왜냐하면 근심은 자기 충족을 추구하는데서 활동하거나 혹은 모성적 성품을 지닌 하나님을 의지하고 공급받고자 하기보다는 도리어 동등해지려고 하는데서 활동하기 때문이다.

이 시편에 반영된 경건성은, 독립, 자기 충족 그리고 자율로 치달

으려하는 현대성에 직접적으로 반대한다. 시편은, 통제적이고 권위적인 부성적 하나님을 부인해야만 자유가 있을 수 있는 오이디푸스적(Oedipal)인 경향을 부인하는데, 이점은 언급할 만한 가치가 있다. 현대성이라는 신화는 모든 의존적인 관계에서 벗어나는 것이 참된 성숙이라고 믿는다. 그러나 은유가 강하게 통제하는 아버지로부터 자애롭게 돌보시는 어머니로 바뀔 때, 인간의 목표는 멀리 떨어져 나가는 것이 아니라 행복하게 신뢰하는 것임이 분명해진다.

만약 시편 131편이 하나님을 향한 우리의 모든 관계를 나타내는 것으로 취급된다면, 이를 천진하고 낭만적인 것으로 판단할지도 모르겠다. 만약 우리가 이 시편을 결함없는 완전한 선언으로 간주하지 않는다면, 이 시편은 우리에게 신실한 삶이 갖는 몇몇 차원들을 보여주는 놀라운 은유를 제공한다. 이 차원들은 하나님과의 관계에 대한 다른 많은 이미지들 속에서 잃어버린 차원이다.

이 시편의 세 번째 구절은 첨가된 것으로 보인다. 우리가 시편 14:7에서 살펴본 것처럼, 무언가 과정이 있었던 것으로 보이며 이 과정을 통해 신앙과 관련된 표현들이 조직적으로 유다와 이스라엘에 다시 할당되었다. 이 시편에서 3절은, 이스라엘이 엄마를 신뢰하는 어린아이와 동일시되는 효과가 있다. 이스라엘의 이미지는 자기 길을 고집하던 것을 버리고 야웨의 뜻에 복종하는 모습이다. 이런 종류의 복종은, 이스라엘로 하여금(혹은 어떤 다른 누구라도) 소망을 품을 수 있게 해주는, 정확하게 바로 이런 복종이다. 만약 복종이 없다면 소망도 없을 것이다. 왜냐하면 자율과 자기 충족은 결국 소망 없는 처지에 불과하며, 값없이 주어지는 선물을 배제하고 자기 자신만의 재원에만 남겨지는 것이기 때문이다. 이 시편에서(사 2:6-22와는 다르게) 이스라엘은 소망할 수 있고 또한 이렇게 양육하시는 하나님의 선한 선물을 받을 수 있다.

혼미(昏迷)의 시편

Psalms of Disorientation

주의 얼굴을 가리우시매

내가 근심하였나이다

여호와여 내가 주께 부르짖고

여호와께 간구하기를

"내가 무덤에 내려갈때에 나의 피가 무슨 유익이 있으리요?

어찌 진토가 주를 찬송하며

주의 진리를 선포하리이까?

여호와여 들으시고 나를 긍휼히 여기소서!

여호와여 나의 돕는 자가 되소서!" 하였나이다

시 30:7b-10

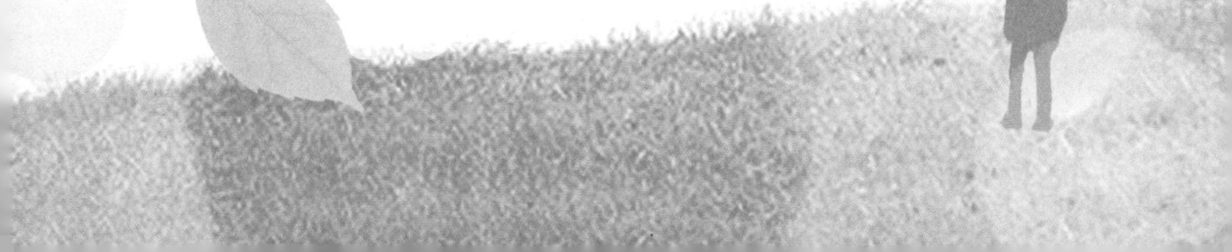

안정, 조화, 균형 등에 초점을 맞춘 찬송이 가지고 있는 문제는 (chapter 2에서처럼), 이런 찬송이 현실을 속이거나 덮어버릴 수도 있다는 점이다. 삶은 안정, 조화, 균형적이지 않다. 삶은 불안정, 부조화 그리고 어쩔 수 없는 불균형으로 인해 사나운 모습을 보이곤 한다. 우리 시대는-아마 다른 모든 시대도-이점을 논증하거나 증거를 보일 필요가 없다.

흥미로운 점은, 세상에서 혼란스러움을 더 많이 경험하고 있으면서도, 교회는 안정성의 노래들을 계속해서 불러 왔다는 점이다. 이점은 칭찬일 수도 있다. 이런 냉철함은, 무질서에 직면하고 세찬 도전을 받을 때, 질서와 신뢰성의 시편들이 취하는 담대한 저항일수도 있다. 이런 찬송을 통해, 이 시편들은 그 무엇도 우리를 하나님의 사랑에서 갈라놓을 수 없다고 주장한다. 혼미에 대한 삶의 경험과 이 세상의 안정성에 대한 신앙 고백간의 이런 "부적절한 묶음"은, 위대하고 복음적인 "그럼에도 불구하고"가 될 수 있다(합 3:18처럼). 이런 반박은, 자료와 통계가 어떻게 보이든 간에, 하나님께서 어떤 경우에서든 분명 다스리고, 통치하시고 또한 질서 있게 하신다는 점을 강조한다. 그렇기 때문에 토라시편, 지혜시편, 창조시편 그리고 보상시편들은, 비록 이 세상이 그렇지 않은 것처럼 보인다 하더라도 진실하게 이야기한다. 교회가 이 정위(定位)의 시편들(psalms of orientation)을 이런 방식으로 사용하는 것은 가능한 일이다.

그러나 아무리 잘해봐야, 이것은 단지 부분적인 진실일 뿐이다. 내가 생각하기엔, 교회의 이런 행위는 신앙이 주도하는 복음적인 저항이라기보다는 삶의 혼돈을 인정하거나 경험하지 않으려는 굴복, 부인(否認) 그리고 속임수에 불과하다. 정위(定位, orientation)에 대한 이런 냉철한 확신은, 신앙에서부터 오는 것이 아니라 우리 문화의 낙관주의에서 비롯된 것으로 보인다. 이 세상에서 경험하게 되는 부조화에 대한 탄식, 저항 그리고 불평을 노래하는 수많은 시편들이 있음에도 불구하고, 성경을 열정적으로 사용하는 사람들이 이를 부인하거나 그렇지 않은 척하는 경향이 있다는 건 참 묘한 일이다. 거의 현실성이 없음에도 불구하고 계속해서 "행복한 노래들"을 부르고 있는 교회는, 적어도 성경 자체가 노래 부르는 것과는 매우 다르게 노래하고 있다는 점만은 분명하다. 탄식 시들을 진지하게 종교적으로 사용한 일은 매우 드물다고 생각한다. 왜냐하면 우리는 신앙에 부정적인 것을 인정하거나 포함하는 것은 안 되는 일이라고 생각해 왔기 때문이다. 부정적인 것을 시인하는 것이 무언가 불신앙적인 행동이라고 생각해 왔으며, 그러한 것에 관해 말하는 것을 마치 하나님의 "통제 상실"을 과도하게 시인하는 것으로 여겨 왔기 때문이다.

여기에서 주장하는 요점은 이것이다. 이런 "어두운 측면들과 관련된 시편들"을 사용하는 것이 세상 적으로만 본다면 불신과 실패의 행동들로 판단될 수도 있겠지만, 하나님을 의지하는 공동체가 이런 시편들을 사용하는 것은 비록 변형된 신앙이기는 하지만 담대한 신앙의 행위라는 점이다. 이것이 담대한 신앙인 이유는, 우선은 이 세상은 있는 그대로 경험해야 만하는 것이지 어떤 가장된 거짓 방식으로 경험해서는 안 되기 때문이다. 다른 한편으로는, 무질서에 대한 모든 경험들은 하나님과 대화할 적절한 주제라고 주장하기 때문이다. 하나님과 나누는 진실 된 대화는 모든 내용이 다 적절한 주제이다. 여기에는 그 어떤 제한이나 배제 혹은 부적절이 없다. 하나님과의 대화에서 삶의 일정 부분을 제외해 버리는 것은, 사실 삶의 일부분을 하나님의 통치권에서 배제시키는 것이다. 그러므로 이런 시편들은 아주 중요한 연결점을 형성한다. 모든 일들은 다 고백되어야 만하며, 고백되는 모든 일들은 삶의 모든 부분의 최종적 주장자이신 하나님께 아뢰어져야만 한다.

그러나 이런 신앙은 변형된 신앙이며, 이 세대에 부합되지 않는 신앙이다(참조. 롬 12:2). 이런 혼돈의 시편들을 사용하는 공동체는 "힘에서 힘으로" 옮겨가는 문명화된 종교와 쉽게 연결되지 않는다. 그보다는 이 신앙은 매우 다른 하나님을 향한 신앙인데, 이 하나님은 삶의 어두움, 연약함 그리고 변위(變位)에 주의를 기울이시고 그 안에 임재하시고 참여하시는 분이시다. 이런 시편들에서 불리어지고 고백되는 하나님은, "눈물과 슬픔을 아시는" 하나님이시다. 이 하나님에 대해서 이야기할 때는 불변성보다는 정절과 신의라는 카테고리에서 이야기하는 것이 더 적절하다. 정절과 신의가 불변성을 대신하게 되면, 하나님의 통치하심에 대한 우리의 개념도 매우 크게 변하게 된다. 혼돈의 시편들은 불변적인 하나님이란 개념에 대한 심오한 반박이다.

그러나 이 전환은 하나님에게만 관련된 것이 아니다. 삶도 마찬가지로 전환된다. 이제 삶은, 사람이라면 당연히 겪게 되어 있는 여러 어려움들과 어두움을 통과해 가는 순례적인 과정으로 이해된다. 그 누구도 이런 과정들 속에 있는 것을 선택하고 싶지는 않겠지만, 그러나 삶의 이런 시기들은 악인들에게나 할당되는 그런 실패 경험들이 아니다. 더불어 이런 시기들은 개인이나 공동체가 책임져야 하는 시기도 아니다. 그러므로 이런 시기를 겪는다고 해서 비난받을 필요는 없다. 이런 시편들이 가지고 있는 전제와 확신은, 이 시편들에서 제시된 죽음의 시기와 장소들 바로 정확하게 여기에 하나님께서 새로운 삶을 주신다는 점이다. 우리는 어떻게 그런 일이 일어날 수 있는지 혹은 심지어 왜 그렇게 되는지에 대해 이해할 수 없다. 그러나 우리는 규칙적으로 배우고 분별한다. 바로 거기에서-다른 그 어떤 장소보다도-우리 자신이 만든 것이 아닌 새로움이 우리들에게 나타난다는 것이다.

이런 시편들의 언어적 역할은, 삶이 질서 잡힌 것으로 상상하거나 혹은 여전히 그런 척하면서 자기기만에 빠져있는 사람에게, 사실은 삶이 그렇지 않을 때 실제성을 일깨워주는 역할이다. 생각과 다른 삶의 모습은, 깨진 인간관계나 실직 혹은 의학적인 사형선고나 그리고 다른 무엇이건 될 수 있다. 혼돈스런 현실을 이야기하는 거칠고 거슬리는 표현은 기만과 속임을 꿰뚫어 보면서 이렇게 말할지도 모른다. "아니야, 이게 삶의 진짜 현실 모습이야." 이런 경우, 언어가 경험을 이끌어 가기 때문에 혼돈에 관한 어조가 이야기되기 전까지는 화자는 사실 알지도 못했고 경험하지도 못한 것에 대해(삶이 혼돈스럽지 않다고) 이야기하는 셈이다. 삶을 이런 식이 될 거라고 말하기 전에는 이렇지 않다.

교회가 직관적으로 이런 시편들을 피해 왔다는 것은 놀라운 일이 아니다. 이런 시편은 삶이 위험하고 불안전하다고 생각하도록 이끌어 간다. 이런 시편들은 우리를 하나님의 임재하심으로 이끌고 가는데 그곳은 모든 것들이 친절하거나 공손하지 않은 곳이다. 이런 시편들은 우리들로 하여금 도저히 있을 수 없는 생각들을 생각하게 하고 말할 수 없는 말들을 말하게 한다. 아마 가장 나쁜 것은, 이런 시편들이 모든 것을 조종하고 통제하는 "현대성"의 편안한 종교적 주장들로부터 멀어지게 한다는 점이다. 우리는 현대적인 경험을 통해서 뿐 아니라 성공적이고 풍부한 문화적 측면에서도, 충분한 힘과 지식으로 두려움은 물론 어두운 부분들을 제거할 수 있다고 믿어 왔다. 매우 많은 "안정성의 종교"들이 이런 토대 위에서 움직인다. 하지만 우리의 개인적으로나 공적으로 겪는 진솔한 경험들은, 우리들의 노력에도 불구하고 어두운 면들이 다시 되살아난다는 것을 증명한다. 이스라엘이 가지고 있는 특기할만한 점은, 그들이 종교적인 중요한 부분들에 있어서 어두운 면들을 몰아내거나 부인하지 않았다는 점이다. 그들은 이러한 어두운 면들을 새로운 삶을 채워주는 것으로 받아들인다. 즉 이스라엘은 새로운 삶이 다른 어디에서 오는 것이 아니라는 사실을 알고 있었던 것 같다.

이런 언어가 경험을 분명하게 표현하는 것이든 아니면 경험을 일깨워주는 것이든 간에, 화자의 깨달음과 생각을 질서 잡힌 삶으로부터 두려움, 초라함, 상처의 영역들로 옮겨간다. 어떤 의미에서는, 이 언어가 지금까지 검열되고 부정되어 왔거나 혹은 사회의 지배적인 주장들을 통해 붙들려 있었던 현실들과 생각들을 노골적으로 풀어주는 것이기도 하다. 그렇기 때문에, 이런 시편들이 과장적이고, 생생하며, 상상적인 경향을 가지고 있다는 점이나, '적절하고' 공손한 종교적 민감성들을 공격하는 표현들을 가지고 있다는 점은, 놀랄만한 일이 아니다. 이런 점들은 종교적 민감성과는 잘 들어맞지 않지만, 경험에 잘 맞추어 표현하려는 방법들이다. 다시 말해서, '적절한' 종교에서는 이런 표현들은 사용 되어서는 안 되는 표현들이었다. 또한 이런 경험들도 마찬가지로 결코 경험되어서는 안 되는 경험들이었다. 이 어조들은 "한계점"에 서서 "제한된" 경험들에 관해 이야기한다.

우리는 이런 표현의 자유 가운데서 작동하고 있는 두 가지 요소를 관찰할 수 있다. 첫 번째는, 여기에 활용된 표현의 범위는 결코 야웨를 향한 고백에서 벗어나지 않는다는 점이다. 야웨께 고백되어진 내용은 수치스럽거나 사회적 규범에서 벗어난 것들일 수도 있다. 그러나 화자들은 철저하게 야웨께 속해 있다. 그러므로 말씀드려야 하는 사람의 상황이 무엇이든 간에 그 내용들은 야웨께 직접 말씀드려야만 한다. 야웨께서는 인간적인 경험의 주님이시며 그 안에서 우리의 파트너이시다. 이 점은 어조를 낮춰서 부드럽게 한다는 것을 의미하지는 않는다. 야웨께서는 민감성들을 보호하지 않으셨다. 이스라엘은 야웨께서 이스라엘의 언어 전체를 받으실 것으로 여기며 또한 그렇게 기대한다.

두 번째로, 비록 이런 언어가 자유롭게 확장되긴 했지만, 이 언어 표현들은 좀 더 일관되고 엄격한 형태가 되는 경향을 갖는다. 이건 화자가 무디거나 상상력이 부족해서 자유롭게 이야기하는 방법을 생각할 줄 몰라서가 아니다. 그보다는 혼란 속에서 언어 그 자체에 일종의 반복된 질서를 수용하기 때문이다. 이렇게 함으로써 이 언어는 공동체에서 알고 있고 잘 인식할 수 있는 자기 나름의 질서를 갖게 된다. 그러므로 이 언어는 이런 특별한 방식을 통해, 모든 안정된 형태들의 붕괴에 관해 이야기하고, 더불어 카오스적인 순간에조차도 야웨께서 조종하시는 질서가 있음을 확신하게 만드는 역할도 한다. 이 형태 그 자체가 "주께는 혹암과 빛이 일반"(시139:12)임을 입증한다. 우리가 살펴보겠지만, 이런 구조적인 방식은 화자를 흑암 안으로 이끌어 가기도 하지만, 또한 흑암을 통과하고 거기서 나오게 이끌어 주는 방법이기도 하다. 세대와 세대를 잇는 수많은 세대들은, 어두움 속에서도 언어의 양식이 지탱된다는 사실을 발견해 왔다. 언어가 양식을 갖는 것과 마찬가지로, 경험 역시 양식을 갖는다는 점을 인식해 왔다. 이 경험의 형태는 언어의 형태를 통해 알려진다.

이 양식은 다양하게 연구되었는데, 누구보다도 우선 궁켈을 통해 연구되었고, 베스터만에 의해 가장 분리가 용이한 방식으로 정비되었다. 어떤 하나의 시편이 정확하게 이상적인 양식을 좇지는 않지만, 양식은 그 시편이 어떻게 진행하고 있는지를 알 수 있는 길을 제공한다. 베스터만은 양식이 갖고 있는 극적인 움직임을 매우 유용한 두 부분으로 나누었다:

탄식

하나님께서 꼬인 상황을 바로 잡아 주셔야 한다는 불평이다.

하나님을 부름. 알베르츠(Albertz)는 부름이 친숙함과 개인적인 경향을 갖고 있음을 보여주었다. 야웨께 하는 푸념이나 불평은 낯선 사람이 말하는 것이 아니라 신뢰할 만한 오랜 상호작용을 갖고 있는 사람이 말하는 것이다.

불평. 기도의 목적은 하나님께 상황이 얼마나 절망적인지를 특징적으로 알려드리는 것이다. 상황은 질병, 외로움, 투옥 혹은 파멸처럼 다양한 것이 될 수 있는 반면, 언어의 이미지는 거의 대부분 죽음에 대한 것이다. 여기 사용되는 수사법은 상황을 과장해서 이야기하면서 야웨께서 상황 속에 간섭하시거나 상황이 전환되는 행위를 불러일으키는 모습이다. 언제나 그런 것은 아니지만, 불평은 절박한 도움이 필요한 상황을 묘사할 뿐만 아니라 야웨께서 여기에 책임이 있는 것으로 붙잡아두는 경향이 있다. 화자는 그의 문제를 야웨의 문제로 전이하고자 한다. 그것은 상황에 대해 무언가를 할 수 있고 또한 책임이 있는 분은 다름 아니라 야웨이시기 때문이다.

탄원. 화자는 불평이라는 토대위에서 하나님께서 결정적으로 역사해 주시기를 요구한다. 아마 이 요소가 가장 강렬한 요소일 텐데, 이 부분이 대담한 명령형으로 되어있기 때문이다. 여기에는 침묵이나 맹종에 대한 어떤 암시도 없다. 화자는 일종의 "보좌를 향한 권리들"이 당연한 것으로 생각하기 때문에(참조. 욥 31:35-37), 급박한 언어에는 하나님을 향해 평가하는 듯한 성격이 들어있다. 물론, 화자는 동참하시는 긍휼을 요구하지만, 그러면서 또한 그의 권리들을 주장한다. 이는 불공평한 상황이 야웨의 부주의로 인해 일어난 것이라는 암시를 하면서, 은혜에 대해서 뿐 아니라 정의에 대해서도 탄원하는 것이다.

동기부여. 가장 중대한 요소는 아니지만 그러나 가장 흥미로운 점은, 시편이 동기부여를 제공함으로써 하나님께서 역사하셔야 하는 이유를 제시하는 경향이 있다는 점이다. 이런 동기부여들 중 몇몇은 별로 고상하지 못하기도 하다. 그러나 이건 고상할 만한 시간이 없는 절박한 목소리이다. 종종 동기부여는 협상, 뇌물, 협박등과 밀접한 모습이기도 하다. 그러나 이것도 역시 하나님과의 관계성 속에서 취급되어야 한다. 동기부여들에는 다음과 같은 것들이 있다.

- 화자는 결백하고 그래서 도움을 받을 자격이 있다
- 화자는 죄가 있지만, 그러나 회개하고 용서와 회개를 구한다.
- 화자는 앞선 세대들을 향한 하나님의 선하심을 기억하는데, 이것은 지금 하나님의 선하심을 위한 전례로서 도움을 준다. 하나님께서는 다시 한 번 더 과거에 행하셨던 일들을 행하셔야만 한다.
- 하나님께서는 화자를 찬양하는 사람으로 높이 평가하신다. 만약 화자가 죽게 된다면, 화자는 찬양을 멈추게 될 것이고, 그 손실은 야웨의 몫이 될 것이다.
- 화자는 결국엔 자기 자신의 차원을 넘어서 야웨께 하나님 그분의 능력, 명성, 덕망을 생각하도록 호소한다. 결국 죽음으로 인한 손실은 화자의 몫이 아니라 자신에게 속한 사람을 돌보지 못한 무능력한 존재로 인식될 야웨의 몫이다(이점은 적국으로부터 자기 국민을 보호하지 못한 정부국가의 무능력과 유사할 수도 있다. 비록 국민이 고통 받긴 하겠지만, 핵심적인 손실은 정부가 국가들 사이에서 존경을 잃어버리고 체면이 손상된다는 점이다). 이 호소는 하나님의 명성을 위하여 라는 의미인, "당신의 이름을 위하여" 라는 호소이다(참조. 겔 36:22-23).

그러므로 동기부여의 범위는, 관습적인 언약의 관심들에서부터 조금은 덜 "명예로운" 야웨의 이기심에 호소하는 것까지 넓게 퍼져있다. 화자는 신학적으로 치밀하고 정교할 시간여유가 없지만, 자신의 웰빙을 위한 행동을 확보해야 만 한다.

저주. 이런 언어는 분명 퇴보적인 경향을 갖는데, 가령 이런 언어는 대부분의 종교적 담론에서 배제되거나 검열되는 경솔한 언어로 나아가기도 한다. 아마도 가장 퇴보적인 요소는 저주가 아닐까 싶다. 이것은 분노의 목소리, 원수를 갚겠다는 목소리이다. 이 목소리는 잘못을 저지른 자에게 하나님께서 복수해주실 때까지 결코 만족하지 않는다. 가장 극단적인 표현이 시편 109편에 나온다. 그러나 똑같은 주제가 다른 곳에서도 나타난다. 우리는 이런 표현이 무식하고 가치 없다고 생각할지도 모르지만, 그러나 이런 표현들은 혼미의 시편들을 통해 삶이 붕괴되는 것처럼, 오래된 기강과 안전장치 역시 붕괴된다는 것을 보여준다. 시편속의 화자는 이것이 실제로 사실임을 직설적으로 이야기한다. 깜짝 놀랄만한 점은 이스라엘이 이 경솔함을 제거하는 것이 아니라 도리어 순수한 신앙의 의사소통으로 간주한다는 점이다.

이런 다섯 가지 요소들은 한편으로는 도움이 얼마나 절대적으로 필요한지를 특징적으로 보여주는데 일조하며, 다른 한편으로는 그 도움을 보좌에 계신 야웨께 묶어 줌으로써 이 문제들이 야웨께서 무언가를 반드시 행하셔야 하는 야웨의 문제로 만드는 것을 도와준다. 삶은 혼돈스러울 수도 있지만, 그러나 그런 혼돈 속에서도 이스라엘은 그 문제가 도대체 어디에 놓여 져야 하는지를 분명히 했다. 다스림에 관한 모든 약속 이행들이 실패했을 때, 하나님은 책임 있게 다스리시는 분으로 다루어졌다.

찬양

시편이 그 다음 이동을 할 때, 놀라운 이동을 한다. 여러 가지가 달라진다. 중요한 것들이 변화한다. 그것은 환경이 바뀌었는지, 혹은 태도가 바뀌었는지, 아니면 둘 모두가 다 변했는지는 알 수 없다. 하지만 화자는 이제 전혀 다르게 이야기한다. 이제 급박한 느낌과 절망은 기쁨과 감사 그리고 웰빙으로 바뀐다. 이 모든 것을 베스트만은 찬양(praise)으로 요약한다. 탄원에서 찬양으로의 이동은, 구약 성경 문학들 중에서 가장 놀라운 모습 중 하나이다. 찬양이라는 요소는 세 가지 내용들을 포함하곤 한다.

들으신다는 확신. 위에서 논의했던 불평에 있어서, 야웨께서는 종종 자리에 계시지 않거나, 멀리 있거나, 무책임하거나, 듣지 않으신다는 불평을 듣곤 했다. 화자는 이제 야웨께서 간구를 들으셨다는 것을 확신한다. 한편으로, 우리는 힘겨운 상황들 속에서 우리가 가장 갈망하는 것은 하나님이 우리 간구를 들으시는 것이라고 결론내릴 수 있다. 이것 자체만으로도 충분하다. 혹은 다른 방식으로 보자면, 만약 야웨께서 들으셨다면 그분께서는 반드시 행동하실 것이라고 확신해야 한다. 그렇기 때문에 가장 결정적인 일은 야웨께서 들으시는 일이며, 여기서부터 다른 모든 일들이 행복하게 뒤따를 것이다.

맹세의 지불. 분명하게도, 화자는 어려운 시절 만약 건져내 주신다면 맹세를 지키고 감사와 찬양의 제물로서 무언가를 드리거나 바치겠다는 맹세를 했다. 이제 기쁨의 순간 속에서 화자는 잊지 않았다. 그래서 이것은 충만한 신앙의 행위이며, 자신의 말을 지키는 행위이다.

도대체 어떤 방식이 누군가로 하여금 깊은 탄식을 통과해서 맹세를 지키는 찬양으로 옮겨 가게 하는지 살펴볼 만한 일이다. "무덤" 속에서 한 사람에게 생명이 값없이 주어졌을 때, 이는 감사를 불러 일으키고 모든 제물을 드리려는 동기를 부여한다. 역으로, 누군가가 무덤 속에 정직하게 들어가지 않는다면, 그저 인색하게 되고 감사하지 않으며 맹세를 지킬 만큼 아량이 있을 수 없다는 것을 짐작할 수 있다.

송영과 찬양. 결단에 있어서 가장 중요한 요소는 송영과 찬양이다. 불평과 비난을 들었던 하나님은 이제 자비롭고 신실하시며 구원을 베푸시는 분으로 인정된다. 지금 만약 누군가가 이 시의 바깥 편에 서 있다면, 아마도 그 사람은 이 시편의 이 부분이 찬양받기 합당하신 하나님의 참된 특징을 표현하고 있다고 주장할 것이다. 앞서 있었던 불평 비난과 저항은 잘못된 이해였으므로 불공평한 것이라고 주장할 것이다.

그러나 만약 누군가가 이 시를 깊이 살펴본다면, 그리고 시편에서의 이동이 두 당사자들 간의 관계를 반영하는 것으로 진지하게 취급한다면, 야웨께서 행동하시도록 움직인 것은 다름 아니라 불평이었다고 결론지어야 한다. 이 시편의 각각의 부분들은, 실제 순간을 다루고 있는 것으로 이런 관계성 속에서 '실제적으로' 다루어져야만 한다. 그러므로 하나님과의 관계에서 불평-찬양이라는 순서는, 필요한 것이고 또한 합당한 것이기도 하며 더 나아가 각각의 부분들은 시의적절하다. 그러나 한 순간이 다른 순간보다 좀 더 신실하다. 송영은 여러 가지들이 변화되었다는 것을 분명하게 보여준다. 이 시의 이동은, 관계의 이동을 뒤좇아 가고, 일어나게 하고, 또한 가능하게 만들어준다. 하나님과의 관계성을 새롭게 다져진 충만한 신앙으로 옮겨가게 하는 것은, 바로 하나님을 향한 정직한 호소이다. 새롭게 다져진 충만한 신앙의 가능성들은, 이와 같은 위험한 정직성을 통해서만 도달할 수 있다. 전체 관계성 속에서, 탄식의 시기는 반드시 찬양의 시기만큼이나 진지하게 다루어져야만 한다.

우리는 도대체 무엇이 탄식으로부터 찬양으로의 이동을 가능케 했는지에 대해 생각해볼 수 있다. 분명, 이 시에서 이야기되지는 않았지만 탄식과 찬양이라는 요소들 간에 어떤 모종의 행위나 과정이 있었다. 가령, 시편 13편에서 4절과 5절 사이에서는 무언가 일이 일어났던 것처럼 말이다. 시편 22편에서는 21절과 22절 사이에서 뭔가가 일어났다. 이 일은 "내적이고 영적인" 경험일 가능성이 있다. 좀 더 가능성이 있는 것은, 이 일이 공동체의 어떤 구성원이 화자를 향한 야웨의 새로운 움직임을 매개하는 외적이고 가시적인 행동을 했다는 가능성이다. 만약 이 기도가 제의적이거나 혹은 준제의적인 배경 속에서 드려진 것이라면, "탄식과 찬양사이에 자리 잡고 있는 무언가"는 공식적으로 권위를 인정받는 사람, 즉 장로나 제사장 혹은 비슷한 역할을 하는 사람이 취하는 어떤 행위나 말일 수도 있다. 그것이 무엇이었든 간에, 그것은 불평을 토로하는 이 사람에게 신학적으로는 물론이거니와 감성적으로도 틀림없이 매우 깊은 충격을 주었을 것이다. 왜냐하면 신뢰와 감사라는 새로운 세상이 바로 그 순간에 시작되기 때문이다.

이런 이동에 대한 가정 중에서 가장 빈번하게 사용되는 것은 베그리히(Begrich)가 제시한 가설이다. 그는 권위 있는 설교자가 이런 탄식에 대해 전형적인 "구원 맹세"를 통해 대답했다고 가정했다. 이런 선언들은 예레미야 30:10-11; 이사야 41:8-13; 43:1-7절 등의 본문들 속에 남아있는데, 이런 부분들은 원래는 시편에서 행동 변화 중간 강조 부분에 자리 잡고 있었던 것들로서 지금은 성경에서도 매우 다른 부분들에 독립적인 문단으로 분리되어 자리 잡고 있다. 구원 맹세는 하나님 편에서 도와주고, 함께하고, 불평자의 편에 서서 중재하겠다는 약속이다. 이와 같은 선언은 "두려워 말라"는 야웨의 통치권적인 내용이 반복되는 특징을 보인다. 그리고 이 가정은, 이런 선언이 절망적인 상황을 해결해 주며 화자로 하여금 확신과 감사의 삶을 새롭게 시작할 수 있도록 허락해 주는 방향으로 나아간다. 이 가정은, 우리 삶이 변화할 수 있는 존재라고 인정하는 누군가가 "두려워 말라"라고 선언할 때, 이 선언이 가장 깊은 두려움과 분노를 어루만져 주고 가장 깊은 가능성들을 열어주는 일차적인 커뮤니케이션을 보여준다고 주장한다. 순수하게 문학적인 토대에서만 생각해 봤을 때, 베그리히의 가설은 인정받을 만하다. 왜냐하면 이 가설은 불평(시편에서의)과 확신(제2이사야에서의)간의 구체적인 상호관계성을 보여주기 때문이다. 하지만 베그리히는 현재는 아주 멀리 분리되어 있는 본문들이 서로서로 이런 친밀한 관계를 맺고 있다고 주장해야만 한다.

베그리히의 가설을 조명해줄 수 있는 또 다른 요소는, 경험적인 것이다. 우리는 언어를 구사할 수 있는 피조물이다. 또한 이야기를 들으려고 한다. 그리고 권능과 신뢰를 가지고 있는 누군가로부터 결정적인 말을 들었을 때, 그것은 실제로 우리 세계를 변화시킨다. 물론, 베그리히의 제안이 단지 가설일 뿐이며, 우리로 하여금 실제 본문을 좀 더 깨닫는데 도움을 줄 뿐임을 잊어서는 안 된다.

본문에서 명백한 점은, 본문 이쪽 부분에서 다음 부분으로 이동하는 언약 신학적 움직임이 있다는 점이다. 이 움직임을 넘어서서, 추측해 볼 수 있다. 이런 언약 신학적 움직임이 어떻게 만들어졌는지 구체적으로는 모른다. 단지 우리 자신의 경험과 본문의 구조 두 가지를 통해 분명하게 알고 있는 것은, 권위 있는 파트너에게 이야기된 불평거리들이 우리들을 자유하게 한다는 점이다. 이건 프로이드의 이야기요법(talk-therapy) 이론, 즉 우리가 만약 우리 말을 들어주는 권위 있는 누군가에게 크게 대놓고 말하지 않는다면, 억압된 기억을 넘어서서 이동하지 않는다는 이론 이면에 있는 통찰력이다. 우리는 우리 문화에서 일대일 요법 측면에서만 이해를 해왔다. 우리는 이런 요법이 사회적으로나 예배의전적으로도 사실이라는 점을 배워야 한다. 이 시편들은 그런 점을 배우는데 중요한 재료들이다.

시편에는 매우 폭넓고 다양한 혼미의 시편들이 있다. 여기에서 나는 야웨와 이스라엘 간의 일들이 뒤엉켜져 있다는 것을 반영하고 있는 시편(한편에 대해서 혹은 다른 한편에 대해서) 모두를 그룹화하였다. 혼미의 언어에 대해서, 나는 개인 탄식 시를 가장 분명하고 가장 단순한 본보기로 취급한다. 가장 단순한 형태로부터 시작해서, 혼미를 다루고 있는 다른 많은 시편들을 생각할 것이다. 몇몇 시편들은 전형적인 탄식 시 형태에서 많이 벗어나 있는 것들도 있을 것이다. 가장 넓은 의미에서 본다면, 이 시편들에는 혼란에 빠진 관계에 대해 한 쪽 파트너나 혹은 다른 쪽 파트너만이 이 문제에 관해 이야기한다. 다양한 방식들로 양편 파트너 모두와 관계되어 있는 것은 다름 아니라 혼란이다.

••• 개인 탄식 시 Personal Laments

다음 내용에서 분명해지겠지만, 혼미 시편들(Psalms of Disorientation)에는 매우 다양한 종류가 있다. 두 가지 이유로 인해 개인 탄식 시를 이런 시편들을 살펴보는 첫 출발점으로 삼고자 한다. 첫 번째로, 탄식 시편들은 이 시편 묶음에 있어서 매우 많은 분량을 차지하고 있다. 만약 탄식 시들이 이스라엘이 혼미를 표현하는 표준적이고 정형화된 방식임을 알게 된다면, 우리 주장을 좀 더 진전시켜나갈 것이다. 두 번째로, 이런 시편들은 양식이 매우 분명하기 때문에, 동일한 문제들이 다양한 다른 방식들로 제시되었을 때 다른 혼미의 시편들에 접근하는데 매우 용이할 것이다. 이런 시편들 안에 자리 잡고 있는 문제는, 관계성에 무언가 중요한 부분이 문제가 생겨 부적절한 환경에 처해 있다는 것이며, 그래서 그것을 바로잡아야 한다는 것이다. 이것은 결코 다른 혼미의 시편들이 개인 탄식 시로부터 유래되었다고 주장하는 것이 아니다. 다만 그것들도 개인 탄식 시와 동일한 문제에 참여하고 있고 이를 다양하게 표현된 것일 수 있다는 것이다.

시편 13편

우리는 시편 13편에서부터 시작한다. 왜냐하면 이 시편이 가장 쉽게 개인 탄식 시의 양식과 주장을 알려주기 때문이다. 시편 13편은 혼돈에 관한 언어이다. 화자의 삶에 있어서, 그리고 하나님과 함께하는 화자의 삶에 있어서, 무언가가 아주 심각하게 잘못되어 있다.

1-2절. 이 시편은 4개의 질문들로 시작하는데, 영어 번역에서는 5개처럼 보인다. 야웨께 던져진 이 질문들은 수사학적 질문들로서 대답을 추구하는 것이 아니다. 아니, 도리어 혼미의 상황을 묘사하는 진술들이며, 이에 대한 비난을 야웨께 고정시키려는 의도를 가지고 있다. 이 질문들은 정보를 추구하는 것이 아니라, 그보다는 야웨께서 이 문제에

대해 책임이 있다고 고소한다. 불평은 두 부분으로 되어 있다. 첫 번째로, 1절에서는, 문제는 하나님의 부재("잊어버림" "숨으심")이며, 하나님께서 부재하는 곳에 혼미가 있음을 다룬다. 두 번째로, 2절에서는, 여기서 파생되는 문제로 고통, 눈물 그리고 가장 나쁜 것으로서 원수의 학대에 관해 다룬다. 그러므로 겉으로 드러난 문제인 세상의 문제들의 밑바닥에는, 야웨와의 관계에서의 위기가 자리 잡고 있다. 이 두 가지는 신실한 신앙의 사람에게는 결코 분리될 수 없다. 화자는 단 한순간도 문제가 죄악이나 실패에서 온 것이라고 생각하지 않는다. 문제는 야웨의 무책임한 부재 때문에 생기는 것인데, 이런 부재는 불행일 뿐만 아니라 언약에 불성실한 것으로 간주된다.

알 수 없는 일이지만, 화자의 언어는 갑작스럽게 시작된다. 여는 구절이 야웨의 이름을 부르기는 하지만, 그러나 매우 짧고 퉁명스럽다. 이건 마치 고통이 너무 날카로워서 점잖게 격식을 차릴 여유가 없는 것처럼 보인다. 화자의 언어는 이성적이지 않다. 그의 언어는, 가장 격한 형태로 고소해야 할 만큼 쓰라린 상황 속에서 마구 퍼부어대는 말들이다.

3-4절은 간구와 동기부여를 제공한다. 간구는 3개의 명령형으로 되어 있다. 생각하사, 응답하시고, 밝히소서. 두려운 상황은, 분명 시인이 감당할 수 있는 범위를 넘어서 있는 것 같다. 만약 야웨께서 행동할 수 없다면, 이 문제에서 벗어날 길은 전혀 없을 것이다.

3절에서, 야웨라는 이름을 두 번 부른다. 여기에는, "내 하나님이여"라는 친밀한 호칭으로 부르는 경우다. 마치 처음 부분에서 맹렬한 문제에 대해 닫혀있던 분노를 분출했던 것처럼, 지금은 하나님께 호소하기 위해 필요한 관계성을 다시 재확인하고 인정하는 기회가 주어진다. "내 하나님"은 과거의 관계를 보여주는데, 이 관계는 지금의 긴급한 호소를 하기 위한 적절한 토대와 정황이다.

세 번의 명령형 뒤에는 동기부여가 제시된다. 이것 역시 세 번 주어진다. RSV에서는 "하지 않도록"(한글 성경에서는 "두렵건대")이라는 표현을 사용했다. 히브리어에서는 세 번째가 생략되어 있지만, RSV에서는 세 번 모두에서 사용했다. "내가 죽지 않도록 … 내 대적이 이르지 않도록 … 내 대적들이 기뻐하지[않도록]" 이 동기부여들은 무엇이 위험한 상황인지를 야웨께 통지한다. 이 시편은 이 문제를 야웨의 문제로 만드는데 성공한다. 만약 야웨의 파트너가 비웃음거리가 된다면 야웨 또한 마찬가지가 되기 때문이다. 과연 야웨께서 이런 언어들을 말하기 이전에 이 문제들을 알고 있었는지 혹은 몰랐는지를 존재론적으로 성찰할 필요는 없다. 이 시편 내부적으로는, 이제 야웨께서는 그분이 알 필요가 있는 것을 듣고 있다는 확신 하에 기도가 계속 진행된다. 그리고 물론, 이런 확신은 신실한 기도가 효과를 내는 전제조건이다. 이런 진지한 변화를 통해서, 화자는 야웨께서 새로운 행동을 취할 자료들을 제공한다. 화자는 실제로 전혀 새로운 방법으로 야웨께 부딪치고 있는 셈이다.

그런 뒤 시인은 기다린다. 4절 이후에서 이 기다림은 긴 기다림이며, 죽음의 어둠속에서의 기다림이며, 혼돈에서의 기다림이며, "지옥이 얼어붙을 때까지"의 기다림이다. 아마도 오랜 기다림이겠지만, 시인은 기다리고 또 기다린다. 왜냐하면 다른 그 누구에게도 호소할 곳이 전혀 없기 때문이다. 이 사람은 응답이 주어질 때까지 여기에서 그저 기다려야만 한다.

그러면- 도대체 얼마나 오랫동안 기다려야 하는지 알 수 없지만- 상황들은 변화된다. 시인이 다시 이야기할 때, 그는 새로운 정위(定位)를 향한 과정 중에 있다. 혼돈의 상황을 해결하는 5-6절에서는, 세 개의 신뢰와 하나의 동기부여가 주어진다. "나는 의뢰하였사오니 … 내 마음은 기뻐하리이다 … 내가 찬송하리니 … 왜냐하면 …(כי)"

여기에는 자기표현도 세 번 등장한다. "나는 … 내 마음은 … 나는" 이 말은 자유를 누리는 새로운 자기 확신을 반영한다. 그리고 이는 야웨에 대한 세 번의 언급과도 잘 맞아떨어진다: "당신의 인자하심 … 당신의 구원 … 야웨" 시인은 도움이 어디서 오는지를 분명히 한다. 동사 세 개도 마찬가지로 흥미롭다. 첫 번째 동사는 완료된 행동이다. "나는 의뢰하였사오니" 아마도 이 표현은 4절 이후에 나오는 어두운 곳에서의 기다림이 불신의 행동이 아니었음 의미할 것이다. 그것은 참된 기다림이었으며 이제 그 기다림이 완료되었다. 다른 두 개의 동사들은 현재-미래이며, 하나님을 향한 의지가 만족을 누리게 되었기에 이제 어떤 일이 일어날 것인지를 말한다. 기쁨과 찬송. 삶은 송영에서 자유의 몸이 된다. 그리고 그 이유는 야웨께서 신앙의 사람에게 그가 가져야만 하는 것을 주심으로써 적절하게 응답하셨기 때문이다. 우리가 듣는 야웨의 행동은 삶이 근본적으로는 혼돈스러운 것이 아님을 보여준다. 왜냐하면 하나님께서 신앙의 사람들을 신실하게 대하시기 때문이다. 그렇기 때문에, 화자는 혼란이 극복된 느낌, 새롭고 은혜롭고 의지할만한 사귐에 대한 느낌으로 마무리한다.

이 시편이 갖고 있는 혼란으로부터 (새로운) 정위(定位)로의 극적인 이동은, 세 번 사용된 "야웨"라는 이름을 통해 규정지울 수 있다. 1절에서, 야웨라는 이름은 그저 갑작스럽게 불려 질 따름이다. 3절에서 야웨라는 이름은 호소의 근거인 친밀함의 표시로 불려진다. 그리고 6절에서는, 이렇게 고소된 야웨는 이제 송영의 대상으로서 찬양받으시게 된다.

시편 86편

이 시편 역시 개인 탄식이다. 이 시편 또한 혼미라는 상황에 대해 이야기한다. 앞으로 살펴보겠지만, 이 시편의 주된 이동들은 시편 13편과 별반 다르지 않다. 그러나 수사법은 훨씬 더 복잡하다.

우리는 이 시편에서 세 가지 관심들을 서로 얽어놓은 단어배열을 보게 된다.

여기서는 간구가 나오는데, 이 간구는 궁핍한 언약 당사자를 위해 하나님이 역사해 달라고 요구하는 내용이다. 이런 요구들은 종종 하나님이 행동하셔야 할 이유들인 동기부여절을 동반하곤 한다.

> 내게 응답하소서 … 왜냐하면 (1절),
>
> 보존하소서 … 왜냐하면 … 구원하소서 … (2절),
>
> 긍휼히 여기소서 … 왜냐하면 (3절),
>
> 기쁘게 하소서 … 왜냐하면 (4절),
>
> 돌이키사 긍휼히 여기소서 … 힘을 주시고 … 구원하소서 … (16절),
>
> 보이소서 … (17절).

시작부분(1-4절)과 마지막 부분(16-17절)에는, 야웨를 향한 강한 호소가 나온다.

실질적인 불평은, 하나님께 상황이 얼마나 나쁜지를 말하는 것인데, 그 범위가 광범위한 것은 아니다. 이 내용은 14절에만 한정된다. 시편 13편과는 달리, 야웨께서 이런 상황에 대해 책임이 있다거나 혹은 시인이 야웨를 향해 화를 내는 그런 내용이나 암시는 들어있지 않다. 고통스러운 상황은 13절("깊은 음부")과 17절(미워하는)에서도 마찬가지로 표현된다.

세 번째 요소는 구원이후의 새로운 삶에 대한 결심인데, 여기서는 이점이 매우 확실하게 나타난다. 11절은 신실하게 순종하는 새로운 삶에 관한 것이다. 13절에서는, 특별하게도 완료형 동사가 사용되었다, "주께서 나를 건지셨음이니이다". 결론적인 17절에서도 동일한 모습이 나타난다. "여호와여, 주는 나를 돕고 위로하심이니이다" 그러므로 11, 13, 17절에 나오는 결심은 1-4, 6, 16, 17절에 나오는 간구들에 대한 이중적인 마무리를 형성한다. 이 요소들은 시편 13편만큼 명백하고 깔끔하게 구분되는 것은 아니지만, 그러나 충분히 쉽게 구별할 수 있다.

이 시에는 직접적인 언어를 통해 하나님께 구하는 풍부한 청원을 담고 있고, 이러한 어조는 송영의 느낌을 가지고 있다. 이 목소리는 재촉하거나, 강압적인 것이 아니라 비록 어려운 상황가운데 처해 있지만 그 안에서도 자유롭게 하나님을 찬양하는 목소리이다. 우리는 하나님을 향해 드려지는 송영이 포함하고 있는 네 가지 특성들을 구분할 수 있다.

하나님의 유일성에 관한 두 개의 선언이 있다.

> 주여, 신들 중에 주와 같은 자 없사오며(8절).

주만 하나님이시니이다(10절).

이 두 개의 진술은 좀 더 전형적인 양식에서 인용되었다. 야웨의 유일성이 도대체 어디에 근거를 두고 있는지는 명확하게 표현되지 않고 있지만, 시편 본문은 야웨의 유일성이 가난한 자들, 궁핍한 자들, 절망적인 자들과 함께하시고 그들 삶을 향한 야웨의 세심한 배려 속에 자리 잡고 있음을 보여준다. 이와 같은 특징은 하나님에게 그가 누구인지를 상기시키는 것을 통해, 동기부여 역할을 할 수도 있다(참조. 시82편). 그러나 이 점은 표현되지 않았다.

또한 다소 양식화된 송영에 호소하고 있는데, 이 송영들은 그룹을 형성하고 있고 외견상 출애굽기 34:6-7에서 유래된 것처럼 보인다. 이것은 야웨의 특성에 관한 주요한 목록을 제공한다.

선하사 사유하기를 즐기시며, 인자함이 후하심이니이다(5절),

광대하사 기사를 행하시오니(10절),

노하기를 더디하시며 인자와 진실이 풍성하신(15절).

곤란 중에 있는 사람이 이와 같은 언약적 공식을 사용할 수 있다는 점은 매우 중요하다. 시편은 이스라엘의 신앙고백적인 혹은 교리문답적인 공식이, 불행한 정황이라 해서 포기되지 않는다는 것을 보여준다. 사실, 이스라엘의 신앙은 그런 정황 속에서 정확하게 기능을 발휘하는데, 왜냐하면 야웨는 특별히 혼미의 시기들에 적합한 분으로 알려져 있기 때문이다. 이런 연관을 통해서, 우리는 이스라엘이 어두움의 시기들과 어떻게 맞섰는지 그 방법들을 주목해야 할 것이다. 이스라엘은 혼돈의 시간 속에서 "자유계약자"(free lance)가 아니며, 또한 개인적인 "경험"을 통해 임시변통으로 신앙과 확신을 만들어 내지 않는다. 이스라엘은 이런 시간 속에서 특별히 신뢰할 수 있는 신실한 공식으로 돌아간다. 이 점은 시편을 사용함에 있어서 특별히 중요한 요소였을 것이다. 특히 개인적인 느낌이나 성향을 통해 "의미"를 발견하길 원하는 그런 "주관적인 생각"의 시간에서는 더욱 더 그렇다. 이스라엘은 정형화된 언어를 통해서 활용 가능한 새로운 방법도 알게 되었다.

이 시편은 2인칭 대명사를 일상적인 것보다 더 많이 사용한다. 비록 번역 상에서는 그 차이점이 명백하게 나타나지 않지만, 히브리어 2인칭 대명사는 두 가지 형태를 나타낸다. 좀 더 많이 사용되는 형태는, 동사나 명사 뒤에 인칭대명사 접미사를 붙이는 형태다. "당신의 귀"(1절), "당신의 종" "당신을"(2절), "당신께"(3절), "당신의 종" "당신에게"(4절); "당신께" "당신이 지으신" "당신 앞에" "당신의 이름"(9절); "당신의 도" "당신의 진리" "당신의 이름"(11절); "당신을" "당신의 이름"(12절); "당신의 인자" "당신이 건지셨음이니이다"(13절); "당신의 힘" "당신의 종"(16절). 이런 반복적인 사용은 곤고한 상황을 표현하는 호소를 직접적으로 야웨의 문제로 삼는다. 시편 시인은 야웨의 능력을 의심하지 않는다. 도리어 문제와 어려움은 하나님의 은혜와 하나님의 능력을 움직이게 하는 원동력을 만들어낸다. 이런 시편들 중 많은 시편들은, 의심 없이 선뜻 하나님의 능력을 확신한다. 이 시편은 하나님의 뜻과 의도에 관심을 두고 있기에 확신과 연관되어 있다.

마지막으로, 우리는 좀 더 특징적인 용법에 주의를 기울여야 한다. 즉 직접적인 호칭으로 사용된 주격대명사 **אתה**를 직접 사용했다는 점이다. 앞에서 접미어 형태로 사용된 것과는 대조적으로, 독립적으로 인칭대명사를 사용한 것은 강조적으로 표현하기 위해서이다. 접미어는 불가피하게 그리고 관습적으로 사용되었다. 독립적인 인칭대명사는 단지 강조를 위해서만 의도적으로 사용된다. 여기에는 이런 용법 여섯 가지가 나오며, 이 여섯 가지 모두는 주목할 만한 방식으로 이 시편 속에서 각기 자리 잡고 있다.

당신(**אתה**)은 나의 하나님(2절)

진정 당신은(**אתה**) 오 주님(5절)

진정 위대하신 당신은(**אתה**)

당신(**אתה**)만이 홀로 하나님(10절)

당신(**אתה**) 오 주님(15절)

진정 당신은(**אתה**), 야웨(17절)

직접적인 호칭으로 여섯 번 사용된 "당신"이라는 독립적인 대명사들이 교차 대구법(chiastic) 구조로 배열되었다고 주장할 수도 있다. 현재 본문 구성이 보여주는 것처럼, 이 시편의 처음과 마지막 부분 대명사는 고백적인 선언이다.

당신은 나의 하나님이십니다(2절)

주여, 당신은 나를 도우셨습니다(17절).

이런 선언들과 함께 사용된 동사들은 매우 강력하다. 구원하다 그리고 돕다. 첫 번째 동사는 미완료(미래)형이고, 두 번째는 완료형이 사용됨으로써, 이 시편의 극적인 이동을 반영하고 있는데, 이 점은 전략적으로 매우 중요하다.

이 대명사는 이 시편의 중심부근인 5절과 12절에서 사용되었는데, 이 두 구절 모두 **אדני** "주"라는 단어를 동반하고 있으며, 각각의 경우 모두 신앙고백문 형식을 담고 있다.

> 선하사 사유하기를 즐기시며, 인자하심이 후하심이니이다(5절)
>
> 긍휼히 여기시며 은혜를 베푸시며
>
> 노하기를 더디하시며 인자와 진실이 풍성하신 하나님(15절).

그리고 이 시편의 중심부근인 10절에서는, 야웨의 유일성을 다른 방식으로 설명하는 두 개의 대명사가 사용된다.

> 주는 광대하사 기사를 행하시오니,
>
> 주만 하나님이시니이다

이 여섯 개의 대명사 사용은 이 시편의 구조를 형성하며, 이 시를 지배하는 송영의 언어는 이 대명사들 위에 매달려 있다.

이 시편에서의 이동은 시편 13편의 이동과 평행을 이룬다. 즉 문제로부터 확신으로 옮겨간다. 그러나 여기서의 움직임이 훨씬 더 복합적이다. 여기에서 우리를 흥미롭게 하는 점은 화자가 야웨에 대해 냉철하게 언급하고 있다는 점이다. 어두움 한가운데서도, 혼돈의 시기 속에서도, 야웨께서는 혼돈 때문에 협박당하거나 이간 당하지 않는 분이며, 함께하시는 분으로 확신된다. 야웨에 대한 신앙고백적인 선포들은 흑암 속에서도 여전히 신뢰할 만하며, 특히 여기서는 더욱 더 신뢰할 만하다.

시편 35편

이 시편은 공통적인 주제를 조금 다른 구성을 통해 표현하는 세 번째 불평 시편이다. 분명 이 시편은 시편 13편보다는 훨씬 더 길고 좀 더 반복적인 시편이다. 궁핍한 상황은 시편 86편보다 더욱 절실하다. 86편에서 화자는 그래도 여전히 침착함을 유지하고 있었고 그래서 문제와 자기 자신을 구분해낼 수 있었다. 그러므로 분위기도 신뢰와 송영의 분위기였다. 시편 86편은 혼미의 언어이기는 하지만, 아직은 당면한 문제가 그다지 심각하지 않거나 혹은 어두움에 완전히 직면하지 않은 분위기였다. 하지만 시편 35편은, 더 많은 문젯거리들로 둘러싸여져 있으며 원수는 더욱 강해지고 야웨를 향한 신뢰는 아직 불확실해 보인다. 시편이 순서대로 배열되어 있다고 확실하게 말할 수는 없지만, 이 시편은 시편 86편에 비해 상황이 더 나빠졌음을 분명하게 보여준다.

야웨를 향한 간구가 매우 강하다. 1-3절은 군사적인 이미지가 밀려들어 오면서 갑작스럽게 시작한다. 이 간구는 17절에서도 계속된다. 이 시편에서는 문젯거리를 다루어 주시는 것이 야웨께서 하셔야 하는 일임을 확신하고 있으며, 만약 시인의 허물이 아니라면, 바로 지금이 야웨께서 행동하셔야 할 시간이다. 여기서의 이미지들은 군사적인 것으로부터 정글의 이미지로 변화한다. 이런 이미지의 언어는, 하나님께서 마땅히 처리하셔야 할 문제들로 하나님께서 나아가시도록 구상되었다. 결국, 22-24절에서는, 하나님의 임재하심에 대한 요청이 "공의대로"라는 단어로 최고조에 달한 모습으로 등장한다. 이 호소가 하나님의 공의로우심, 하나님의 능력과 하나님의 뜻을 향한 것이며, 하나님이 문젯거리들을 다시금 올바르게 만드시도록 역사하게 하려는 것임을 주목하라. 이 호소는 화자 자신을 넘어서는 호소인데, 화자는 지금 상황을 조절할 능력이 없는 현실에 처해 있다.

전쟁과 정글이라는 언어는 원인이 무엇인지 설명하는 언어이며, 상황과 문제들이 통제를 벗어나 있다는 느낌을 잘 설명해준다. 하지만 이런 언어라 해서 소망이 없는 그런 언어는 아니다. 대신에 이 언어는 한 사람을 자기-의지(self-reliance)로부터 하나님 의지로 나아가도록 한다. 바닥을 치는 정점에서, 이스라엘은 자포자기하는 절망이 아니라 하나님의 통치하심을 발견한다. 이스라엘은 하나님의 통치하심이 절망에 대한 유일한 대안임을 알고 있다. 그리고 이 시편의 화자는 몇몇 일들이 비록 그의 통제를 벗어나 있음에도 불구하고 그건 야웨께서 그에게 주신 몫이라고 생각한다. 이제 공의라는 단어는 법정이라는 다른 이미지를 보여준다. (1b절의 언어는 법정의 언어이다. 그러나 금방 군사적인 은유로 전환된 뒤 더 이상 발전되지 않는다). 여기서는, 이 사람을 죄인 취급하고 위협받아 마땅한 사람으로 취급하는 대적들과 그들 세력 가운데서 구원해 달라는 탄원을 한다. 우리는 1절과 11절에서 법정적인 언어를 살펴보았다. 그리고 탄원은 여기에서 결실을 보게 된다. 그러나 법정 언어는 좀 더 기본적인 대전제를 도와주는데, 그건 바로 언약이다. 화자는 언약 파트너십이 건강하고 영구적임을 확신하고 있다. 그리고 여기에서는 그의 언약 파트너에게 자신에게 해야할 일을 해 달라고 요구한다.

시편 35편은 긴박성을 반영하면서, 우리가 다른 시편들에서는 만나보지 못했던 대적들에 대한 폭넓은 언급을 포함하고 있다. 그러므로 4-6절과 8절에서는, 생각할 수 있는 모든 재앙이 대적에게 임하기를 바라는 요구가 등장한다. 이점은 19, 25-26절에서도 계속된다. 마침 화자가 자기 자신을 향한 공의를 추구할 때에, 이점은 대적들이 가능한 모든 재앙을 만나게 해 달라고 절박하게 기도하는 것과 잘 맞아떨어진다.

이런 독설은 두 가지 방식으로 뒷받침된다. 첫 번째, "이런 대적들"이 행한 일들을 묘사함으로써, 그 결과 그들이 얼마나 무서운 악한 자들이며 하나님으로부터 심판(앙갚음) 받아야 할 사람들인지를 하나님께 알려드리는 것이다(7, 15-16, 20-21절). 그들은 שָׁלוֹם을 말하는 일을 행치 않았다(20절). 분명 그들은 다른 사람의 삶을 풍요롭게 해주거나 혹은 함께 더불어 사는 것에 대해서는 거의 관심이 없다. 그들은 공의를 행치 않는다. 두 번째로, 화자는 대적들로 인해 자신이 처하는 나쁜 상황을 묘사한다(13-14절). 이 시편의 이런 전체적인 요소는 한 사람의 목소리를 드러내는데, 그 목소리는 분노로 가득 차 있고, 매우 불공평하다고 느끼고 있으며, 더 이상 참고 인내할 수 없는 목소리이다. 이 목소리는 한편으로는 이를 통해 야웨께서 직접 나서 주시기를 원하기 때문에 매우 열정적이다(참조. 23절). 또한 다른 한편으로는, 야웨께 대한 분노나 혹은 최소한 성급함을 발견할 수 있다(17절). 이것은 시인이 "야웨여, 당신은 지금까지 어디 있었습니까? 당신께 기대하는 일들은 그 일을 행해주실 때까지 도대체 얼마나 더 많은 시간을 기다려야 합니까? 내가 당신께 받은 몫은 대체 무엇이란 말입니까?" 이렇게 질문하는 것이나 마찬가지다. 이런 악한 무리들과의 관계는 이미 극심한 현실이 되어 참을 수 없는 지경이 되었고, 오직 야웨만이 이런 현재의 상황배치를 바꿀 능력을 가지고 계신다. 이 말들은, 이미 이런 현실적인 모습들이 야웨와의 관계성을 오염시켰다. 그래서 분노가 대적에게만 향하는 것이 아님을 보여준다.

세 번째 요소는 찬양에 대한 약속이다.

> 내가 주께 감사하며 …
>
> 주를 찬송하리이다 … (18절).
>
> 여호와는 광대하시다(27절).

우리는 찬양을 기대하는 것에 관해 몇 가지 살펴볼 수 있다. 첫 번째로, 이 기대는 확실한 기대들이다. 화자는 이 일이 일어날 것임을 의심하지 않는다. 하나님께서는 역사하실 수 있고 또한 역사하실 것이며 분명 기도를 들으시고 움직이실 것이라는 분명한 확신을 가지고 있다. 매우 특이하게도, 깊은 혼돈 속에서 토로되는 이런 분노의 기도는 절망하는 행동이 아니다. 이것은 희망의 행동들이다. 왜냐하면 힘겨운 상황이 이런 방식으로 계속 유지될 필요도 없고, 그렇게 유지되지도 않을 것이며, 또한 이대로 유지될 수도 없다는 확신에 찬 행동이기 때문이다. 여기엔 그 어떤 체념도 없으며, 변화에 대한 능동적인 강조만이 있다.

두 번째로, 이 기대는 아직까지는 보류된 기대들이다. 화자는 아직 어떤 찬양도 하지 않고 있다. 이 시는 그저 변화의 결과로 어떤 일이 일어날 것인지에 대해서만 이야기하는 정도일 뿐이다. 야웨께서 어떤 행동을 행하실 때까지는 그 어떤 찬양도 없을 것임을 분명히 하고 있다. 이런 보류는 마치 야웨 앞에 미끼를 매달고 있는 듯한 협박, 혹은 위협처럼 들린다. 만약 야웨께서 찬양받기 원한다면, 그분은 구원과 해명을 통해 이 특별한 요구에 응답하셔야만 한다.

세 번째로, 확실하지만 그러나 아직 보류되고 있는 찬양의 실제적인 본질이 무엇인지를 주목해야 한다. 18절은 아무 내용도 제공하지 않는다. 이 구절은 비록 "감사"(ידה)와 "찬양"(הלל)이라는 단어를 우리가 주목해야 할 교차대구법 구조로 함께 묶어놓고 있긴 하지만, 그저 찬양의 가능성에 대해서만 공식적으로 이야기하고 있을 뿐이다. 훨씬 더 중요한 것은 10절에 나오는 찬양에 대한 약속인데, 거기에는 야웨만의 구별된 차별성을 강조한다. 이 선언은, 야웨께서 우리를 비참함에서 구원하실 때 이렇게 구원하시는 분은 오직 야웨뿐이심을 다시 알게 된다는 주장이다(참조. 9절).

야웨만의 구별된 차별성은 좀 더 자세히 묘사된다. 야웨의 차별성은 시편 86편과는 달리 장엄과 권능 그리고 통치와 같은 "위로부터" 내려오는 제왕적인 형용사로 표현되지 않는다. 대신, 야웨께서는 스스로를 구원할 수 없는 약하고 가난한 자들을 구원하시는 분으로서 "아래로부터" 특징이 표현되는 분이시다. 여기에서 우리는 이스라엘의 신앙이 지닌 복음의 핵심에 근접하게 된다. 화자는 자기 자신을 대적과의 평탄치 않은 싸움에 휩쓸려 있는 것으로 제시했으며, 결국 패배하는 과정에 있다고 표현한다. 그의 기도는 평탄치 않은 싸움이 이제 더 이상 생기지 않게 해달라는 것뿐만 아니라, 이런 순탄치 않은 모습이 그의 바람대로 도리어 상대방에게 주어지게 해 달라는 것이다. 이 역전적인 변화는 그렇게 만들 아무 재원도 갖고 있지 못한 화자 자신을 통해서는 이루어질 수 없다. 이 일은 의지를 가지고 있고, 재원들을 가지고 있으며 또한 이렇게 개입해야 할 언약적 의무를 지니고 있는 야웨에 의해서만 이루어질 수 있다. 그러므로 문제는 "아래로부터" 야웨께 주어진다. 당신은 어떤 하나님이 될 것입니까? 어떤 종류의 찬양을 당신은 원하십니까? 누가 당신을 찬양하길 원하십니까? 적어도 이 시편에서는, 야웨의 선하심을 혼미 안으로 끌어당겨다 놓는다. 가난한 자들이 찬양해야만 한다면, 야웨께서도 가난한 사람들을 위해 역사하셔야만 한다. 찬양이 그 어떤 것과도 비길 수 없는 고귀한 것이라면, 하나님도 비길 수 없는 방식들로 역사하셔야만 한다. 여기서 야웨께서는 이처럼 낮은 자리의 사람들을 위한 하나님이 되어야 한다는 압력을 받는다. 하나님의 이러한 비교 불가능성은 도움이 필요한 사람들의 웰빙에 매우 밀접하게 연결되어 있다.

그러므로, 내가 보기엔 이 시편에는 매우 역동적인 의도가 있는 듯하다. 이 시편에서는 하나님을 향해서조차 하나님이 누구신지에 대한 질문들이 모두 해결되지 않았다. 이 질문들은 하나님과 더불어 문제를 풀어 나간다. 그러나 하나님이 누구신지를 재정립하는 과정에서, 가난한 사람들과 궁핍한 사람들의 목소리가 결정적인 역할을 한다.

27-28절에는 확신하지만 그러나 보류된 찬양이 마지막으로 나온다. 다시 한 번 더 전형적인 공식이 사용된다. "여호와는 광대하시도다" 그러나 이 공식이 사용된 내용을 주목할 필요가 있다. 왜냐하면 첫 번째로는, 이 내용이 시편의 주제들을 한데 모으기 때문이며, 두 번째로는,

이 내용이 광대함을 구원이라는 측면에서 재정의 하기 때문이다. 이 구절들은 두 가지 중요한 방법을 통해 앞부분에 나온 내용을 언급한다. 첫 번째로, 24절에서의 간구는 당신의 "공의"(צדק)를 따라서 "나를 판단"(שפט)해 달라는 것이다. 27-28절에서의 찬양공식은 다음과 같다:

> 나의 의(צדק) 를 즐겁게 하는 자로 기꺼이 부르고 즐겁게 하시며 …
>
> 나의 혀가 주의 의(צדק)를 말하며.

화자는 그가 바라던 "의"를 경험하게 될 것이다. 두 번째로, 27절에서는 하나님께서 그 종의 형통(שלום)을 기뻐하시기에 광대하신데, 20절에서는 바로 그 שלום을 대적들이 부인했었다. 그러므로 하나님께서는 해결되지 못한 일들을 해결하신 것에 대해 찬양받으셔야만 한다. 하나님께서는 그분께 간구하고 있는 가난한 자들이 그 대적들로부터 거절당하고 거부당한 것을 정확하게 그대로 행해 주심에 대해 찬양받으신다. 대적들은 삶의 모든 부분들을 위협한다. 그러나 간섭하시는 하나님으로 인해 모든 것은 변하게 되고 삶은 완전해지고 웰빙과 기쁨이 된다.

이 기도의 분위기와 움직임에 관해 생각해보면, 시인의 경건성에 대한 두 가지 내용을 순서대로 관찰할 수 있다. 첫 번째는, 화자의 기도생활이 분노와 거친 모습으로 가득 차 있다는 점이다. 여기엔 그 어떤 공손함이나 유순함도 들어있지 않다. 시편 기도는 꾸미거나 가장하지 않는다. 참된 기도는 부정적인 측면들에 대해서도 열려 있으며 또한 그런 것들을 하나님께 내어 놓는다. 지금까지 우리들이 살펴 온 탄식 시편들은 하나님 앞에 드려지는 과정을 묘사한다. 분명한 점은, 이 시편들은 충분히 그리고 마음껏 표현하기 전에는 결코 포기하지 않는다는 점이다.

두 번째로, 여기서 하나님과의 관계는 결코 포근하거나, 편안하거나 혹은 마음이 잘 맞는 모습이 아니라는 점이다. 여기에는 날선 분노와 저항이 있다.

화자는 야웨께서 먼저 행하신 이후에만 역할을 할 수 있는 몇몇 "카드들"을 가지고 있다. 야웨께서는 자유롭게 찬양받으실 것이지만, 그러나 그것은 찬양받을 만한 특별한 이유가 있을 때 만이다. 이것은 대담한 신학인데, 왜냐하면 만약 하나님께서 구원하시지 않는다면 하나님에 대한 특별한 차별성을 찾을 수 없기 때문이다(시 35:10). 하나님께서 שָׁלוֹם을 주시지 않는다면, 하나님은 광대하시지 않다(시 35:27). 여기엔 암시가 제시된다. 그건 찬양받으실 수 있다는 가능성들이 하나님을 이전과 동일하게 역사하시도록 동기부여 한다는 암시이다. 시편기자는 야웨와 자신과 원수와의 관계를 아주 교묘하게 "3각 구도"로 표현하다. 다시 말해서, 야웨를 시편기자와 대항하는 입장에, 그리고 원수와 대항하는 입장에 늘어놓는다. 그러나 이 3각 구도는 우연히 자동적으로 성립된 것이 아니다. 여기에는 다분히 어떤 의도를 가지고 있다. 이 시편은 화자가 열정적으로 일하고 있음을 보여주며, 또한 그에게 생명을 부여할 관계에 대해서도 알고 있음을 보여준다. 이와 같은 기도는 결코 냉소적이거나, 자포자기하는 심정으로 하나님을 찬양하는 것이 아니다. 그렇게 하기엔 여러 가지 일들이 너무나 크고 위험스럽다. 화자는 빈손으로 오지만, 그러나 해야 할 무언가를 가지고 오는 것이며 변호할 적절한 이유를 가지고 온다.

●●●공동체 탄식 시 Communal Laments

아마 우리에게 가장 쉬운 일은 이런 개인 탄식 시들에 공감하는 일일 것이다. 그 이유는, 부분적으로는 시편들 중 이런 시편들이 우세하고 또한 비록 쉽게 사용하지는 않지만 우리가 이런 시편들에 좀 더 익숙하기 때문이다. 그러나 다른 이유로는, 개인적인 범주가 우리가 삶을 실재적으로 경험하는 방법이 되었기 때문이다. 동시에, 우리는 공동체에 대한 인식이나 상상력 상실을 경험해 왔다. 그러므로 개인 탄식들이 우리 자신의 경험들과 짝을 이루어 평행을 형성하는 반면, 공동체적인 경험을 상실했다는 것은 우리가 공동체 탄식에 대해 거의 그런 탄식을 경험하는 경험적인 파트너가 되지 못했다는 것을 의미한다. 개인적인 경향일 수도 있긴 하나, 종종 공적인 재앙들을 기도생활의 관심사로 생각하지 않곤 한다. 설령 우리가 공적인 문제를 기도에 포함시킨다 하더라도, 그것을 별로 중시하지 않는 사소한 문제로 취급한다. 우리는 공적인 이슈들과 공적인 문제들에 대해 신학적으로 생각하는 능력을 거의 상실했다. 더군다나, 우리는 공적인 사건들과 관련해서 실제로 기도하는 능력을 상실했다.

우리가 지금 살펴보고자하는 시편들은, 공동체적인 상실 사건들에 대한 종교적 차원을 다루는 시편들이다. 이 시편들은 사실 우리가 공동체적인 시민이자 공동체적인 피조물이며, 공동체적인 사건들이 개인적인 상황에 직접적이고 즉각적인 상관관계가 있음을 기억하게 해줄 것이다. 만약 우리가 공적인 이슈들에 대한 일반적인 종교적 무관심이나, 그런 무관심에서 야기되는 냉담과 침체에서 벗어나야만 한다면, 시편기도에서 이런 분위기를 회복하는 일은 매우 중요할 것이다. 좀 더 일반적인 방식에서 볼 때, 이스라엘의 공적인 재앙들은 우리들의 경험과 별반 다르지 않다. 전쟁, 기근과 굶주림(참조. 욥 5:19-22). 매우 특별하게도, 이스라엘에 있어서 공동체적인 기도의 에너지는 바벨론에 의한 예루살렘 성전파괴에 초점이 맞추어져 있었다. 이것을 이해하는 것은 어렵지 않다. 성전은 삶의 모든 부분들과 관련되어 있는 중요한 지점이 되었다. 성전의 파괴는 그러므로 중심지를 잃는 것을 의미하며, 또한 공동체의 의미와 가치들이 파손되는 것을 의미하거나 혹은 최소한 심각하게 위협당하는 중대한 공동체적 혼돈을 의미한다.

이런 시편들을 사용하려면, "역동적인 유추"를 통해 상상에 의한 동일시가 필요하다. 왜냐하면 이런 시편들과 우리 자신의 경험들과의 접촉점은 개인 탄식 시에서처럼 직접적이거나 분명하지 않기 때문이다. 이 시편들을 사용하는데 있어서 예비적인 방법으로, 우리는 비교 가능한 경험들이나 가능성들에 대해서도 생각해 볼 수 있다. 우리 시대에 있어서 가장 강력한 위협은 핵위협인데, 이것은 성전을 향한 위협에 대한 유추가 될 수도 있다. 나는 예루살렘 성전의 파괴가 "객관적으로" 핵위협 같은 중대함이라고 생각하지는 않지만, 그러나 상징적인 역할로서, 예루살렘 성전 파괴는 "모든 세계"의 상실이라는 현시대의 위협과 견줄 만하다. 우리 자신이 처한 위협에 대해 생각해 보는 것은, 성전 상실에 대해 숙고하는 이런 시편들이 어떤 감성적인 능력을 지니고 있는지를 살펴볼 수 있게 할 것이다. 좀 더 작은 스케일로 보자면, 전쟁의 모든 위협이나 전쟁에 관한 모든 나쁜 소식들은, 공동체의 상상력을 동원하는 경향이 있다. 혹은 중심지나 지방 지역들에서는, 폭풍이나 지진 혹은 전

염병 등을 통해 이런 일이 이루어질 수도 있다. 혹은 또 다른 의미에서는, 1960년대에 일어난 공적인 황폐화에 대한 가장 생생한 기억은, 케네디나 마틴 루터 킹의 죽음에 대한 것이다. 이런 사건들은 피할 수 없는 어두움과 혼돈을 표현했고 만들었다. 우리가 보수적이든 혹은 자유주의적이든 간에, 이런 어두움과 혼돈을 덮어버릴 수 있었을지는 몰라도, 이런 사건들의 힘을 부인할 수는 없었다. 이 시편들은 우리에게 이런 민감한 것들에 접근할 수 있게 해준다. 낭만적인 자유주의는, 너무나 견고해 보였던 공공의 질서들에 대해 이런 악이 저질러질 수 없다고 생각했었다. 이런 시편들은 모든 고귀한 것들에 행해지는 위협들에 대한 노골적인 묵상이다.

시편에서 공동체 탄식 시는 그리 많지는 않지만, 그러나 책임 있는 신앙을 고양시키는데 매우 중요하다. 개인 탄식 시를 회복하고 되찾는 것은 위대한 수확이다. 그러나 그와 더불어 공동체 탄식 시들을 회복해 개인 탄식 시들과 함께 그 옆에 놓지 않는다면, 개인적인 종교 기록은 그저 사적인 관심들만을 만족시킬 따름이다. 이것은 분명 성경적인 신앙을 배신하는 것이기도 하다. 그러므로 이런 시편들에 접근하기 위해서는, 우리 모두가 공통적으로 갖고 있는 상실, 상처 그리고 분노에 대한 공동체적인 감성을 통해 생각할 필요가 있다. 이것은 다양한 정부의 이름으로 자행된 다양한 대량학살, 팔레스타인의 끝없는 유랑상황, "자연적으로" 발생한 일이 아닌 수많은 사람들의 미래와 공적인 삶을 짓밟고 있는 "대적들"에 의해 야기된 세계적인 억압들을 포함할 것이다. 이런 종류의 기도가 열방의 주님께서 다스리시는 좀 더 넓은 신앙의 세계로 들어가는 문이 된다고 생각하는 것은 참 매력적인 일이다.

시편 74편

성전은 짓밟혀졌다. 생명의 핵심적인 상징이 상실되었다. 정확하게 설명하자면, 삶의 모든 부분들은 각각 떨어져 나갔다. 그 이유는 중심축이 유지되지 않기 때문이다. 항의와 슬픔을 담고 있는 이 시편은 단순하게 역사적인 침략이나 건물의 상실에만 관심 두는 것이 아니다. 이 시편은 모든 실존에 대한 핵심적인 거룩함이 짓밟혔다고 이야기하고 있으며, 이 세상을 하나로 묶어주는 응집체가 파괴되었다고 이야기한다.

우리의 현대 세계는 이와 같은 중심체가 갖는 능력이란 개념을 상실해 버렸다. 사실, 이와 같은 중심이란 개념을 지워 버리는 것이 현대화의 특징이겠지만, 나는 그렇게 여기지 않는다. 나는 전체주의와 민족주의가 여전히 광범위한 힘을 불러올 수 있다는 점이, 여전히 이와 같은 구심점을 필사적으로 희망하고 있는 증거라고 여긴다. 단일성을 상징하는 교황교회가 교회 밖의 많은 바깥사람들에게 그토록 강력한 흡입력을 지니고 있다는 점에서도 이런 증거를 발견할 수 있다. 우리 문화에 있어서 동성연애라는 이슈가 뜨거운 논쟁거리가 되고 열정들을 불러 일으킨다는 점도, 눈에 보이지는 않지만 우리의 상상력을 강하게 잡아 쥐고 있는 생각, 즉 질서 잡힌 전체적인 세상에 대한 생각을 보여주는 증거가 될 수 있다. "부정"한 행동들은 이런 조화로움을 위협하는 것으로 이해되었다. 그러나 이런 상징들 모두가 건강하다고 주장하려는 것은 아니다. 이런 상징들은 마치 예루살렘에 있던 성전이 양면적인 상징이었던 것처럼, 사실 건강하지 못하고 파괴적일 수 있다. 그러나 건강하든 혹은 그렇지 못하든 간에, 참되든 혹은 우상적이든 간에, 우리 생각을 여전히 붙잡고 있는 공동체의 중심이라는 의미는 우리가 생각하듯 우리에게서 그렇게 멀리 떨어져 있는 것이 아니다.

이런 종류의 시편은 우리로 하여금 삶의 중심축에 관해 다시 재고하도록 허용하고, 또한 우리로 하여금 버림받고, 의지할 곳 없으며, 그리고 무방비의 야만적인 상태로 방치해 두는 분열을 수용하는 것에 대해 거부한다. 삶의 이러한 중심축의 상실은 한층 책임을 다 할 있는 응집의 형태가 사라져 버렸을 때 그것에 대한 동경을 충족시키기 위해서, 정치적으로든 종교적으로든 어떠한 방식으로든 전체주의를 불러 오기 마련이다. 그러므로 이 시편이 파괴된 예루살렘을 탄식하는 것은 그 나름의 방식대로는 여전히 강력한 상징을 가지고 있다는 것이다. 그러나 우리는 벽돌과 회반죽을 넘어서서, 그것이 무엇이든 간에 예루살렘이 그랬던 것처럼 중심축을 지휘하고 상상력을 유지하기 위해서, 2차적으로 파생되고 환언된 의미로 사용할 수 있다.

바이스(Weiss)와 베스터만은 다른 방식으로 시편 74편이 어떻게 세 부류들을 이야기하는지를 보여주었다. 그것을 행한 원수들, 그것으로 고통받는 사람들, 이제 그것을 다루어야만 하는 하나님.

시편 74편은 야웨를 향한 압박으로부터 시작한다(1-3절). 이점은, 첫 번째 주제가 파괴된 성전이 아니라 야웨임을 이야기한다. 이스라엘은 성전의 소망 없음을 넘어서서 소망의 토대를 향해 호소한다. 첫 번째 순간에 있어서, 성전에 대해 책임 있는 사람은 바벨론이 아니라 야웨이시다. 예레미야는 성전 파괴가 야웨의 행동이심을 분명히 했다(참조. 렘 7). 야웨를 향해서 처음 항거하는 부분에서, 하나님에게 두 가지를 행하시라고 몰아세우는데, 그건 여러 가지가 좋았던 앞선 시대들을 기억하시고(2절) 또한 현재의 혼란을 살펴보시라고(3절) 재촉했다. 과거에 어떠했으며 지금 어떠한지 이 둘 사이를 대조시키는 것은, 하나님이 역사하시게 하고자 등장한 것이다. 이런 대조를 통해 하나님께서는 현재 현실상황 배치가 참을 수 없는 것임을 발견할 것이기 때문이다(참조. 욥 29-31). 결국, 이 시편은 열정적인 소망의 시편이다. 이 시편은 성전 파괴가 역전될 수 없다고 믿지 않는다. 하나님께서는 성전 안에 고착된 고형물이 아니다. 야웨는 성전의 주인이시다. 그렇기 때문에 야웨는 성전을 다시 세우실 수 있다(그리고 다른 그 무엇이라도). 아마도 단 삼 일만에라도 말이다(요 2:19-21).

그러나 야웨는 행동하시도록 압력을 받고 설득 받아야만 한다. 야웨께서 문제의 심각성에 대해 주목하지 않을 경우, 하나님은 파괴에 대한 설명을 자세히 듣게 된다. 성소에서의 비명, 도끼 자국들, 해머로 때려 부순 자리. 불에 타는 소리, 이런 일들이 모든 고귀한 것들을 공격했다(4-8절). 단어배열을 주목하라. 이들은 당신의 것들이다(4절). 그리고 당신은 당신 자신의 명예와 영광을 위해서 움직이셔야 한다. 이스라엘은 좌절하고 있다(9-11절). 하나님이 역사하셔야 할 수많은 동기들이 있다. 하지만 이런 일들이 이스라엘에게는 급박하게 보이지만, 야웨께는 그만큼 급박하게 보이지 않는다. 이런 상황은 하나님이 무관심한 것임을 보여주는 것인가? 하나님은 그분만의 특징적인 관심들을 잊어버리셨단 말인가?

옛날에 대한 기억(2절)과 비극적인 장면(3-8절)만으로 불충분하다면, 하나님을 향한 압박은 더욱 더 강화되어야만 한다. 야웨께서 이 슬픈 현실에서 동기를 찾을 수 없으시다면, 그 동기는 야웨 자신의 특성과 과거의 하나 됨에서 찾아져야 한다. 그래서 시편 74편은 12-17절에서 야웨의 아름다웠던 날들을 회고한다. 이 단락은 당신이란 표현을 통해 지배되는데, 야웨께서는 자신이 누구이며 자신이 무엇을 하고 있으며 자신에게 정기적으로 요구되는 것이 무엇인지를 기억할 필요가 있다. 그러므로 야웨께서 이스라엘과 함께 했던 삶에 대한 전형적인 기억들이 열거된다. 이스라엘과 함께 했던 야웨의 위대한 순간들은, 패배에 직면한 속에서도 야웨께서 기이한 일들을 행하심으로 전혀 기대할 수 없었던 새로운 세상을 가져다주신 그런 순간들이었다. 야웨와 함께했던 이스라엘의 과거를 되돌아보는 12-15절 이후, 16-17절은 가장 포괄적인 주장을 펼칠 수 있게 하고자 그 무대를 광대한 창조라는 무대로 옮긴다. 카오스를 극복한 것은 야웨의 창조행위였다. 지금 이스라엘은 중심축의 부재와 더불어 새로운 카오스와 직면하고 있다. 즉 지금 일어나고 있는 일을 신앙의 위기라고 설명하는 방식은, 신앙의 제거로 이끌고 가는 것이 아니라 새로운 지적인 모험인 창조신앙으로 이끌어 간다. 야웨는 카오스에 대한 최초의 전쟁에서처럼, 카오스에 대한 대답으로 인식된다. 성전의 상실과 더불어 오는 카오스는 최초의 카오스처럼 날카롭다.

창조행위라는 야웨 그분 자신의 과거에 호소하는 이런 토대위에서, 18-23절에는 일련의 명령형들이 등장한다. 하나님께 그분이 행동하셔야 한다는 것을 기억하도록 한 이후에, 이제는 그분이 무엇을 하셔야만 하는지를 말씀 드린다. "기억하소서 … 이 능욕을" (참조 18절). 뒤이어 나오는 이미지들은 풍부하고 다양하다. 19절에서는 가난한 자가 언급된다. 이 은유는 강화되어 표현되는데-도울 이가 없는 비둘기와 들짐승-비둘기는 다른 어떤 도움도 갖고 있지 않다. 가난한 사람의 필요는 21절에서도 반복된다. 20절에서는, 만약 야웨께서 행동하지 않으신다면 그것은 사실상 언약을 깨는 것이라는 무언의 주장을 통해서, 조금 다른 동기부여로 야웨께 언약을 기억하게 한다. 이 시편은 22-23절에서 결론을 짓는데, 이 결론에는 야웨의 간섭하심에 대한 강력한 호소가 들어있고, 하나님이 역사하시도록 하려는 이스라엘의 근본적인 명령형 즉 회고적인 명령형이 들어있다(참조. 민 10:35-36).

두 가지 관찰은 시편 74편을 우리 자신의 상황과 밀접한 것이 되게 한다. 첫 번째로, 이 시편에는 일종의 이중적인 비전이 있다. 우선 화자는 성전을 중심축으로 삼아 완전히 성전에 속해 있으며 삶의 모든 부분을 여기에 초점을 두고 있다. 이것이 이 시가 그토록 열정적인 이유이다. 그러나 동시에, 화자는 더 좋은 것을 알고 있다. 성전이 파괴되었음에도 불구하고, 삶은 눈에 보이지는 않지만 여전히 매우 견고한 야웨의 임재에 초점을 둔다. 바로 이 점이 이중적인 비전이다. 이 시편은 성전 상실이 야웨 상실을 의미하지 않는다는 점을 분명히 한다. 야웨께서는 그분 존재의 상징인 성전이 파기된 곳에서도 존재하실 수 있다. 야웨 그분의 임재 바로 그것이 우리가 중심축이라고 생각했던 것을 제공한다. 이 시편은 실현 가능한 포커스(성전, 언제든 우상숭배를 향해 기울어져 있는)와 복음적인 포커스(결국에는 야웨께 기대고 종교적인 구조물에서 자유롭게 되는)간의 피할 수 없는 긴장을 보여준다. 성전은 중요하지만, 그러나 궁극적으로 중요한 것은 아니다. 심지어, 결국엔 "하나님 나의 왕"(12절)으로 돌아서게 되는 이 성전 화자에게조차도 말이다. 두 가지가 함께 병렬되는 일은 어렵다. 이 시편은 신앙이 하나님을 향한 것이지 성전을 향한 것이 아님을 분명히 한다. 그러나 우리는 항상 견고하고, 눈에 보이며 심지어 조직체적인 방법들을 통해 이와 같은 하나님을 향한 신앙을 경험한다. 그렇기 때문에, 성전은 그리 간단하게 없어도 되는 그런 것이 아니다. 오직 이 같은 땅의 그릇을 통해서만 보물을 볼 수 있고 알 수 있다.

두 번째로, 우리는 참되고, 눈에 보이지 않고, 견고하고, 궁극적인 하나님에 대한 주장과 그리고 눈에 보이는 근본원리들(인종, 계급, 국가, 장소, 신조 혹은 시스템)에 대한 주장간의 갈등과 직면한다. 우리의 모든 종교 조직들이 위험스러운 시대를 우리가 살고 있다. 놀라운 일은 아마 이 시편이 그토록 강력하게 성전 상실에 반응한다는 점이 아니라, 그런 상실 속에서도 여전히 부르짖을 만한 대상, 이름이 알려진 대상이 있다는 점일 것이다. 여전히 신뢰할 만하고, 잘 알려진 과거역사를 가지고 있고, 명령을 받을 수 있고, 그렇기에 소망의 토대가 되는 그런 존재가 있다. 성전이 있고 없는 것이 이스라엘을 절망으로 떨어뜨리지 않는다. 대신에, 그것은 분개를 일으키고, 이 분개는 하나님의 보좌 앞에 적절하게 올려진다. 그러므로 이 시편은 흥미롭고 놀라운 결과를 낳는다. 표면상은 성전에 관한 것으로 보이는 이 시편은, 결국엔 성전에 관한 것이 아니라 성전 부재의 상황 가운데 계시는 생명과 소망의 근원에 대한 것이다. 이것은 "가시적인 형상 없이" 도 기꺼이 기다리는 신앙이다.

시편 79편

이 시편은 시편 74편의 주제를 반복하지만, 외견상 좀 더 강한 독설을 품고 있다. 상황은 동일하다. 성전이 파괴되었고, 이스라엘은 빼앗겼으며 승리한 대적은 흡족해하고 있다. 이러한 상황에서, 야웨는 공평무사 한 당사자가 되실 수만은 없다. 호소는 하나님의 거룩하심에만 드려지는데, 이 거룩하심은 눈에 보이는 종교성을 넘어서서 역사한다. 여기서 이스라엘은 야웨께 정말 중요한 것이 무엇인지를 결정하시도록 압박을 가한다.

이 시편은 두 개의 중심 부분과 결론적인 결심으로 구성되어 있다. 가장 인상적인 부분은 강한 열정을 느끼게 하는 솔직한 단순성인데, 이 열정은 야웨와 더불어 공유할 수 있다. 여기에는 자기 기만적인 공손함이나 혹은 현실 상황으로 부터 야웨를 보호하려는 어떤 시도도 하지 않는다.

첫 번째로, 1-4절은 문제를 묘사한다. 이 시편의 시작부분에는 문제가 자리 잡고 있다. 관습적으로 받아들일 수 없는 이방인들인 גוים이 야웨의 특별한 유산인 성전으로 나아왔다. 부적합성은 참을 수 없는 일이다. 이런 부적합성은 즉각 증대 된다. "그들이 거룩한 장소(קדשׁ)를 더럽혔다(טמא)"(1절). 거룩함을 더럽히는 일은 괴롭히는 행동들 중 마지막 행동이다, "멸망의 가증한 것"(참조. 단 12:11). 시편기자는 그저 야웨가 우리가 느끼는 것을 느끼시기만을 원할 뿐이다. 이것은 국기가 태워지는 것을 보고 있는 애국자, 사랑하는 자가 강탈당하는 것을 보고 있는 연인, 도서관이 불태워지는 것을 보고 있는 학자와 같은 것이다. 적절하게 표현할 단어를 찾을 수 없는 어찌할 수 없는 극도의 혐오스런 불쾌감이라 할 수 있다.

그러므로 야웨께 행동해 달라는 평범치 않은 호소가 나오는데, 그분만이 상황을 변화시킬 수 있는 유일한 분이시기 때문이다. 5-11절은 마치 하나님의 인격 목록표와 같다. 이 부분은 하나님을 향해 그분의 통치 중 가능한 모든 것들을 동원해 달라고 요구한다. 하나님의 질투하시는 분노(קנא)(5절)에 관해서도 언급된다.

분노(המה)(6절),

긍휼(רחם)(8절),

구원(ישע)(9절),

영광(כבד)(9절),

보수(נקם)(10절),

위대한 팔(גדול זרע)(11절).

이 모든 것들은 위대한 반전에서 동원 되어야 하는 것들이다. 여기에서는 야웨의 인격이 지니는 양면적인 모습을 주목할 필요가 있다. 명백하게 필요한 부분은 진노, 분노, 보수, 능력 등으로 표출되는 그의 분노, 파괴적인 분개이다. 그러나 이 내용은 그의 열정, 구원, 인도, 용서와 잘 어울리고, 또한 그분이 처음 신음 소리들을 들으셨던 것과 같이(출 2:23) 신음에 대해 관심을 기울여주시는 것 등과도 잘 어울린다. 하나님의 신비는 원수 갚음과 긍휼히 여김이 동시에 병렬적으로 나타난다는 점이다. 여기에서는 이 두 가지 모두가 다 중요하다. 성전신학의 어떤 것도 스토아학파의(stoic) 평범한 신들에게는 활용할 수 없다.

이 모든 호소는 하나님 이름을 위한 것이며(9절), 그의 명성을 위한 것이며, 하나님이 진정 어떤 분이신지를 충분히 선언하기 위한 것이다. 물론 의심할 여지없이 이 기도는 이스라엘 백성들이 자신을 위해 드리는 기도이다. 이스라엘의 기도는 결코 공평무사하지 않다. 또한 우리는 기도가 그런 것인 양 위장해서도 안 된다. 하지만 동시에 기도는 하나님이 하나님 자신을 친구들과 대적들에게 그분이 진정 존재하신다는 것을 보여주심으로써 하나님이 온전하게 하나님답게 되셔야 한다는 갈망이기도 하다. 하나님께서는 모욕당하거나 혹은 희롱당하지 않으시고, 궁극적인 엄숙함으로 여겨진다. 시편기자는 이 기도 안에는 관심의 집중성, 즉 이스라엘 자기 자신의 관심뿐 만이 아니라 하나님의 초월적인 관심도 있다고 믿는다.

우리의 신앙이 우리의 경건성뿐만 아니라 어두운 측면까지도 포함해서 우리를 충분히 다루어야 한다면, 이를 위해서는 야웨의 양면적인 모습이 필요하다. 이런 양면적 마음가짐은 12절에서 분명하게 나타난다. 여기엔 칠 배로 갚아달라는 긴급하고 군사적인 간구가 있는데, 이것은 우리에게 그것을 행한 어떤 사람들에게 칠 배로 벌해 주시고 짓밟아 달라는 간구이다. 이 기도는 공평한 것 이상을 원했던 라멕의 사악함(창4:24)을 되풀이한다. 시인은 하나님께서 확고히 하신 이야기들 중 가장 급진적인 기억을 사용한다.

이와 같은 기도는 우리들을 곤란하게 만들 수 있다. 그래서 이런 식으로 기도해야겠다는 생각을 거의 하지 않지만, 그러나 이것은 전적으로 성경적이다. 화자는 이 열망에 대해 충분히 정직하며, 또한 이 열망을 하나님께 고해드릴만큼 충분한 신앙을 가지고 있다. 이처럼 복수를 하기위해 "과잉 살육"을 요구하는 것은, 일상적인 평범한 모욕 때문이 아니다. 이것은 오로지 누군가가 "성전"을 파괴했을 때에만 요구된다. 누군가가 감히 이런 자세로 보좌에 나아가는 것은, 오로지 삶의 핵심, 의미 그리고 구조가 파괴되었을 때뿐이다. 그러나 이런 경우엔 반드시 나아가야만 한다.

그러나 12절에서 이와 같은 무자비함에 권위를 부여한 바로 그 화자는, 9절에서는 용서를 구하는 동일한 사람이기도 하다. 어떻게 이럴 수 있단 말인가? 분명하게도, 하나의 갈망은 "그들을 위한" 것이고, 다른 하나는 "우리들을 위한" 것이다. 우리는 이런 방식으로 일들을 정렬한다. 그러나 대체로 이 시편은 우리 모두가 얼마나 분리되어져 있고 부조리한지를 보여준다. 아마도 이런 부조리의 광기는 성전이 상실되었고 중심축이 사라져 버렸기 때문일 것이다. 중심이 잡혀 있지 않을 때, 우리는 하나의 통일성을 이룰 수 없을 것이다. 성전파괴는 도덕적 카오스를 허용한다. 그러므로 이 기도는 깊은 불행과 혼돈을 증거한다. 이 기도는 성전이 서 있었고 구심점이 자리 잡고 있었을 동안에는 드려지지 않았을 그런 종류의 기도이다. 하지만 그것이 사라졌을 때, 모든 깊은 세력들이 우리 삶 속에서 자유롭게 되고 흑암이 말을 시작한다. 우리가 너무 잘 알고 있는 이런 쓰라린 모순 가운데서 유일하게 소망을 주는 일은, 이 모든 것들을 야웨께 아뢸 수 있다는 점이다. 용서하심과 굶주린 복수 이 두 가지 모두 다 야웨께 달려있는데, 그분은 이 두 가지 모두를 그분의 궁극적인 통치권 안에서 다루실 것이다. 이스라엘의 혼돈 속에서도 우리의 열망을 들으시는 분에게 드려지는 기도를 통해 혼돈스런 상황은 전달된다. 그리고 하나님께서는 두 가지 모두를 다루신다. 한편으로 복수에 대한 갈증은 간절한 바람과 실행하는 행동 간에 간격을 두시는 하나님에 의해 진행되는데, 그 결과 하나님의 심판은 직접적이지도 지독한 것도 아닌 것이 된다. 하나님께서는 또한 용서에 대한 우리의 필요에 대해서도 일을 진행하신다. 그 결과 이 부분도 마찬가지로 지나치게 직접적이거나 확실하지 않고 너무 값싸지 않게 하시면서, 성전 상실이 즉각적으로 해결된다. 보복에 대해 잘 표현된 것과 마찬가지로, 용서에 대해서도 깊은 생각이 필요하고 대가를 치러야 한다. 하나님께서는 이런 깊은 절망의 기도소리에 대해서 유효하게 반응하시지만, 그러나 우리가 상상하는 그런 방식으로 직접적이고 즉각적으로는 하나님을 이용할 수는 없다. 하나님께서는 하나님 자신의 통치권 측면에서 유효하시며, 심지어 성전 상실조차도 이것을 바꾸지는 못한다.

마지막 구절은 새로운 정위(定位, a new orientation)을 향한 열정을 잘 표현한다(13절). 이 구절은 여러 상황들이 이처럼 심각한 혼돈상태 그대로 계속 머무를 것이라고 생각하지 않는다. 이 구절은 야웨께서 용서와 보복을 통해 상황들을 올바르게 잡으실 것이라고 기대한다. 그러므로 다가올 새 시대는 목회적 특성으로 본다면 거의 목가적인 분위기이다. 13절의 양-목장 은유는 좀 더 친숙한 사례들을 떠오르게 한다.

> 그가 나를 푸른 초장에 누이시며(시 23:2).
>
> 우리는 그의 기르시는 백성이며 그 손의 양이라(시 95:7; 참조. 74:1).

여기 제시된 장면은 어두운 폭풍우 이후 만나는 청명한 날과도 같다. 그러므로 이 시편은 교차대구적인 구조를 사용해 결론을 내린다.

> 감사하며 … 영원히,
>
> 대대로 … 찬양하리이다.

이것은 구체적인 특수성 속에서 감사하는 것이며, 거대한 풍성함

속에서 찬양하는 것이다.

그러나 성경적인 신앙은 결코 13절이 홀로 존재한다고 생각하지 않는다. 새로운 삶은 결코 아무것도 없는 진공 가운데서 주어지는 선물이 아니다. 이것은 우리 삶의 깊은 모순성을 숨기지 않고 눈앞에 볼 수 있게 들고 나오고, 심각하고 위험한 투쟁을 벌이는 것을 통해 이루어진다. 우리 삶은 근본적으로 거룩한 모든 것들이 삶 속에서 매일매일 더렵혀지는 삶이다. 그러나 우리를 파선과 독한 분노 저 너머로 옮겨갈 목회적인 가능성들을 감히 소망한다. 성경적인 신앙은 로맨틱한 것이 아니다. 성경적 신앙은 악을 염두에 두고 있으며, 가장 고귀하고 중요한 것을 악이 공격한다는 사실도 알고 있다. 그럼에도 불구하고, 감히 확신한다. 성경적 신앙은 우리에게 파괴된 성전들에 대해 주님께 독설을 늘어놓는 것을 넘어서서 더 나아갈 것을 요구하고 또한 허락한다.

시편 137편

이 시편은 좀 더 잘 알려진 시편이다. 아마도 이 시편이 분명하고 확실한 역사적 언급을 포함하는 거의 몇 안 되는 시편중 하나이기 때문일 것이다. 이 시편은 특정한 내러티브를 초청한다. 이 시편은 분명 기원전 587년의 성전파괴 이후 바벨론으로 끌려간 공동체로부터 나온 것이다. 이 공동체는 예레미야와 에스겔의 파토스(pathos)에 반영되어 있다. 이 시편은 바벨론 제국의 재배치 정책 때문에 강제로 이주되었으나 아직도 깨지지 않는 열정으로 고향으로 돌아갈 소망과 기억에 매달려 있는 사람들을 반영하고 있다.

시편 137편은 복수심에 가득한 모습으로 인해 언뜻 보기엔 우리에게 무례한 것처럼 보일수도 있지만, 그러나 이 시편을 대면하고 난 이후에, 이 시편의 무례함이 타협의 여지가 없는 예루살렘의 특수성이 수치스럽게 되었기 때문이라는 데에 나는 동의한다. 의심할 여지없이 포로 공동체의 바벨론 감독들은 이곳이나 저곳을 비슷한 장소들로 간주했었을 것이고, 분명 이처럼 이스라엘의 타협하지 않는 지속적인 태도로 인해 당황했을 것이다. 실제로, 앗수르 협상가의 입에서 제시된 장소들은 (왕하 18:32) 이 뿌리 깊은 장소가 구분된 장소라는 것을 인식하지 못했으며, 장소들을 팔아치우는 것에 대해서나 혹은 한 곳이 다른 곳만큼 좋은 곳이라고 이야기했다(이런 잘못된 생각에 대해서 왕상 21:2도 보라). 모든 시편들과 마찬가지로, 시편 137편은 우리에게 이 시편의 유대인적인 성격을 잘 보도록 요구하며, 기독교인인 우리들이 어떻게 이런 유대적 특성을 포용해야 하는지 심사숙고할 것을 요청한다. 수많은 시온사상(Zionism)이 있는데, 오늘날에는 시온사상이 심지어 이스라엘의 군사주의로까지 혼동되고 있다. 이 시편은 우리에게 군사주의와 관련 없는 일종의 시온사상 주창자가 될 것을 요구한다. 우리가 지금 갖고 있는 것처럼, 시편 책은 예루살렘 노래들의 묶음인데, 이 노래들은 우리 인류의 미래가 결코 팔아 치우거나 다른 장소와 동등시될 수 없는 예루살렘이라는 구체적 장소와 어느 정도 연관되어 있다는 것을 확신하거나 이에 관한 내용들이다. 어느 정도까지는, 기독교인들도 "영적인 예루살렘"을 가지고 있다. 이미 이사야 65:18-19에는, 솔로몬의 옛 정치적 수도와 긴장관계를 이루며 서 있는 새로운 예루살렘이 나온다. 이 형상은 하늘로부터 내려오는 새 성읍을 보여주는 것으로 사용된다(계 2:12). 그러나 하나 된 세상과 평화라는 비전의 초점은, 여전히 예루살렘에 있다. 시편

137편은 이미 견고하게 가지고 있는 신앙을 통해 이 시편을 읽지 말도록 우리를 초청한다.

시편 137편의 분위기는 시편 74편이나 79편과는 사뭇 다르다. 이렇게 다른 시편들의 내용은, 성전에 대한 테러를 하루라도 더 참을 수 없다고 생각하는 사람들이 보이는 좀 더 즉각적이고 충동적인 반응들로 들린다. 이와는 대조적으로, 시편 137편은 더 오랫동안 살았고 또한 상황이 즉각적으로 바로잡아지지 않는다는 것을 고통 속에서 배운 사람들의 목소리를 담고 있다. 이들은 문들을 향해서 돌진할 수는 없다. 제국의 정책에 대한 독설이 갑작스런 변화를 가져오지 않는다. 그러므로 이 시편은 변화를 볼 수 있는 사람들을 위한 것이 아니라, 변화에 대한 소망이 오랫동안 유지될 수 있다는 것을 알고 있는 사람들을 위한 장거리 시편이다. 이 시편은 절망하지 않는다. 소망은 여기에서 원상회복된다. 나는 이 시편이 지니고 있는 공동체적인 역할이란, 제자리가 아닌 곳에 있는 모든 유대인들의 열망과 미움을 다음 세대에 옮겨주고 행동으로 옮기는 것이라고 생각한다. 현재의 질서와 배치가 올바른 것이 아니고, 받아들일 만한 것도 아니며, 결국엔 받아들여지지 않을 것이라는 사실을 우리가 유대인들과 더불어 대대로 기억하는 일은 매우 중요하다. 시편 137편은 고향으로 돌아가는 것으로 표현되는 다른 비전, 비록 먼 일처럼 보이지만 결코 한순간도 의심하지 않는 비전이 지니고 있는 힘과 권위를 그려낸다. 평화와 공의 그리고 자유로 되돌아가는 귀환(homecoming)이 있게 될 것이다. 이 시편은 거대한 부조리에 대항해 이 소망을 계속해서 연습하는 시편이다. 이 연습은 항상 "우리는 잊지 않는"다는 것이다.

이 시편의 대부분은(7절을 제외하고) 야웨께 호소하지 않는다. 이 시편은 묵상적인데, 아마도 응답되거나 동의조차 구하지 않으면서 그저 듣기 원하는 모든 사람들에게 결심을 선언하는 그런 것이라 할 수 있다. 하지만 이것은 파기되지 않을 결심이다. 이것은 실제로 모든 사실들에 대항하는 소망이다. 이와 같은 소망은 필연적으로 직관적인 것이어야 하고 변명하지 않는 것이어야 한다. 지금까지 한 번도 그렇게 많이 상실해 본적이 없고, 그렇게 많이 저주해 본적이 없으며, 혹은 그렇게 많이 소망해 본적이 없는 중산계층(bourgeois) 사람들에게는 이와 같은 선언이 당황스러웠을 것이다. 그러나 이런 선언은 매우 오랫동안 주변인으로 살아왔던 사람들에겐 그리 당황스럽지 않다. 그러므로 이 시편은 북아일랜드의 로마카톨릭교도에게, 남아프리카의 흑인에게, 웨스트 뱅크의 팔레스타인에게 그리고 우리 사회에서 부당하게 대우받는 여성들에게 소용될 수 있다. 이와 같은 깊은 분노 가운데서, 사람은 결코 잊지 않는다.

1-3절은 장면을 제시한다. 이것은 시편 79편을 들었던 사람의 슬픔인데, 이 사람은 아무 생각 없이 그리고 거만하게 거룩한 장소에 들어간 이방인들인, גוים으로 인해 심히 모욕당한 사람이다. 이 목소리에는 야웨께서 포기하셨다는 느낌이 담겨있다. 지배자들이 그들에게 굴욕감을 주고 그들이 어떤 노력을 시도해도 도움을 얻을 수 없다는 것을 보여줄 목적으로 그들에게 시온 노래들을 부르도록 요구하는데, 이로 인한 고통이 슬픔과 복합되어 있다. 이런 수치스러운 장면은, 유대인들이 그들 유대인다운 춤을 추고 노래 부르도록 강요되었던 죽음의 캠프 트레블링카(Treblinka) 에서도 잔인하게 반복되었다. 이런 강요는 유대인들

로부터 그들의 정체성과 존엄성과 소망을 빼앗으려고 조롱하는 것이다. 이런 시온 노래들은 대중적인 관람을 위한 것이 아니다. 사실, 시온에 소망을 두고 있지 않은 사람들이 시온 노래를 부를 때에는 그건 포르노와 같은 것이다.

그러나 4-6절의 결심은, 그런 공격이 우리 기억에서는 아무것도 침탈해갈 수 없다는 내용이다. 우리는 대적들의 그런 평가기준을 듣지 않을 것이다. 이점에 대해 화자는 단호하다. 추방당한 사람들의 생각은 명확하다. 예루살렘에 대한 비전은 자신의 육체나 자기 자신보다도 더 고귀하다. "그들은 몸을 죽일 수 있을지는 몰라도, 하나님의 진리는 여전히 남는다." 하나님의 진리는 이 전통에서 약속과 소망의 거룩한 도시와 연결되어 있다. 즉 우리의 삶은 여전히 중심축을 지니고 있는데, 비록 지금 성전이 재만 남아버렸다 하더라도 예루살렘에 중심을 두고 있다. 예루살렘은 여전히 모든 "소망들과 두려움들"이 자리 잡고 있는 중심지이다. 바벨론의 모든 죄악들도 이 확신을 빼앗아 갈 수는 없다. 성전은 파괴될 수 있을지 모르지만, 그러나 그럼에도 불구하고 그것은 역시 성전이다. 비록 기억이 파괴의 실상을 잘 담지 못할 수도 있겠지만, 그러나 기억은 도전적인 소망의 본질로서는 충분하다. 그러므로 예루살렘에 대한 이런 집중은 결코 신경질적인 종교모습이 아님을 주목하라. 이것은 반체제적인 자세를 유지하는 것이며, 바벨론이 삶을 통제할 수 없다고 주장하는 행동이다. 이 시편은 이런 종류의 억압이 무엇을 의미하는지 이야기한다.

마지막 단위인 7-9절은, 저항적 신앙이 얼마나 값비싼 것인지를 보여준다. 이런 신앙이 가지고 있는 냉혹함은 평범치 않다. 정확하게 말해서, 이 기도는 고상한 기도가 아니며, 이런 신앙은 결코 낭만적인 경향(romanticism)을 가지고 있지 않다. 절망에 대해 온전한 정신으로 참아내기 위해서는, 대안이 되는 또 다른 비전이 필요하고 또한 강압적인 현재의 생활과 거리를 두는 것이 필요하다. 만약 포획자를 향한 인내나 혹은 포획자와의 화해가 있다면, 피해자의 굳건한 결심은 곧 사라지게 될 것이다. 그리고 거기엔 귀환이 없게 될 것이다.

이 시편에는 매우 강력한 열정이 있다. 그러나 우리는 그 역할을 이해해야 한다. 야웨에 대한 열정적인 신앙은 여기에서는 실제적인 삶과 관련되어 있다. 이 시편의 유대적인 파토스가 바벨론의 "하수인들"에게 어떤 행동을 취했다는 암시는 전혀 없다. 이 시편이 관심을 가지고 있는 한에서는, 그 문제는 철저히 야웨께 맡겨진다. 그러나 이와 같은 생생한 묘사는 틀림없이 충성심을 갖도록 오랜 기간 동안 격려했을 것이다. 기억하고 소망하는데 있어서 이처럼 생명력과 활력을 지니고 있는 공동체는, 제국이 그들의 정체성을 강압적으로 규정하려는 것에도 불구하고 매우 오랫동안 살아남을 수 있었다.

성경 안에 있는 이와 같은 기도를 "정당화"해야 하는 것은 우리들 몫이 아니다. 일반적으로 인정하듯이, 이 부분은 성경의 고상한 부분은 아니지만, 그러나 분명 이 시편은 성경 안에 들어있다. 이점은 우리에게 거룩하신 하나님의 엄격한 요구들이 우리의 모든 상투적인 인자함을 뒤엎는다는 것을 일깨워 준다. 물론, 우리는 인자한 사람들이 되어야만 한다. 그러나 거룩한 중심점에의 회부가 인간의 친절함으로 전환될 수 있다고 생각하는 환원주의자가 되어서는 안 된다. 하나님으로 향한 신앙을 신학적 중심으로 삼는 것은, 그 나름대로의 이야기를 갖는 것이며,

억압당하는 시대 속에서 이 신앙은 반드시 모욕을 필요로 한다.

우리는 이 모욕이 헛된 것이 아니라는 증거를 가지고 있다. 느헤미야를 귀환으로 이끈 것은 모욕 속에서 얻어지는 바로 이런 고집스런 집착이었다. 일세기 이후에도, 여전히 이런 기도를 들을 수 있었다.

> 내가 이 말을 듣고 앉아서 울고 수일동안 슬퍼하며 하늘의 하나님 앞에 금식하며 기도하여(느 1:4)

느헤미야는 1세기가 지난 후에 그의 선조들이 시편에서 했던 것처럼 울었다. 기억과 소망이 이토록 오랫동안 아프고 생생하게 살아있다는 것은 놀라운 일이다. 그러나 바로 이것이 우리 신앙의 본질이다. 이런 울음의 역사로부터 새로운 삶에 대한 결단이 나왔다. 예루살렘에 대한 슬픔이 자포자기나 혹은 "천상적인 종교"로 귀결되지 않았다는 것은 놀라운 일이다. 느헤미야에게 있어서 이런 슬픔은 분명 귀환과 재건축 그리고 예루살렘을 재건하는 쪽으로 귀결되었다. 고통을 거의 경험해 본적 없이 흡족하게 살아가는 중산계층들에게 있어서는 잔인한 사람들 속에서 모욕당한 기억을 고집스럽게 간직한다는 것은 이해하기 어려운 일이다. 아마도 이 시편은 우리가 모종의 구체적인 잔인함을 경험했을 때에만 우리 안에서 이해되고 가치가 있을 것이다.

나는 이와 같은 시편이 기독교인의 신앙생활에 얼마나 잘 부합되는지에 대해서는 확신이 잘 안 선다. 하지만 이 시편은 신실한 집착을 요구한다고 생각한다. 이 시편은 인내의 능력, 정체성의 유지, 팔려간 상황 속에서도 소명을 부여잡을 것을 요구한다. 물론, 우리는 유대인들과 마찬가지로 우리 전통 속에서도 원수들을 용서하라는 부름을 받는다. 이 시편은 몇 가지 어려운 질문을 제시 한다. 이런 신실한 집착을 유지하는 지속성을 유지하기 위해 용서를 무시하는 주장을 할 수 있는가? 용서라는 것이 그렇게 쉽게 타협할 수 있는 문제인가? 진실된 용서는 증오에 대해 순수하게 표현했을 때에만 가능한 것인가?

우리는 이 시편에서 다음과 같은 점을 크게 주목해야 할 것이다. 화자는 행동을 취하지 않았다. 사실, 화자는 아이들의 머리를 반석에 메어치지 않았다. 이것은 기도, 바람, 소망 그리고 열망이다. 독설조차도 하나님의 손에 맡겨진다. 아마도 여기에서 찬양받으시는 활동은 구분이 있는 듯하다. 이스라엘은 소망한다. 야웨 그분이 선택하시는 대로 복수하시기를. 원수 갚는 것을 하나님께 맡겨드리는 수용력은 이스라엘을 그들의 주요한 임무로부터 자유롭게 할 것이다. 그리고 그것은 소진되지 않는 끈덕진 소망을 갖게 한다. 즉 만약 이스라엘이 원수 갚는 일을 하나님께 맡길 수 없었고 이스라엘이 원수 갚는 것을 자신들이 해야 할 몫이라고 염려했다면, 그들은 소망을 품을 힘도 자유도 갖지 못했을 것이다. 아마도 이스라엘로 하여금 새 예루살렘에 대해 자유롭게 소망을 품도록 한 것은, 다름 아니라 바로 원수 갚는 것을 하나님께 맡긴 바로 이 수용력이었을 것이다.

언뜻 보면, 시편 137편은 유치한 분노라는 생각을 갖게 한다. 그러나 자세히 살펴보면, 이 시편은 절망을 격퇴하기 위해 어떤 대가를 치러야 하는가를 깊이 있게 알고 있다. 노련한 종교의 목소리인 것이다. 그저 단순히 대가를 알고 있다는 것을 넘어서서, 이 화자는 그것을 지불할 준비가 되어있다! 원수를 갚고자 하는 우리의 바람들도, 우리의 행동방식을 넘어서 계시는 하나님의 통치권에 맡겨져야 한다(사 55:8-9). 이 시편은 원수를 갚는 것에 대한 하나님의 방법과 생각이 "보다 높지만", 그러나 이점 때문에 이스라엘이 보좌에 나아가 정직하게 마음을 토로하는 것을 가로막지 않는 그런 정황 속에서 생겨났을 것이다. 이것은 하나님께서 신실하게 처리하실 것을 신앙 가운데 아는 것이고, 또한 누군가의 가장 미워하는 것들을 하나님께 의탁하는 깊은 신앙의 행위이다.

••• 두 개의 난제 시편 Two Problem Psalms

우리가 지금까지 연구해 온 개인적이고 공동체적인 불평들은, 견고한 소망을 품고 야웨께 여전한 신뢰 속에서 호소하는 선언들이다. 우리가 안정성으로부터 혼미로의 움직임을 "무덤" 언저리로의 첫 번째 움직임이라고 간주한다면, 그 이후엔 혼미의 구덩이 안으로 좀 더 진입하게 되고, 그 이후엔 결국 가장 깊은 구덩이로의 완전한 하강이 이루어져야하는데, 우리가 연구해온 시편들은 여기로 나아가는 과정들에 있다. 그러나 이 시편들은 아직 완전히 바닥까지 내려온 것은 아니다.

이제 우리는 가장 깊은 구덩이에 있는 이스라엘의 목소리를 담고 있는 두 개의 시편을 다룰 것이다. 이 시편들은 전통적인 모든 신앙을 향해 매우 어려운 신학적 질문들을 제기한다. 내가 희망하는 것은 이 시편들이 신학적으로나 목회적으로 매우 중요한 시편들임을 깨닫는 것이다. 왜냐하면 이 시편들이 이슈에 대한 결단과 해결점을 담고 있지 않기 때문이다. 이 시편들은 우리들을 미해결 상황 속에서 우왕좌왕하게 놓아두고, 그 어떤 구원의 표식도 없는 가장 깊은 밑바닥에 매달려 있게 놓아둔다. 삶은 바로 이와 같은 것이기 때문에, 레퍼토리 중에서 이런 선언을 갖는다는 것은 매우 중요하다. 개인적인 모든 혼돈의 위기들에는, 그저 올바른 단추 하나를 눌러서 해결할 수 있는 그런 해결책은 없다. 너무나 많은 목회적 행위들이, 실제 상황이 어떤지 고려함 없이 어떤 문제들을 일괄적으로 해결해 버리려는 경향이 있고, 또한 그런 유혹을 받는다. 신앙은 마치 위대한 해답서처럼 취급된다. 이 시편들이 신앙에 대해 증언하는 바에 의하자면, 이 시편들은 신앙이란 혼돈 한가운데에 머무르고 있는 것을 의미한다고 증언한다. 즉 그것은 이미 끝장나 버린 옛날의 안정성으로 되돌아가는 것이 아니며, 느리고 복잡한 실제 삶을 앞으로 헤쳐 나가는 해결책에 우선순위를 부여하는 것도 아니라고 증언하다.

또한 이 두 개의 시편들은, 마치 하나님의 명성을 위하여 삶의 현실을 타협하는 것처럼, 그 어떤 하나님과 "분리된 평화"도 만들어져서는 안 된다고 주장한다. 또한 시편은 좀 더 전통적인 신앙을 모욕하는 것처럼 보이는 방식들을 통해 하나님께 압력을 가한다.

시편 88편

시편 88편은 전통적인 신앙을 당황하게 만든다. 이 시편은 그의 삶이 완전히 뒤틀려졌고 필사적으로 야웨와의 만남을 구하지만 하나님의 아무런 응답도 받을 수 없는 그런 성도의 (마치 욥의 소리처럼 들리는)부르짖음이다. 이는 어두움을 만난 사람이 완전히 홀로 절망의 흑암 속에 머물러야 만하고 그 안에 있어야 만하는 "영혼의 어두운 밤"이다.

이 시편은 야웨를 향한 급박한 호소로 시작한다(1-2절). 처음의 부름은 친숙한 표현중 하나인데, 이 부름을 통해 무엇이 필요하고 무엇을 기대하는지를 이미 보여준다. 이 구절들은 필사적인 언어들이 주된 흐름을 장악하고 있다. "내가 부르짖었사오니 … 나의 기도 … 나의 손." 이 호소는 9b절에서 다시 반복된다, "내가 주께 부르며 … 나의 두 손을 들었나이다." 13절에서도 다시 한 번 더 반복 된다. "내가 부르짖었사오니 … 나의 기도가 주의 앞에 달하리이다." 이런 세 번에 걸친 부르짖음(1-2, 9b, 13절)이 이 시편의 구조를 형성한다. 매우 특이하게도, 이스라엘이 부르짖을 때, 야웨께서는 들으시고 응답하신다(참조. 출 2:23-35; 시 107:6, 13, 19, 28). 즉 그들은 부르짖을 때 응답의 때가 올 것이라고 기대한다(사 65:24). 그러나 아직 여기서는 아니다. 시편 88편은 견고하게 지속성을 유지하지만, 야웨의 응답 부재의 상황에 대해서는 거칠게 반응한다. 이 시편의 진리는 이스라엘이 응답이 없는 세상 속에서 살고 있다는 것이다. 그 어떤 특정한 응답도 제공받지 못하고 있다. 어쩌면 하나님께서 침묵하시는 이유는 화자의 죄악이 야웨를 멀리 내몰았기 때문일지도 모른다. 그러나 우리는 이점에 대해서는 듣지 못했다. 혹은 이처럼 응답 부재 상황에 대해서, 하나님은 초월적인 자유를 갖고 계시므로 하나님이 부르짖음에 항상 응답하시는 것은 아니라는 관점에서 생각해야 할지도 모른다(참조. 렘 23:23). 그러나 이 부분도 역시 제시되지 않았다. 이 시편은 무엇이 되었든 야웨께서 품고 있을 수 있는 신학적인 이유에 대해서 관심이 없다. 이 시편은 이스라엘 쪽에서부터 주어진 것이다. 그러므로 그 어떤 깊은 사색도 하지 않고 신학적인 질문도 결코 묻지 않으면서, 그저 이유를 설명할 수 없는 야웨의 부재라는 상황 속에서 야웨의 파트너가 된다는 것이 어떤 것인지를 단순하게 제시할 뿐이다. 상황이 너무나 절박하기 때문에 결국 아무 "이유"조차 제공될 수 없었다. 화자는 이런 이유들에는 관심도 없을 뿐만 아니라 그런 이유들이 아무 도움도 되지 못한다고 추측해 볼 수 있다. 도움이 필요한 급박한 순간은 모든 합리적인 대화를 소용없게 만들기 때문이다.

간구하는 기도가 응답받지 못한다고 해서 이것이 화자를 침묵시키지는 못한다. 어쩌면 화자는 사실 빈 허공을 향해 말하고 있는 것일지도 모르지만, 그러나 이것이 화자를 단념시킬 수는 없다. 이스라엘의 신앙도 이와 비슷하다. 응답하지 않는 하나님의 모습은 하나님에 대한 의심이나 무신론 혹은 하나님을 거부하는 쪽으로 이끌어 가지 않는다. 도리어 좀 더 강력한 부름으로 이어진다. 이 시편은 이스라엘의 신앙처럼 야웨께서는 거기에 계시며 또한 야웨께 반드시 부르짖어야 한다는 개념 안에 포함되어 있다. 설령 결코 응답하지 않으신다 하더라도, 야웨께 반드시 부르짖어야 한다.

3-9a절에서 화자는 야웨께 연속해서 이야기를 한다. 화자는 잔꾀를 부리지도 않고 계산하지도 않는다. 여기서의 언어는 응답을 얻어내기 위해 치밀한 계산 하에 제시되는 것도 아니다. 하나님께 아부하는 모습은 전혀 없다. 그저 분노만이 있을 뿐이다. 야웨께서 응답하시도록 설득하기를 원했다면 이런 방법이 도움이 되지 않지만, 이 화자는 이런 세밀함을 생각할 만한 여유가 전혀 없다. 야웨를 설득할 필요는 전혀 없다. 왜냐하면 그분께서 무조건 응답하실 것이라고 기대하기 때문이다.

3-4절은 "음부"와 "스올"(Sheol)과 관련된 전형적인 불평이다. 이것은 생명의 유일한 근원을 향해 울부짖으며 죽어가고 있는 사람의 목

소리이다. "음부"는 최종적인 심판이나 불같이 맹렬한 형벌의 장소가 아니다. "음부" 그곳은 오직 사귐의 범위를 벗어나 있는 곳이다. 하나님과의 사귐이란 이 화자에게는 분명 가장 중요한 모든 것이다. 5절에는, 세 개의 은유들과 네 번째 행의 클라이막스를 통해 "끊어진다"는 개념이 표현 된다. "죽은 … 무덤 … 다시 아니하시니 … 끊어진."

그러나 그 이후 6-9a절에서는, 판돈을 더 높인다. 이 사람은 믿을 수 없을 만큼 대담한 화자이다. 화자의 말에 의하면, 죽음이 오는 것뿐만 아니라 이런 일들을 야웨께서 야기하셨다고 한다.

> 주께서 나를 두셨사오며 …
>
> 주의 노가 나를 심히 누르시고,
>
> 주가 나를 괴롭게 하셨나이다 …
>
> 주께서 하시고 …
>
> 주께서 나로 … 하셨나이다.

화자는 완전히 도움이 없는 상황이다. 이 실패는 견고하게 고정되었다. 욥과 비슷한 모양새로, 화자는 이런 갑작스런 표현들이 응답을 불러 일으킬 것이라고 기대했을 수도 있다. 그러나 결과는 그렇지 못했으며 그저 더욱 더 침묵만이 계속될 뿐이었다.

9b절에서의 두 번째 부르짖음 이후에, 10-12절은 6개의 문학적 질문들 혹은 최소한 4개의 질문들을 던지는데, 이들 중 두 개는 두 부분으로 되어있다. 이 부분에 대해서는 여섯 개의 질문으로 보는 것이 좀 더 극적인 효과가 있다. 이 질문 모두는, 야웨께서 죽은 다음에 어떤 통치

권을 행사하실 수 있는지에 대해 묻는다. 여기엔 "사망/유혼/무덤/멸망/흑암/잊음의 땅"이 등장한다. 이것들은 화자가 이 안에 굴러 떨어져 있는 상황들이다. 화자는 만약 야웨께서 즉각 행동하시지 않는다면 틀림없이 더 깊이 떨어질 것이다. 그리고 우리는 야웨의 일상적인 행위를 특징적으로 보여주는 여섯 가지 단어들을 보게 되는데, 이 단어들은 죽음에 관한 여섯 가지와 상응을 이룬다. "기사 … 찬양 … 인자하심 … 성실하심 … 기사 … 구원하시는 도움."

단어들이 두 종류로 나열되는 패턴은, 화자가 있는 곳과 야웨께서 하시는 일 사이의 불균형을 보여준다. 문학적인 질문들에 대한 분명한 대답은 "아니요"이다. 야웨께서는 그의 전형적인 행위를 죽음 속에서는 행치 않으신다. 그러므로 만약 조금의 어떤 진전이라도 만들어지려면, 야웨께서는 반드시 죽음(지금 매우 가까이 있는) 이전에 역사하셔야만 한다. 이 언어의 긴박성은 야웨께서 지금 이순간은 생명을 공급하시는 역사를 여전히 행하실 수 있지만 앞으로 오랫동안 그렇게 할 수 있는 것은 아니라는 데에 있다. 만약 야웨께서 속히 역사하지 않으신다면, 기회는 없어질 것이고 죽음의 힘이 먼저 차지해 버릴 것이다. 화자는 완전히 망하게 될 것인데, 그건 야웨의 능력이 실패했기 때문이다. 그러나 여전히 응답은 없고 오직 기다림만 있을 뿐이다. 우리는 12절 이후에 여유롭진 않지만 조금은 길고 극적인 휴지기(pause)가 있다고 가정해 볼 수 있다. 그러나 결국 아무런 응답도 없으며, 그래서 부르짖음은 다시 시작된다.

14-18절에 마지막으로 나오는 갑작스런 애원은, 13절의 세 번째 호소 이후에 등장한다. 이제 시인은 직접적이고 분명한 고소를 하는 쪽

으로 이동한다. 14절에서, 두 개의 질문은 비난에 우선적으로 무게를 둔다. 15절은 상황을 한 번 더 묘사하는데, 이건 3-8, 10-12절에서 야웨께서 듣지 않으셨던 그런 경우이다. 그런 뒤에 이 시는 가장 거친 표현으로 정점에 이른다. "주의 진노가 내게 넘치고 … 주의 두렵게 하심이 나를 끊었나이다."

결국, 화자는 멀리 떨어지게 되고 흑암에 있게 된다. 이 시의 마지막 단어는 흑암이다. 아무것도 역사하지 않는다. 아무것도 변화하지 않는다. 아무것도 해결되지 않는다. 모든 것들이 생명을 부인한다. 가장 나쁜 것은 "멀리 떨어짐"이다. 이 표현은 두 번 서술되는데(8, 18절), 두 번 모두 הרחקת와 더불어 등장하면서 비난을 야웨께 고정시킨다.

그렇다면 이에 대해 무엇을 해야 한단 말인가? 기다리는 것이다. 바로 이것이 이스라엘이 아주 오랜 시간동안 해온 일이다. 내가 생각하기엔, 실천적으로 누군가가 계속해서 해야만 하는 일은 이 언어와 화자가 가장 밑바닥에 닿을 때까지 계속 반복해서 이것을 이야기하는 것이 아닐까 싶다. 이 사람은 두 가지 견해를 가진다. 침묵 속에서 기다리거나 혹은 다시 그것을 이야기하거나. 이 누군가가 해서는 안 되는 일은, 좀 더 쉬운 시편으로 달음박질하거나 혹은 야웨를 포기해 버리는 일이다.

이와 같은 시편이 성경 안에서 역할하는 기능은 무엇인가? 두 가지를 생각해볼 수 있다. 첫째, 삶은 그와 같은 것이며, 이 시편들은 그저 좋은 부분들에 대해서만이 아니라 삶의 모든 부분에 대해 말하려는 의도를 가지고 있다. 다른 부분들보다도 바로 여기에서, 신앙은 삶을 있는 그대로 직면한다. 둘째로, 우리는 이 시편이 의기소침한 침묵의 시편이 아니라는 것을 관찰할 수 있다. 그것은 여전히 이야기를 한다. 음부의 맨 밑바닥에서조차, 이스라엘은 이것이 야웨와 관계가 있다는 것을 여전히 알고 있다. 야웨께서는 이스라엘과 아무 상관이 없을 수가 없다. 이건 야웨의 문제이며 이스라엘이나 이스라엘 신학자들의 문제가 아니다. 이스라엘에게는 야웨께 맡기는 것 이외에는 다른 어떤 옵션도 없다. 이것은 이 세상 속에서 이스라엘의 정체성과 특징에 속한 일이다. 이스라엘은 생명을 주시는 그분의 말씀과 응답 속에서 야웨를 대해야만 한다. 그러나 이스라엘은 또한 침묵 속에서, 하나님께서 자리를 비운 부재 속에서 야웨를 대해야만 하기도 한다. 이스라엘은 이 분께 이야기를 하거나, 혹은 이스라엘이기를 그만두는 것 이외에는 다른 선택의 여지가 없다. 이런 고통스럽고 해결되지 않는 언어 속에서, 이스라엘은 순수하게 이스라엘이 된다. 이스라엘이 된다는 것은 심지어 하나님이 응답하지 않으시는 부재 속에서조차 하나님께 이야기한다는 것을 의미한다.

이 시편은 루터의 십자가 신학과 잘 어울린다. 십자가의 신학은 틀림없이 모든 영광의 신학, 모든 일들이 해결될 수 있다고 생각하는 신학, 해답들이 있다는 신학 그리고 우리는 "힘으로부터 힘으로" 간다는 신학에 반(反)하는데 영향을 미친다. 시편 88편은 우리에게 십자가가 무엇에 관한 것인지를 보여 준다. 완벽하게 절망스러운 장면들속에서의 신실함.

좀 더 바로 가까이에서 보도록 하자. 윌리엄 스틸론(William Styron)이 쓴 소피의 선택(Sophie' s Choice)에서, 스팅고(Stingo)는 자살한 두 명의 친한 친구를 묻기 위해 워싱톤에서 뉴욕으로 버스를 타고 슬픈 길을 가고 있었다. 스팅고가 버스에 올랐을 때, 아무 설명이 없이도 그는 한눈에 보기에 상실감에 차 있는 모습이다. 버스에서 그의 옆에 앉아있던 한 흑인 여성은 그의 필요를 보고서는 그에게 그녀의 최고의 선물을 준다. 그녀는 시편 88편을 대강 읽어주었다. 그 말씀은 위안을 주었다. 이 말씀들은 위로를 줄 수 있는 유일한 말씀이었을 것이다. 쉬운 말들은 아무 위로를 주지 못했었다. 그러나 이 시편은 위로를 줄 수 있었다. 왜냐하면 이 말씀들은 모든 현실과 사실들에 대항해서, 생명의 주님과 어두움 사이에 가늘지만 연결된 끈을 역설하기 때문이다.

사람은 높은 곳에서부터 내려온 확신을 바랄지도 모른다. 그러면 그것은 좀 덜 시시할 것이다. 그러나 높은 곳에서부터 주어지는 목소리가 침묵할 때, 이스라엘은 이쪽 편에서부터 가느다란 끈을 굳건히 세울 수 있을지를 결정해야 한다. 우리는 결코 알지 못한다. 이 화자도 모른다. 하지만, 이 언어는 어두움에 대항하고 있다. 이것은 움츠러드는 것이 아니라 도리어 끈질기며, 그뿐만 아니라 만약 거룩하신 분이 응답하기로 결정하신다면 그 응답은 약하거나 혹은 하찮은 것이어서는 결코 안 된다고 주장한다. 하나님께서 다음번에 말씀하실 때는, 이 무거운 짐에서 놓임 받게 해주시고 반드시 응답해 주셔야만 한다. 의심할 여지없이 바로 이점이 이 시편의 마지막 부분까지도 하나님께서 아직 응답하실 준비가 되어있지 않은 이유이다.

시편 88편은 성경적 신앙에 대한 현실주의가 두드러진 특징으로서 자리 잡고 있다. 이 시편은 목회적인 용도를 담고 있는데, 왜냐하면 쉽고 값싸게 해결책을 이야기하는 것을 반드시 피해야 만하는 그런 상황들도 있기 때문이다. 여기서의 말씀들은 흔히 사용되는 것은 아니지만, 그러나 이 말씀들은 말씀이 정직해야 하고 또한 너무 많이 주장해서는 안 되는 그런 한계 상황들을 위한 말씀들이다.

시편 109편

이 시편은, 우리의 일상적인 종교적 이해들과 비추어 볼 때 매우 문제투성이라는 점을 제외한다면, 시편 88편과 하나로 묶일 아무런 이유가 없다. 시편 88편이 하나님의 부재와 침묵에 집중하고 있는 반면, 시편 109편은 화자를 심각하게 능욕했던 다른 사람에 대한 복수심에 관심을 기울이고 있다. 나는 이 두 시편을 하나의 그룹으로 묶는데, 그 이유는 이 두 개의 시편들이 기독교 신앙의 중심 문제들을 구체화하고 있다고 믿기 때문이다. 아무 소용없는 것처럼 보이는 하나님을 의지하는 문제, 그리고 원수로 경험된 이웃을 돌보는 것과 관련된 문제. 이 두 시편들은 가장 위대한 두 개의 계명들(막 12:28-34)에 부정적으로 연결되어 있다. 시편 88편에서는, 임재하시지 않는 하나님을 사랑하는 것이 매우 어려운 일이다. 시편 109편에서는 사랑 저 건너편에 있는 것처럼 보이는 이웃을 사랑하는 것이 어려운 일이다.

시편 109편의 정확한 문젯거리는 성경의 "교훈적인" 부분에서 발견할 수 없는 내용인, 보복과 원수를 갚고야 말겠다는 열정들을 이 시편이 표현하기 때문이다. 이런 일반적인 문제를 언급하기 이전에, 우리는 이 시편에서의 이동과 주장에 관해 관찰해야 한다.

이 시는 공격적인 야웨신앙을 갖는다. 이 시편은 야웨께 불평을 토로하는 평범한 이야기로부터 시작한다. 첫 번째 구절은 야웨와의 친밀함을 단언할 뿐만 아니라, 야웨께 얼마나 많은 야웨의 행위가 이루어져야 하는지 기억하게 하기도 한다. 화자는 야웨를 향해 소망을 품는데,

이건 의심할 여지없이 과거의 언약 관계들이 이런 소망을 불러 일으켰기 때문이다. 화자는 야웨께서 그의 편에 서 주시고 현재 상황을 뒤집기 위해 간섭하실 것이라는 소망과 믿음을 가지고 있다. 이 소망과 믿음은, 신앙의 전통이 가능하게 만들어준다.

동일하면서 확실한 언약적 호소는 20-28절까지 한정되어 나타나는데, 이 부분은 시편의 나머지 부분들보다 훨씬 더 많이 언약적 언어를 사용한다. 20-28절 부분에는, 강력하고 직접적인 호칭 한 가지가 있다. 그러나 당신, 야웨, 나의 주여(21절). 이 호칭이 사용되는 시점은, 여기 묘사된 슬픈 상황이 사실은 야웨의 문제이며 책임이라고 화자가 야웨께 단언하는 때인데, 아마도 이 때가 이 시편에서 가장 결정적인 순간일 것이다. 이런 갑작스럽고 직접적인 이야기는 명령형들로 둘러싸여 있다. "나를 선대하시며, 나를 구원하소서[21절]...나를 도우소서, 오 주님 나의 하나님 … 나를 구원하소서" (26절).

이 호소들에는 세 종류의 토대들이 있다.

첫째, 주의 이름을 인하여(21절), 즉 당신의 명성을 유지하기 위하여, 하나님의 장엄하심을 향해 호소한다.

둘째, 21절에서 그리고 26절에서 다시 한 번 더, 야웨의 חסד를 향해, 언약에 대한 그분의 참여를 향해 호소한다. 그러므로 하나님의 신실하심, 하나님의 값비싼 참여를 향해 호소한다.

셋째, 22-25절에는, 매우 다른 종류의 호소가 나타나는데, 불평을 토로하는 시인은 자기 자신의 슬픈 모습을 묘사한다. 여기에는 하나님에 대한 언급은 전혀 없다. 이 언어는 자기 자신으로 가득 차 있다. "나는 가난하고 궁핍하여, 나의 중심이 … 나의 가는 것은 … 나는 불려가오며 … 나의 무릎은 … 나의 육체는 … 나는 훼방거리라."

이런 처절한 모습들이 분명 야웨를 움직일 것이라고 믿으면서, 이제 호소는 야웨의 동정심을 향한다.

장엄함, 신실함 그리고 동정심을 향한 복합적인 호소는, 우리가 생각할 수 있는 것처럼 포괄적인 동기부여를 한다. 이 가운데 두 번째가 야웨에 대한 언약적 이해의 핵심이지만, 그러나 다른 두 가지 역시 야웨의 적당한 관심들과 경향들을 보여준다. 화자는 전승을 통해 배워온 관계성의 모든 요소들을 이야기한다. 하나님에 대한 이스라엘의 이해 전체가 동원되었다. 동시에, 이 호소와 명령들은 궁핍한 화자에 관심을 기울인다. 여기서 촉구되고 있는 행동은 하나님과 이스라엘 이들 둘 사이에 발생하며, 이 모든 요소는 언약에의 참여와 언약적 기대들과 조화를 이룬다. 그러므로 이스라엘이 정기적으로 이야기하는 불평들에 대해 우리가 이해하고 있다면, 어떤 놀랄 일도 없고 큰 문제도 없다.

그러나 이 시편 대부분의 본론 내용은 매우 다른 종류로 되어있다. 2-19절의 긴 단락에서, 우리는 전혀 다른 세상에 들어가게 된다. 여기에는 비록 야웨라는 이름이 14, 15, 20, 27절에 등장하지만, 야웨를 향해 직접 호소하는 아룀은 한 가지만 있을 뿐이다. 이들 중 그 어느 것도 상투적인 것 이상이라는 인상을 주지 못한다. 이 단락 중 야웨께 명령형을 통해 호소하는 부분은 오직 6절뿐이다.

이 사례를 제외한다면, 이 단락은 야웨 기자(Yahwist)의 기도나 혹은 언약에 의한 언어가 아니다. 그보다는 깊은 상처와 모욕 때문에 고통받은 누군가가, 미움과 복수에 대한 바람을 다듬어지지 않은 형태 그대로 노래 부른 것이라 할 수 있다. 일련의 쩌시브(히브리어 명령형)들은,

이것이 기도문으로 채택된 바람들의 낭송(recital)이라는 것을 암시한다. 필요하다면, 하나님에 대한 언급 없이 막연한 바람들로 표현할 수도 있음을 보여준다.

2-4절에서 화자는, 부당하게 잘못 대우받는 것에 관해서, 그리고 선을 악으로 받는 것과 사랑을 미움으로 받는 것에 관하여 일반적인 불평을 토로한다. 핵심 구절(6절)에는, 특별한 집행관을 향한 요구가 있는데 이 집행관은 모든 잘못된 행동들을 아무 두려움이나 편견 없이 조사할 사람이다. 이는 재판에 대한 특별한 호소와 비슷한데, 왜냐하면 이 경우는 너무나 지저분하고 부끄러워서 평범한 조사 과정들은 제대로 역할하지 못할 것이고 또한 관습적인 처벌들도 부적절하기 때문이다. 그러므로 이 간구는 악의 대변자, 철저하게 악에 관계하는 자인 רשׁע에 대한 것인데, 이들을 조사하고 처벌해달라는 것이다. 일반적으로 "고소자"와 평행을 이루는 용어는 무언가를 시험하는 자인 "사탄"이라는 용어이다. 화자는 이를 진지하게 다루는 법정이라면 모든 법정에서 압도적인 증거가 제시될 것이라고 확신한다. 그는 이 모든 것들이 다 공표되고 모두 드러나기를 원하고 있다. 그러나 이 증거가 너무 끔찍하기 때문에 이런 문제에 능숙한 한 사람만을 선택하고자 한다. 왜냐하면 평범한 조사관은 그 악의 심각성을 발견하지 못할 수도 있기 때문이다.

그러나 그런 다음 7-20절에서, 화자는 그 조사를 속이고 싶어 한다. 화자는 이미 판결을 결정했다. 증거가 너무 명백하기 때문에 법원의 세밀한 모든 과정들을 다 수행할 필요가 없다. 이것은 판결을 향해 달려가는 것이다. "유죄!"(7절). 그러므로 절제되지 않은 분노 속에서, 그는 선고를 향해 달려가길 원한다. 여기에서 그의 상상은 그가 받은 상처와 모욕만큼이나 난폭해진다. 그는 판결 선고에는 공격자 그 사람뿐만 아니라 가족들과 재산까지도 반드시 포함 되어야 한다고 생각하며, 마치 모욕에 한계가 분명 없었던 것과 마찬가지로 책임에도 전혀 한계가 없어야 한다고 생각한다. 그는 채권자가 비웃음 당하기를 원한다. 그 누구도 자신이 21절과 26절에서 그토록 소망했던 바로 그 친절함이나 신뢰를 베풀지 않기를 원한다. 그는 단지 처벌만을 원하는 것이 아니라 이 사람과 이 사람의 기억과 이 사람의 이름과 이 사람의 미래까지도 사회적으로 완전히 매장되기를 원하고 있다. 이 사람이 행한 것처럼 행하는 사람은 공동체 안에서 또는 사회적으로 존재할 어떤 권리도 없다.

그리고 이 모든 것에 대한 구체적인 이유가 무엇일까? 그 구체성에 대한 설명이 부족하다. 우리는 그저 가장 일반적인 진술들만을 가지고 있을 따름이다. 악한 자는 그 어떤 חסד도 보여주지 않았다(16절). 그는 가난한 자들과 궁핍한 자들을 착취했다(16절). 그는 저주하고 축복하지 않았다(17절). 그는 쉽게 착취할 수 있는 사람들을 대가로 해서 자기 자신을 부요케 하는 기회들로 사용했다.

화자는 야웨께서 엄격한 보복을 주재하시고 그것의 보증이 되어 주시기를 소망한다. 그래서 그 결과 상급과 형벌이 공격자들에게 정확하게 주어지기를 소망한다. 우리는 이런 상응관계가 있는 세 가지 측면을 주목해야 한다.

공격자들은 가난한 자들과 궁핍한 자들을 핍박한다(16절). 22절의 간구는 야웨께서 불공평하게 착취당하는 가난하고 궁핍한 자들 편에서 일하셔야 한다는 것이다. 화자가 무관심한 관찰자가 아니라, 희생자 중의 한사람이며 또한 희생자들에 관해 이야기하고 있는 사람이란 점은 매우 분명하다. 회복된 궁핍한 자들(31절)이 결국엔 찬양하는 자들이 될 것이라는 약속도 나타난다. "가난한 자들" 이라는 모티브는, 학대(16절)로부터 간구(22절)와 찬양(31절)으로 이동해간다. 이 시의 일반적인 주장은, 고소당한 자들이 야웨와 이스라엘의 토라(율법)의 흠 없는 윤리 전승처럼, 궁핍한 자들에게 마음을 맞추지 않았다는 것이다. 8-12절의 바람은, 공격자들이 자신들이 학대했었던 자들같이 가난하고 도움을 얻을 수 없는 바로 그런 자들이 되는 것이다.

고소된 사람은 모든 강한 자가 행해야 하는(16절) חסד를 실천하지 않았다. 그래서 화자는 이제는 חסד가 있기를 소망한다(21, 26절). 화자는 든든한 보호를 받을 모든 권리를 가지고 있었음에도 불구하고 사악한 자로부터 그것을 받지 못했었지만, 이제는 든든한 보호를 야웨로부터 받고자 소망하고 있다. 12절에서는, חסד를 보여주지 않은 억압자 그 사람도 모든 곳에서부터 חסד를 받지 못하게 되기를 소망한다.

고소당한 자는 저주하는 것을 옷 입듯이 하고 있으며, 저주를 의복처럼 입고 있었다(18-19절). 화자의 소망은 이제 그가 욕으로 옷 입게 되는 것이다(29절). 옷이라는 이미지는 축복과 저주에 대해 좀 더 일반적인 표현으로서 역할한다. 공격자는 저주하고 축복하지 않았다(17절). 야웨를 향한 기도는 야웨께서 그런 저주들 면전에서 축복하셔야 한다는 것이다(28절). 이 기도는 좀 더 나아가 악한 자 자신이 했던 바로 그 저주를 당하게 해 달라고 간구한다. 이 기도의 전체 내용은 힘 있는 사람을 향한 비난인데, 이 사람은 생명을 공급할 기회를 갖고 있었지만 그 기회를 자기만을 위해 사용한 사람이다. 이로 인해 그는 비극, 저주 그리고 죽음을 불러 왔다. 이런 사람을 특징적으로 보여주는 것은, 욥기

31장과의 강력한 대조를 통해 나타난다. 욥 이야기에서, 욥도 역시 그가 가지고 있던 부와 힘을 가지고 상황과 일들을 변화시킬 기회를 가지고 있던 힘 있는 사람이었다. 그리고 욥은 그의 기회를 생명을 주는 방식들로 사용한다. 아마도 여기서 고소당한 사람은, 욥의 윤리적 민감함이나 열정들은 없으면서 장차 욥과 비슷한 어려움을 만나게 될 사람이다. 이런 사람과는 달리, 화자는 야웨께만 매달리고 있다. 덧붙여 말하자면, 이런 매달림은 마지막 단락 마지막 구문에 이를 때까지(욥 42:7-17) 욥 자신에게는 별로 도움이 되지 못했다.

마지막으로, 기대 했던 대로 30-31절에서는 학수고대하던 해결책과 그 결과인 기쁨이 등장한다. 다시 한 번 더 감사한다와 찬양한다는 동사들이 보기 좋은 교차대구법 구조로 배치된다. 화자는 그의 이웃들로부터 그의 생존을 공급받기를 소망했었지만, 그러나 지금 이런 소망은 오직 야웨께만 향해야 한다는 것을 안다(참조. 시 73:25). 도울 자가 아무도 없는 곳에서, 오직 야웨만이 궁핍한 자를 구원하시는 분이심을 화자는 확신한다.

이 시편은 언어와 관심에 있어서 매우 다른 범주로 이동한다. 한편으로, 이것의 언어는 다른 시편들과 마찬가지로 언약의 규범들과 기대들에 잘 훈련된 신실한 언약의 언어이다. 시편에 전체적인 윤곽을 제시해 주는 것은 다름 아니라 바로 이런 경향이다. 그러나 이와 더불어서, 그 부분의 언어는 이 시편에 완전하게 잘 통합되지 않은 두 번째 종류의 언어이기도 하다. 이 언어는, 훈련되지 않은, 야웨에게 초점이 맞추어져 있지 않은, 언약에 의해 형성되지 않은 언어이다. 원수 갚는 것을 추구할 뿐 아니라 제한 없이 자유로운 분노의 언어이다. 시편 109편의 열쇠는 이 두 가지 요소들이 서로 관련 맺는 정밀한 방식, 두 번째가 첫 번째에 종속되고 항복하는 방식에 있다.

시편 109편은 이런 병렬을 통해, 인간의 마음과 인간 공동체에서 이런 두 가지 병렬적 모습이 실제로 어떠한지를 사실적으로 보여준다. 그것은 야웨와의 언약관계를 주장하는 우리들이 어떻게 그럴 수 있는지도 보여준다. 우리는 한편으로 우리 도움의 유일한 근원이신 야웨를 향해 돌아선다. 그러나 그런 돌아섬과 더불어, 쉽게 조절되거나 다스려지지 않는 제멋대로 흘러가는 분노도 있다. 이런 분노는 야웨의 주권과 언약의 다스림에 복종하는 것에 쉽게 훈련되지도 않고 굴복되지도 않으며, 그저 직접적이고 파괴적으로 "악한 자"에게 다가서기를 원한다. 이 언어는 우리의 통제를 넘어서시는 하나님의 통치에 분노를 종속시키지 않음으로 해서 "당연한 과정"을 위장하고 싶어한다. 그러므로 이 언어는 리얼리즘(realism)을 표현하는 기회이다. 이 리얼리즘은 좋은 날이 온다고 고백하는 종교적 확신에 쉽게 복종하지 하지 않는 소외된 자들에게 표현의 자유를 준다. 이 생생한 영역들은, 평등과 균형을 이루는 날들에 관해서 우리가 상상하는 그런 타당성에 쉽게 종속되지 않는다.

이 시편의 움직임을 뒤쫓아 가는 것은 어려운 일이 아니다. 하지만, 우리의 주된 관심은 이 시편을 어떻게 신앙의 삶속에서 적절하게 이해하고 해석할 수 있는지를 묻는 것이다. 나는 우리가 복수의 실재성을 인정함으로써 이미 훌륭하게 시작했다고 생각한다. 어떤 사람들은 매우 억압적인 환경 가운데서 삶을 살았기 때문에 복수에 열중하지 않을 수도 있다. 다른 사람들에게는 삶이 너무 순탄하게만 흘러가서 이 시편이 그들에게 적합하지 않을 수도 있다. 그러나 나머지 사람들에게는, 이 시편은 리얼리즘 가운데서 사실적인 실재를 다룬다. 그것은 분노를 만들어내는 불공평과 착취에 대해서 잘 알고 있을 뿐만 아니라, 그와 같은 분노가 매우 끈질겨서 부인되지 않고 표현될 것임을 알고 있다. 이 시편은 이런 분노가 심지어 하나님의 임재 앞에서 다시 말해, 장엄, 신실, 열정으로 특징 지워지는 통치를 하시는 바로 그 하나님의 임재 앞에서조차 정당하게 표출될 것임을 안다.

하지만 그러한 분노는 야웨의 임재 앞으로 제출되지 못한다. 그것은 야웨께 종속되고, 그분에게 양도된다. 이 시편의 마지막 부분은, 억제되지 않은 자유로운 분노의 언어가 응답받게 되는 방식에 대해 보여준다. 그리고 이 방식대로 되는 이유는 야웨께서 그분 나름의 방법대로 이런 파괴적인 사람들을 다루시는 복수의 하나님으로 알려져 있기 때문이다(참조. 신 32:35-36, 41; 시 94:1). 하나님은 그저 용서하고 참기만 하시는 그런 단순하고 로맨틱한 하나님이 아니라, 심각하게 자신의 통치를 행하시고 파트너의 웰빙을 챙기시는 그런 하나님이시다. 생생한 분노의 언어는 야웨께 종속될 수 있다. 왜냐하면 야웨께서 이것을 심각하게 다루실 것이고 또한 행동하실 것이라고 확신을 가질만한 충분한 이유가 있기 때문이다.

화자가 하는 것처럼 분노를 야웨께 종속시킬 경우에 두 가지가 분명해진다. 야웨께 복종하는 것은 실제적이어서(real) 다시 취소될 수 없다. 이건 야웨께 그저 시험 삼아 한번 드려보는 그런 일이 될 수 없으며, 그렇기 때문에 만약 야웨께서 우리가 소망했던 것처럼 다루어주시지 않는다고 해서 취소할 수는 없다. 이와 같은 복종은 내려놓음, 즉 이슈로부터 진정한 해방을 가져온다. 하나님께서는 "복수는 나의 것이다" 라고 말씀하실 수 있고(신 32:35; 롬 12:19), 이는 "너의 것이 아니다"라는 말을 함축한다. 복종하는 파트너는 이제 더 이상 복수를 행하는 자유를 갖지 않는다. 허용되지도 않고 그럴 필요도 없다. 그러므로 이 복종은 찬양이나 감사를 마비시킨 짐을 벗게 해 주고 자유롭게 해준다. 두 번째 야웨께 복종하는 것은 야웨의 자유로운 행동에 복종한다는 것을 의미한다. 야웨께서는 복수해주실 것이지만, 그러나 하나님의 방법대로 하나님의 시간에 하신다. 그리고 우리가 바라고 소망하는 대로 가능한 것도 아니다. 야웨께서는 로봇이 아니다. 야웨께서는 우리의 폭력적인 열망을 채워주시지 않으며, 장엄함, 신실함 그리고 열정으로 표현될 수 있는 그분의 통치 자유를 통해 이런 폭력적 열망을 지나쳐 버리신다. 그러므로 이웃에 대해 야만인처럼 휘둘러댈 수 있던 행동들이 변해 이러한 것들을 하나님의 손에 완전히 맡겨놓을 수 있는 신앙의 행동들이 된다. 하나님께서는 그분이 원하시는 대로 다스리실 수 있도록 위임받는다. 그리고 화자는 다시 한 번 더 방해받지 않는 삶을 자유롭게 출발한다.

시편 109편은 매우 놀라운 해방의 몸짓이다. 한편으로, 그것은 화자를 자유로 데려간다. 다른 한편으로, 이 시편은 결코 만족될 수 없는 사회적 유혈사태 과정을 피할 수 있도록 한다. 그러나 이 시편은 그저 아무 문제도 없는 양 위장하거나 부인할 것을 요구하지 않는다. 왜냐하면 복수심 가득한 모습도 명료하게 충분히 설명될 수 있는 하나님의 힘찬 의지를 가지고 있기 때문이다. 하나님에 관한 언약적 평결은, 복수하고 말겠다는 끝없는 열망과 상응하는 대등한 것이다.

여기서의 언어는 건강한 인간이 생명력 있는 신앙과 상호작용한다는 것을 이스라엘이 이해했다는 것을 보여주기 때문에 매우 값지다.

이런 설명, 복종, 포기하는 것 이외의 다른 선택가능 한 대안에 대해서는 그저 두 가지 정도를 생각해 볼 수 있다. 한 가지 대안은, 분노와 복수에 대한 갈망이 결코 언어로 표출되지 않거나 혹은 아직 어떤 힘으로 인식조차 되지 않을 때, 그것들을 억압하고 누르는 것이다. 이런 분노가 복종하는 언어가 되지 않을 때엔, 이것은 마음에 사무치면서 좀 더 좋은 기회를 노릴 것이다. 두 번째 선택은 분노와 복수를 야웨께 복종하지 않은 채 언어로 표출하거나 행동으로 옮기는 것이다. 그렇게 되면, 이것은 아벨에 대해 가인이 취한 행동을 또 다른 측면에서 정당화시키는 것이 될 것이다. 둘 중 어느 쪽의 선택도 파괴적이고, 건강하지 못하며 신실치 못한 방법이다. 다시 말해, 억압의 방법이 억압하는 자를 파괴할 것 같다. 그러나 복종 없는 분노의 표현은 분노를 대놓고 행동에 옮기도록 이끌어 갈 것처럼 보인다.

이 시편은 분명 야웨를 복수를 부르짖고 있는 우리의 편에 놓고 있지만, 그러나 야웨의 임재는 단순한 장애물 역할이나 검열관의 역할을 넘어선다. 야웨의 임재는 우리를 자유롭게 하며 복수하는 것은 하나님의 지혜로운 방식으로, 그러므로 우리가 생각하는 것 이상으로 좀 더 분명하고 심오하게 이루어질 것임을 약속한다. 그 시편은 그저 단순하게 증오를 받아들이는 것만이 아니다. 그것은 분노를 언약의 형태들을 통해 효과적인 방식으로 처리한다. 분노를 억압하든 혹은 대놓고 행동하든 간에, 누군가가 복수할 필요를 느낄 때 그는 야웨의 언약의 통치권으로부터 삶의 그 부분을 보류시키는 것이다. 우리가 우리 자신을 위해 복수 하려는 마음을 여전히 유지하고 있다면, 그것은 우리가 그 부분을 야웨의 다스리심에 복종 시킬만큼 충분히 야웨를 의지하지 않는다는 것을 의미한다.

누군가는 "이 시편은 나랑은 아무 상관이 없어. 왜냐하면 나는 그런 분노를 가져본 적이 없으니까" 라고 결론지을지도 모른다. 이와 같은 반응은 그게 미덕인양 이야기될 수도 있겠지만, 나는 그런 누군가는 삶을 절반만 산 것에 불과하다고 생각한다. 이와 같은 시편을 만났을 때, "이 시편은 누구의 시편입니까?" 이렇게 묻는 것은 좋은 생각이다. 만일 내가 오늘날 그와 같은 방식으로 기도할 수 없다면, 그렇다면 나는 오늘날 도대체 어떤 사람이 그와 같은 방식으로 기도할 필요가 있는지 물어볼 수 있다. 오늘날 누가 이런 방식으로 기도하는 것에 관해 정당성을 인정 받을 수 있을까? 이건 성적인 피해를 본 여성의 목소리였을 수 있을 것이다. 그는 틀림없이 이런 종류의 분노와 좌절이 무엇인지를 알고 있어서, 적절한 결과인지를 알기 위해 "정당한 법적 절차" 를 필요로 하지 않는 사람이다. 이것은 사회 시스템을 통해 모욕을 받거나 혹은 야만적으로 취급당하고 있는 남아프리카(혹은 여기)에 사는 흑인의 목소리일 수도 있다. 혹은 이것은 전쟁에 지친 팔레스타인 소작농의 목소리였을 수도 있다.

이 시편을 통해서, 성도는 하나님을 진지하게 고민하는 사람들의 기도에 동참할 수 있으며, 그들의 운명이 너무나 무겁고 힘겨워서 이런 기도에 같이 동참할 누군가를 필요로 하는 그런 사람들에게 다가가 동참할 수 있다. 이와 같은 사람들에게 분노는 하늘로 전달되어야만 한다. 왜냐하면 호소할 만한 다른 법정이 그 어디에도 없기 때문이다. "이웃을 사랑하라" 는 명령은 분명 슬픔을 당한 이웃과 함께 법정에 가라는 것을 의미한다. 만약 우리의 기도생활이 오직 우리 자신의 필요에만 반응한다면 그건 너무 이기적인 일이다. 우리는 이런 타인들을 위한 기도에 참여하도록 초청받았으며, 비록 이런 시편이 우리 삶과 멀리 떨어진 것처럼 보인다 하더라도 명료한 표현, 복종, 내려놓음을 통해 이들을 돕도록 초청받았다. "법정에 가는 것"은, 법정에서 자신의 편이 되어줄 친구를 필요로 하는 사람들 편에 서서 또 다른 중재를 하도록 이끌어가는 일이 일어날 수도 있다.

결국, 시편 109편은 하나님의 다스리심을 확신한다. 이 시편은 강하고 분명한 확신으로부터 이동한다. 이 확신은, 이곳이 도덕적인 우주이며, 야웨께서 공평함과 불편부당으로 다스리고 계시며, 착취하는 자들은 결국 굴레를 벗을 수 없으며 반드시 변명하도록 명령받을 것이라는 확신이다. 이런 종류의 확신은 편안한 우리 삶 속에서는 그리 급하지 않은 것 일수도 있겠지만, 그러나 이 시편은 질려버릴 만큼 상처, 분노, 증오에 둘러싸인 모든 사람들을 위한 것이다. 이 시편은 분노에 대해서, 그분의 장엄함을 돌보시고 그분의 성실함을 명예롭게 하시고 열정을 향해 나아가시는 하나님께 나아가는 하나의 방법임을 확신한다. 우리는 이런 독설을 가지고 기도해야 할 만큼 가난하거나 빈곤하지 않을 수도 있겠지만, 그러나 이런 기도가 필요한 가난하고 빈곤한 사람들이 있으며 그들의 표현에 동참해 줄 타인이 필요한 사람들도 있다. 이것은 하늘 보좌로부터 새로운 질서가 내려오는 것을 열망하는 탈이 난 인생의 목소리이다. 하늘 보좌를 향한 바로 이런 부르짖음은 무질서와 혼돈이 결코 우리의 마지막 단어가 아니라는 소망의 행동이다. 이런 기도는 하나님 나라의 질서가 우리 가운데 충만하게 임할 때까지 반드시 기도드려져야 한다.

●●● 혼미에 관한 "두 번째 견해"

A Second Opinion" on the Disorientation

만약 누군가가 세상에 혼자 남아 있다면, 혼미는 방해받지 않는 모놀로그를 통해 조종될 수 있을지도 모른다. 하지만 오로지 "우리" 만이 있기 때문에, 우리 모두는 다 이야기를 한다. 우리의 언어는 반응을 불러 일으키지 못하기도 한다. 혹은 만약 누군가가 정위(定位)와 혼미가 자연적인 결과로 오는 것이라고 믿는다면, 그 불안정성은 우리가 통과해야 하는 "과정" 의 일부분으로 단순하게 간주될 수 있을 것이다. 그러나 이스라엘에게 혼미는 이런 방식 둘 중 그 어느 것으로도 간주되지 않았다. 혼미는 평범한 "과정" 으로 인식되지 않았다. 왜냐하면 실제 혼미는 위협이고 그것은 포용보다는 다른 종류의 반응들이 일어나게 만들기 때문이다. 이것은 또한 모놀로그적인 것으로 간주되지도 않았는데, 이스라엘에서는 삶은 항상 언약적이고 대화적인 것으로 이해되었기 때문이다. 변화된 상황들은, 항상 이스라엘뿐 아니라 하나님과도 연관되어 있다. 이스라엘은 이야기하는 것 못지않게 들을 것에 대해서도 기대한다. 이제 시편에서 혼미에 관해 우리가 가지고 있는 "두 번째 견해" 에 대해, 즉 시편이 야웨께 어떻게 기대하고 있는지에 관해 생각해 보고자 한다. 이런 시편들을 통해서, 야웨께서는 우리가 앞서서 제시했던 이스라엘의 관점들과는 매우 다른 방식으로 문제를 바라보고 있다는 것을 알 수 있다.

혼미는 정체불명의 상황이나 하나의 과정으로서 간주된 것이 아니라 관계에 있어서의 문제로 간주되었다. 하나님께서 적절하게 보호해

주시고 이스라엘이 “믿음과 순종”으로 응답할 때, 삶은 매우 안정적인 것이 될 것이다. 혹은 최소한 충분히 안정적이 될 것이라는 기분 좋은 확신을 가지게 된다. 안정성이 붕괴되었을 때, 이것은 관계를 맺고 있는 하나님과 이스라엘 양편 중 한편에서 다른 편을 향해 적절치 못하게 행동함으로써 관계가 실패했다는 것을 의미한다. 문제는 이쪽 편이나 혹은 다른 쪽 편에 있다. 매우 특징적이게도, 한쪽 편은 실패원인이 다른 쪽 편에 있다고 가정한다.

지금까지 시편의 혼미라는 큰 제목 하에서 이 언어가 야웨께 드려진 이스라엘의 언어라는 점을 깊이 생각해왔다. 전체적으로는, 야웨께서 적절하게 안정적인 삶을 보호하지 않았기 때문에 문제가 발생한 것으로 가정되었다. 만약 누군가가 창조 시편과 토라 시편의 찬송들에 나오는 확신들을 신뢰한다면, 이것은 쉽게 제외될 수 있는 결론이다. 그러므로 이 언어는 야웨를 향해 행동해 달라고 새로운 방법으로 긴급하게 재촉한다. 우리는 “전체적으로”라고 말하는데, 이런 일반화는 아주 중요한 한 요소에 의해 한정되기 때문이다. 이스라엘과 야웨와 더불어 “원수”가 상황의 세 번째 축을 형성한다. 때때로 시편 137편에서처럼, 혼미는 야웨나 이스라엘 그 어느 편의 잘못도 아닌, 누군가 다른 사람을 통해서 오기도 한다. 그러나 이 요소는 이런 기도들의 중심적인 역동성을 바꾸어 놓진 못한다. 비록 혼미가 원수에 의해 야기된 것이라 하더라도, 호소는 여전히 야웨께 드려진다. 이 호소는 원수를 향해 제발 그만두라고 호소하는 것이 아니다. 왜냐하면 그건 소망 없는 탄원에 불과하기 때문이다. 하나님께 드리는 호소는 야웨께서 상황을 바로잡기 위해 간섭하셔야만 하며 불안정한 상황을 만드는 자를 벌주셔야만 한다는 것이다. 때때로 야웨께서는 비난받기도 하며 혹은 그렇지 않기도 하다. 그러나 야웨께서 비난받지 않을 때, 그분은 결정적인 도움을 줄 수 있고 불안정한 상황을 간섭하실 수 있는 유일한 분으로 간주된다.

혼미에 관한 모든 시편들이 야웨를 향한 이스라엘의 언어만은 아니며, 또한 이런 모든 시편들이 현실에 대한 이스라엘의 관점만을 제시하는 것도 아니다. 혼미에 관한 노래들 모두가 혼미가 야웨의 잘못이거나 혹은 야웨께서 시정하셔야 한다고 여기는 것도 아니다. 몇몇 다른 시편들에서는, 야웨께서 이스라엘을 반대하는 입장에서 이야기를 하시며 언약이 회복되도록 하기 위해 이스라엘에게 회개할 것을 요청하는 시편들도 있다. 이런 시편들은 그저 가장 일반적인 방식에서만 탄식시편이라는 장르 특성을 공유한다고 말할 수 있다. 베스터만은 이스라엘에 대한 야웨의 탄식이 몇 가지 있다고 지적했지만, 그러나 이런 것들은 대부분 예언문헌들과 관련되어 있다. 즉 예언자적인 소송형태는 이스라엘에 대한 야웨의 "불평"으로서 역할한다. 그러므로 여기서 우리가 살펴보는 시편은 시편적인 문학보다는 예언자적인 문학과 좀 더 많은 공통점을 가지고 있을 수도 있다. 그런 시편들을 여기서 다룬 것은 이 시편들이 탄식이라는 공통적 장르이기 때문이 아니라, 그들이 혼미에 대한 경험을 또 다른 방식을 보여주기 때문이다(참조. 시 95편).

시편 50편

이 시편은 하나님의 언어이다. 하나님은 그의 언약파트너에게 언약을 파기한 문제들에 관해 언급하신다. 1-6절에 나오는 이야기 도입부 이후에는, 타협의 여지가 없는 율법 형태의 언어로 되어 있다.

1-6절은 야웨께서 그분의 왕의 위엄과 광채 속에서 장엄한 권능으로 오시는 묘사를 통해 신의 현현을 특징적으로 나타낸다. 이스라엘은 시내산에서 이런 권능이 온다는 전승을 가지고 있다(삿 5:4-5; 합 3:3; 시 68:8). 그러나 이제 여기서는 이 전승이 야웨께서 재판을 하시기 위해 시온 성전에서부터 오시는 것으로 대체되었다(암 1:2). 여기서의 신의 현현 묘사는, 원래는 폭풍우에 관한 언급이었을 수도 있다(참조. 시 29:3-9). 그렇기에 이 언어는 두려움을 나타내는 전형적인 표현이었을 것이다. 하지만 자세한 묘사를 위해 지금 사용된 이미지들은, 언약에 대한 불순종과 왕의 뜻에 대한 불순종에 관한 것들이다. 4절에는 천상회의의 소집(summons of the heavenly court)이 나오는데, 여기서의 만남 드라마는 이사야가 소명을 받으면서 경험했던 내용과 별반 다르지 않다(사 6:1-8). 천상회의에 관한 신화는, 언약을 다루면서 사용된다.

그러나 5-6절에는 주목해야 할 약간의 다른 점이 나온다. 우리는 더 이상 성전 전승의 광범위한 형식에 관여되지 않고, 모세 언약에 대한 구체적인 언어들을 듣게 된다. 다음의 4개의 단어들이 이 점을 보여준다. "나의 성도(חסידי)" "언약" "공의" "심판"(마지막 네 번째 단어를 "정의"라고 읽어서 앞에 나온 "공의"와 평행을 이루게 하는 것도 가능하긴 하지만). 다른 한편으로, 이 만남은 야웨께서 그의 언약 파트너에 대해 심각하게 실망하신 기대에 관한 것이다.

7-15절은 하나님께서 이스라엘을 향해 자신의 주권성, 자신의 독립성, 자신의 타자성을 주장하시면서 하나님께서 친히 증거 하시는 주목할 만한 선언들이다. 이 부분은 우리가 가지고 있는 선포들 중 하나님의 "하나님 되심" 에 관해 가장 높이 고양된 선포 중 하나이다. 하나님께

서는 사실 이런 방식이든 혹은 다른 방식이든 간에 이스라엘의 경배를 통해 고양되실 필요가 전혀 없는 분이시다. 8절은 야웨께서 희생제사에 대해서는 책망할 일이 없으시며 제사가 하나님께서 받으실 만하게 적절한 경배형태로 잘 이루어지고 있음을 보여 주지만, 그러나 이스라엘이 그런 예배에 대해 결코 착각해서는 안 된다는 점을 보여준다. 하나님께서는 그런 희생제사들을 원하지도 않으시며 필요로 하지도 않으신다. 위대하신 하나님께서는 마치 인간들이 하나님을 불쌍히 여기면서 하나님을 양육하려고 노력이라도 하는 양, 양육되고 공급 받기 위해서 이런 제사들을 의지하시는 것도 아니다. 여기서의 하나님은 이스라엘에 얽매여 있는 모든 필요들로부터 벗어나 계신다. 이스라엘은 하나님이 이스라엘과 영속적으로 관계하고 계신다는 것을 알고 있고 의지하고 있다. 하지만, 야웨의 편에서는, 이 관계는 자유로운 열정의 부분일 뿐 필요의 부분은 아니다.

뒤이어서는 야웨께 드려진 것으로 보이는 제사제물의 완전한 목록이 나온다. 수소, 수염소, 짐승들, 생축들, 새들. 야웨께서는 전체 피조세계를 하나님 그분의 방식들로 명령하신다(참조. 출 19:5). 하나님께서는 이스라엘을 의지하지 않으신다.

14-15절에서 그렇다면, 이스라엘은 적절한 것이 무엇인지에 대해 듣는다. 첫 번째로, 희생제사들과 제물들이 있게 될 것인데, 이것들은 받을 만한 것이고 또한 하나님께서 받으신다. 두 번째로, 하나님과의 좀 더 결정적이고 참된 관계는 아마도 야웨를 의지하며 그분께 매달리는 것이라 할 수 있다. 이 표현에서도, 비록 비난이긴 하지만 간결한 약속이 나온다, "내가 구원할 것이다." 하나님과의 올바른 관계라면, 하나님

을 우리와 대등하거나 혹은 가난하고 굶주린 파트너로 취급하지 않는다. 도리어 그보다는 하나님을 의지하고 또한 하나님께서 구원하실 준비를 하셨음을 알게 된다. 그러므로 부르심과 구원하심이 이 믿음을 형성한다. 하나님과의 관계에서 거부되는 또 다른 선택은, 필요와 공급이다. "부름…구원"은 우선순위를 매우 분명하게 유지한다. 그 관계성은 하나님의 통치와 그분의 구원하시려는 뜻에 바탕을 둔다. "필요…공급"의 종교는 이런 진리를 왜곡시켜서, 하나님이 참여하시지 않을 필요와 만족이라는 패턴 안으로 하나님을 끌고 들어간다. 시편 50편은, 야웨께서 이스라엘의 명령자이거나 혹은 손님이라는 개념을 계속해서 유지한다.

우리는 이 진술이 이야기하고 있는 이슈가 무엇인지에 대해서는 모른다. 왜냐하면 이점에 대해서는 듣지 못했기 때문이다. 그러나 여기 사용된 단어들은 이 시편이 하나님과 이스라엘간의 관계 악화를 저지하려 하고 있으며, 이 관계가 점차적으로 우호적이고, 따뜻하고 상호적인 것이 되게 하려는 것임을 알려준다. 이 관계를 한쪽 상대방이 다른 상대방을 은혜롭게 섬겨주는 평등한 관계로 약화시키는 경향에서는, 하나님의 독특하고 결정적인 주도권은 상실되거나 혹은 양보되었다. 고대세계에서는 아마 이런 기울어진 관계는 율법적인 제사 제도를 고안해 내는 것과 상관있었을 것이다. 오늘날 우리의 입장은, 하나님의 거룩하심을 눈먼 인자함으로 붕괴시킨 것이 아닐까 싶다. 이와 같은 모든 유혹에 대항해서, 이 시편은 하나님과 이스라엘 간의 간격과 질적인 차이를 주장한다. 그 결과 구원을 베푸시는 은총은 오로지 한 방향으로만 움직인다.

이 시의 마지막 단락인 16-23절은 악한 자들을 향해 특별히 아주 무자비하고 가혹한 말을 한다. 그 악한 자들이란 언약을 존중하지 않는 자들이고 하나님을 의지하는 것을 터무니없는 것으로 여기는 자들이며 지금 막 주장되었던 하나님과의 질적인 차이를 인정하지 않는 그런 자들이다. 이것은 6절에서 도화선이 된 공의의 이행인 것이다. 비록 7-15절이 언약파기가 얼마나 심각한 일인지를 강조하기 위한 삽입어구 해석의 한 종류라고 할지라도 말이다. 하나님은 이스라엘과의 동등성에는 분명 관심이 없으시며, 이유 불문 하고 온전히 행하는 순종에 관심을 기울이신다. 악한 자들에게 부과되는 처벌은 이 시편의 이면에 자리 잡고 있는 혼돈이 누구로 인해 야기된 것인지를 분명하게 해준다. 이 혼돈을 야기한 것은 하나님이 아니시고, 분명 이스라엘이다. 이것은 언약 법규들이 낭송되기는 했지만 완전히 무시되어 토라가 하찮게 되었을 때 일어난다(16-18절). 악인들은 언약의 요구들을 무시하는 자들(19절)이고 그들 마음대로 행하는 자들이다. 그들이 기뻐하는 일은 십계명의 후반부를 연상케 하는 도적, 간음, 비방(18-20절)과 같은 일들이다.

마지막으로, 우리는 21절에서 총괄적인 주장에 대한 단서를 갖게 된다. 우리는 이제 왜 7-15절의 경고가 그렇게 날카로웠고 또한 왜 18-20절의 느슨한 행동이 일어날 수 있었는지를 듣게 된다. "네가 나를 너와 같은 줄로 생각하였도다" 이스라엘은 하나님을 그들 자신과 동일한 기준을 가지고 판단하고 평가했었다. 이것은 인간을 높이고 고양하는 것이라기보다는 하나님을 외소하게 만드는 것이다. 하나님이라는 단어, 즉 야웨라는 이름은 악한 자에게 있어서는 더 이상 거룩함에 대한 무게감 있는(כבד) 주장이 아니다. 그리고 하나님께서 영화롭게 되지 않고 그저 평범한 집안의 우상정도로 전락했을 때, 즉 십계명의 첫 번째 부분이 진지하게 취급되지 않을 때, 이웃과의 관계들을 다루고 있는 두 번째 부분도 그 권능과 강제적인 권위를 상실하게 될 것이다. 결국 그러면 심판이 있게 된다(21b). "타자" 이신 하나님의 실제성은 인간 삶의 사람다움을 보호해준다. 만약 인간사회에 무질서가 있게 된다면, 그 뿌리는 하나님의 통치권이 상실되고 흔들리는 데서 찾을 수 있다. 그 결과(22절)는 구원을 약속하신 하나님(15절)이 구원을 행치 않으신다는 것이다. 구원하시는 하나님은 또한 찢으시는 분이시기도 하다(욥 5:18; 호 6:1). 언약을 깨는 사람들은 언약의 주님이 주시는 보호하심을 의지할 수 없다. 그들은 그들 스스로를 위해 무질서를 선택한 것이고, 그들이 선택한 것을 얻게 된다. 하나님의 거룩하심이 하찮은 것이 되어버리는 곳에서는, 인간의 삶도 값싼 것이 되어버린다. 인간의 삶이 값싼 것이 되어버리는 곳에서는, 거룩한 하나님의 구원의 능력도 알려지지 않게 될 것이다.

마지막 구절은 이스라엘에게 이런 방종과 포기를 대신할 또 다른 선택이 있다는 것을 알려준다. 올바른 제사가 있다. 그것은 감사로 드리는 제사인데, 하나님이 삶을 변환시키신다는 것을 고백하는 것이다. 삶을 이와 같은 위치에서 살아가는 사람들은, 순종, 신뢰, 그리고 적절한 고백의 "길로" 가는 사람들이다. 이런 자들을 하나님께서는 구원하신다. 그러나 구원은 하나님이 하나님 되시도록 하는 자들에게만 주어질 수 있다.

여기에서 하나님의 참된 영화는 신학적이거나 혹은 문학적인 수식어구가 아니다. 그것은 계명들에 대한 것이고 인간 관계성들의 올바르고 순종적인 질서에 대한 것이다. 하나님께서는 이런 연결에 냉철하신 분이시다. 지금까지 우리가 고찰해 온 탄식 시편들과는 대조적으로,

여기에서는 이스라엘이 결코 이야기하지 않음을 살펴보았다. 이스라엘은 그저 듣기만 할 뿐이다(7절). 그리고 이스라엘이 들을 때, 그것은 하나님의 통치하심에 향해야만 한다. 바로 이것이 충분한 안정성을 지닌 삶에서, 가장 중요한 이슈이다.

시편 81편

시편 81편은 시편 50편과 밀접한 연관성을 가지고 있는 시편이다. 만약 무언가 다른 점이 있다면, 81편에서는 주장을 담고 있는 행들이 좀 더 명확하다는 점이다.

1-5절은 시편 50:1-6절에서처럼 만남을 위한 부름에 해당하지만, 그러나 분위기는 사뭇 다르다. 여기에는 신화적인 경이로움은 그리 많이 등장하지 않는다. 왜냐하면 지금은 하나님의 몰아붙이시는 언어가 예배의식의 축제에 위임되기 때문이다. 한 세기 전의 학자들은 언약갱신을 위한 정기적인 의식에서 이 시편을 찾아 내었다. 비록 지금 우리는 그러한 의견에 많이 매력은 느끼지는 못하지만, 이 가정도 여전히 유효한 가정이다. 우리는 축제음악 가운데서 하나님이 현현하시는, 예배의식의 행진처럼 들리는 것을 본다.

4-5절이 구체적으로 어떤 의미인지는 불분명하지만, 이 부분은 이스라엘이 바로 창조 때와, 출애굽 때로부터 특별한 섭리 하에 있어 왔다고 주장하는 것으로 보인다. 이 율례는 뒤이어 나오는 내용의 근거가 된다. 이와 같은 섭리가 구체적으로 무엇을 의미하는지 추측하기는 불가능하지만, 그러나 이 구절은 이스라엘이 애굽을 탈출했던 출애굽 구원을 암시한다. 만약 그렇다면, 우리는 최초의 해방 법령이 이스라엘이 이

제 야웨께 속해 있다는 선언인 것으로 생각할 수 있다. 그러므로 이스라엘은 이렇게 자유하게 하시는 주님께 신중하게 응답해야만 하며, 다른 어떤 형태의 압제에도 굴복해서는 안 된다. 이 구별됨은 아마도 출애굽기 11:7에서 주장되었던 내용이 아닐까 싶으며, 또한 레위기 25:42에서 내용을 받지 않았나 싶다. "그들은 내가 애굽 땅에서 인도하여 낸바 나의 품군인즉 종으로 팔리지 말 것이라." 갈라디아서 5:1에서는 이 명령이 조금 다른 형태로 반복되는데, 갈라디아서에서는 하나님의 백성들이 복음 안에서의 자유를 위해 부름 받았음을 주장하면서 다른 주인을 위해서 일하는 것으로 종의 멍에를 메서는 안 된다고 주장한다. 이 시편에서는 자유함과 구별됨에 대한 명령이 고찰된다.

5b-10절은 이스라엘의 신앙의 기억을 다시 되돌아보는 내용이다. 폰 라트(Von Rad)는 이 부분이 이스라엘의 구원 낭독에 대한 최초 형태의 글이 어떻게 개조 되었는지를 보여주었다. 이 부분은 굴욕을 연상케 하는 것을 통해 출애굽을 이야기하면서 시작한다. 그리고 나서 이 부분은 결정적인 단어들인 "불렀다 … 건졌다 … 응답했다"라는 단어들을 사용하는데, 이 단어들을 통해 모든 내용들이 연결된다(참조. 출 2:23-25; 3:7-10). 이 부분은 7b절에서 광야체류의 초기 사건으로 옮겨간다.

8절은 이 시편에서 중요한 구절이다. 이 구절은 이 노래의 중심을 하나님의 구원 행위들로부터 계명들로 옮겨간다. 그렇기에 이 부분은 "듣는 것"(שמע)이 이스라엘에게 근본적으로 요구되는 일이라고 선언하는 신명기 6:4절을 반복한다. 지금 이 명령형이 발하되는 모습에서, 어쩌면 우리는 이미 책망을 감지할 수도 있다. 언약의 역사는 '들음'에 대한 초대로부터 시작하지만, 그러나 그 역사의 과정은 듣는 것을 거절하는 역사였다.

9-10절은 이스라엘의 신앙에 대한 중심적인 주장들이 담겨있다. 9절은 중추적 계명이면서 또한 전체 십계명을 연상하게 하는 내용으로 사용되었을 수도 있다. 이 구절은 좀 더 간편한 방식으로 토라 전체를 요약한다. 우리는 무엇이 문제의 핵심인지를 알 수 있는 단서를 듣게 된다. 이스라엘은 다른 목소리들을 듣고 있다. 이미 출애굽할 때 계명이 이점에 대해 경고했었다. 왜냐하면 다른 목소리들은 다른 순종으로 이끌어 가고 그 결과는 노예가 되는 것임을 전승은 알고 있기 때문이다.

그러나 이 노래는 명령으로 끝나지 않는다. 구원 행위로 끝난다. 10절은 6-7a구절의 핵심을 뒤집어버리며, 출애굽 구원을 근본적인 것으로 재차 주장한다. 더불어서, 10b절은 예견 가능한 절이다. 제안은 여전히 유효하다. 야웨께서는 이스라엘을 풍성하고 안전하게 만드시고자 그들을 먹이시기로 약속하셨다(정확하게는, 시편 50편에서는 야웨를 위해 이스라엘이 할 수 없는 일들인). 이스라엘은 그저 보호하시는 야웨의 통치권 아래에 있는 것만이 필요할 뿐이다.

이 지점까지 모든 것들은 근본적으로 과거형이다. 지금에서야 이 언어는 중요점에 도달한다. 듣는 것에 초청된 사람들이 지금까지 듣지 않았다(11절). 듣는 것을 거부하는 것을 통해, 그들은 하나님의 통치권을 거부하는 것이며 그러므로 하나님의 구원하심도 거부하는 것이다. 왜 문제, 심판 혹은 혼돈이 있게 되었는지에 대해 더 이상 미심쩍은 의심은 있을 수가 없다. 대답은 매우 단순하다. "듣지 않는 것이 죽음으로 이르게 한다." 야웨께서는 이스라엘로 하여금 그들이 원했던 것을 소유하게 하신다. 이스라엘은 다른 주들과 다른 신들을 원했고, 이제 이스라엘은 그들을 소유하고 있다-압제의 형태로. 여기서의 주장은 신명기 32:37과 밀접하게 평행을 이룬다. 믿음 없는 자들은 그들이 섬겨왔고 의지해왔던 신들에게 버린바 되어졌다.

경멸스럽게 그리고 아마도 고통스럽게, 야웨께서는 다른 신들은 신들이 아니며 구원할 수 없다는 것을 알고 있다. 바이에를린(Beyerlin)이 보았던 것처럼, 동일한 신학이 사사기도 지배하고 있다. 이스라엘이 다른 신들 뒤를 좇아갈 때, 이스라엘은 그에 수반되는 압제를 받게 된다. 이스라엘은 실제로 자유롭게 되었지만(6-7, 10절), 그러나 토라에 대한 무시는 출애굽을 원상태로 되돌려 버릴 수 있고 이스라엘을 비극으로 되돌아가게 한다. 이것은 혼돈으로 이르는 확실한 길이다.

이 시편에 대해 주목할 만 한 점은 야웨께서 움직이신다는 점이다(13-16절). 이스라엘이 출애굽이라는 과거 좋았던 시대나 기적적으로 하나님께서 먹여주시던 시대로 결코 돌아갈 수 없다는 것은 너무나 분명하다. 그러나 하나님의 은혜를 통해, 이스라엘이 그들 스스로 만든 11-12절의 혼란 속에 영원히 남아있을 필요가 없다는 것도 역시 분명하다. 야웨의 경이로움과 이 시편이 전하는 소식은 이스라엘이 또다시 듣는 자리로 초청되었다는 것이다(13절). 이것은 야웨 편에서의 열망이며 간절한 촉구이다. 야웨께서는 이스라엘이 그들의 운명을 따라 떠나가 버리는 것을 원치 않으신다. 야웨께서는 새로운 삶을 향해 함께 움직이실 준비가 되어있다. 형벌에 질질 끌려 다닐 필요가 전혀 없다. 오로지 이스라엘이 이제 언약에 대한 믿음, 언약을 순종적으로 듣는 것으로 들어간다는 신호만이 필요할 뿐이다.

14-16절은 지금 주어질 축복들에 대한 노래이다. 이 축복들은 항

상 주어질 수 있는 것들이었다. 그러나 놀라운 점은, 지금 막 이스라엘을 향한 고발이 표현되었음에도 불구하고 이 축복들이 새로운 시작을 통해 지금 활용할 수 있게 되었다는 점이다. 이 구절들은 안정성의 새로운 정위(定位)가 어떤 모습으로 보일 것인지를 특징적으로 보여 준다.

첫째, 억압받는 백성들에 대한 정치적 자유. 억압은 공동체가 공의를 시행하면서 끝이 났다(14-15절).

둘째, 10절에서의 "채움"을 성취시켜 주는 경제적 풍요(16절)는 이제 충족되어진다. 농작물들은 자라날 것이다. 굶주림과 부족함은 끝날 것이다. 광야에서보다도 반석이 더 기적적이 될 것이다. 온전한 만족이 있게 될 것이다.

그리고 지불되어야 할 값은 그저 듣는 것뿐인데, 이 듣는 것은 다른 그 무엇에도 만족의 근원이 없다고 인정하는 행동이다.

시편 81편은 좀 더 정확한 방식으로 정위(定位)-혼미(昏迷)-새로운 정위(定位)라는 전체 패턴을 표현한다. 옛적의 구원행위(6-10절)는 웰빙에 대한 기억을 보여준다. 11-12절에서 혼미를 보게 되고, 13-16절에서는 아직 주어지지 않은 것에 대한 기대를 보게 된다. 이 세 가지는 각각 동사 שמע(들으라)에 의해서 특징지어 진다.

첫째, 내 백성이여 들으라(8절)

둘째, 내 백성이 내 소리를 듣지 아니하며(11절)

셋째, 내 백성이 나를 청종하며(13절)

여기서의 하나님의 언어는 이스라엘이 야웨와 함께하는 모든 방법을 함축한다.

탄식 시편들을 고찰하면서, 우리는 혼돈이 야웨 탓이라는 개념에 대해 주장했었다. 시편 50편과 81편을 살펴보면, 혼돈이 이스라엘로 인해 생겨난 것이라는 정반대의 주장이 만들어진다. 두 가지 판단 모두 성경적이며, 두 가지 모두 경청할 필요가 있다. 하지만 내가 이런 순서로 다루었다고 해서, 두 번째 주장(50편과 81편에서의)이 더 좋은 주장이라거나 아니면 탄식시편들의 주장을 대체한다고 주장하는 것은 아니다. 만약 그렇게 한다면 문제는 불순종 때문에 생겨나는 것이라는 안정성 시편들의 주장으로 돌아가는 것이 될 것이다. 우리는 마찬가지로 이 시편들을 정반대 순서대로 제시할 수도 있었을 것이다. 주목할 점은 이 두 가지 주장들 모두 만들어질 수 있다는 것이다. 성경적인 신앙은 어느 한 쪽만 강요해서는 안 된다. 시편을 목회적으로 민감하고 예리하게 사용하기 위해서는 주어진 모든 상황들 속에서 어떤 표현과 설명이 개인적으로나 신학적으로 신실한 것인지를 결정하는 것이 필요하다. "두 번째 견해"가 항상 올바른 것만은 아니다. 때때로 첫 번째 의견이 완강하게 유지되어야 할 필요도 있다.

"일곱 개의 시편들" The Seven Psalms

많은 시편들은 파트너들 간의 삶이 꼬여있는 혼미의 경험에 관심을 기울인다. 그러므로 우리가 지금까지 살펴온 혼미 시편들은 외적인 문제들로인해 경험되는 혼미에 초점을 맞추는 경향이 있다. 즉 야웨의 포기, 혹은 이스라엘의 불성실, 혹은 세 번째 등장인물들의 적대감으로 인해, 화자는 불행하고 참을 수 없는 적어도 부분적이나마 부당한 환경들을 경험해왔다. 이런 것들은 언약 공동체가 언약이 적절하게 기능하고 있을 때에는 생각하지 않는 종류의 상황들이다. 질병, 고독, 투옥, 죽음. 이와 같은 혼미 시편들은 "외적"이며, 이런 외적인 모습을 통해 이 시편들은 눈에 보이는 부정적인 상황들을 지적한다. 또한 이런 시편들이 추구하는 해결방식이 공식적이고 법적인 관계들이라는 의미에서도 외적이다. 이 시편들은 여전히 토의들을 벌이는데, 이 토의들은 안정적인 정위(定位)의 범주들을 따라서, 그리고 어떤 점에서는 그런 방향으로 돌아가려고 열망하는 범주들을 따라 이루어진다.

이제 우리는 혼미를 내적-영적-자기반성의 친밀한 이슈로 경험하는 시편들에 초점을 맞추고자 한다. 내적이라는 것과 외적이라는 구분은, 매우 조심스럽고 신중하게 이루어져한다. 왜냐하면 이스라엘은 어떤 종류의 이원론(dualism)이나 분기점 중심의 분리를 결코 가정하지 않기 때문이다. 분명하게도 여기서의 시편들은 개인적이거나 혹은 공동체의 육체적 삶에 관한 언급이 없다라는 의미에서는 "내적"이지 않다. 이것은 심각한 오해가 될 것이다. 아마도 내적이라는 단어보다 좀 더 좋은 단어는 친밀한일 것이다. 어떤 용어가 사용되든 간에, 내가 말하는 요지는 이 시편들이 말하고 있는 공식적인 설명과 주장의 범주들이 이것들이 다루고 있는 이슈의 강렬함에 비하면 부적절하다는 것이다. 이스라엘과 야웨라는 쌍방은 상대방 쪽으로 직접적으로 떠맡겨진다. 양자 모두 거리를 두는 관습적인 분위기를 의지하지 않는다. 이들 간에는 새로운 무언가가 행해져야만 하며, 이것은 오로지 서로를 향한 날카로운 분투를 통해서만 일어날 수 있다. 이런 구분을 만들어 나감에 있어서, 나는 이 구분이 뚜렷한 범주로 굳어지는 것을 원하지 않는다. 그저 경향이나 뉘앙스만을 언급하는 의미가 되기를 바랄 뿐이다.

여기 시편들에서는 다른 종류의 민감함들과 다른 분위기의 언어들 그리고 다른 질문들을 만난다. 이런 시편들에서 화자는 선뜻 죄를 인정하는 경향이 있다. 야웨의 책임으로 돌려지는 잘못이나 혹은 제 삼의 부류에게 책임을 전가하는 그런 잘못은 없다. 이것은 마치 공공연한 허풍이 다 소진되었고 이제 양 측은 사건에 직접 몰입해야만 하는 것과 비슷하다고 할 수 있다. 인정된 죄악은 분명히 혼돈이라는 결과를 낳는다. 그러나 하나님은 물론이고 화자는 관계성에 대한 가능성에 대해 몰두하는 만큼 혼돈에 대해 몰두하는 것은 아니다. 우리가 가지고 있는 것은, 파괴적인 성향을 가지고 있는 옛날의 범주들, 오래된 안정성들로부터 새로운 가능성으로 나아가려는 것에 대한 시험이다.

이런 일곱 개의 시편들을 하나로 묶는 것은 교회의 예배적 삶에서 오랜 기간 동안 확립된 전통이다. 이 시편들은 회개를 위한 특별한 묶음으로 다루어져 왔으며, 루터는 새로운 의로움을 표현하기 위한 특별한 자료들을 이 시편들 속에서 발견했었다. 사실 이 시편들은 하나님과 이스라엘과의 관계에서 새로운 무언가가 요구되는 강렬한 순간에 대한 선포들이다. 그리고 이렇게 요구되는 새로움은 이스라엘과 야웨 양 편 모두를 향한 명령을 만들어낸다.(우리의 논의는 이 시편들 중 네 개에만 국한될 것이며, 이 네 개의 시편들은 이 그룹 전체 시편들의 공통적인 주제들을 보여줄 것이다).

시편 32편

이 시편은 쉽게 세 부분으로 나뉘어 지는데, 그중 가운데 부분이 우리가 살펴볼 가장 본질적인 내용을 담고 있다.

1-2절은 지혜로운 가르침으로서 일반적인 주제 진술을 한다. 이 부분의 공식은 마치 산상수훈 중 팔복에서 사용된 것과 비슷하다. 이 주제 진술은 "복이 있는 사람들"에 관해 묘사한다. 복이 있는 사람들은 허물에서 자유로운 사람들이 아니라, 그것을 넘어서서 이동할 수 있는 사람들이다. 시편기자는 교훈적인 방식으로 가르침의 처음 부분에서 결론을 선언한다. 여기 제시된 지극한 복들은, 오랜 경험 속에서 축적된 것들을 반추하면서 도출된 결론이다. 여기서의 결론은 용서받는 것이 충만한 삶을 살아가기 위해 가장 필요하고 절실한 일이라는 것이다. 시편은 죄 없이 살아가는 삶이라는 사색적 질문에 대해 걱정하지 않는다. 시편은 죄를 가정해서 전제하고 있다. 시편은 용서받지 못한 죄가 갖는 살인적인 부담에 대해 관찰해 왔고, 또한 용서가 새로운 삶을 위한 능력이 된다는 것을 알고 있다. 온전한 용서는 삶을 주고, 뿐만 아니라 성공하는 자유도 허용해준다. 2절에 나오는 "당치"(חשב)라는 단어는 중요하다. 왜냐하면 이 단어는 야웨께서 아브라함을 의롭게 "여기셨다"는 창세기 15:6과 평행을 이루는 용법이기 때문이다. 야웨께서는 악하다고 "판단하셨을"수도 있다. 그러나 야웨께서는 진실로 용서받은 삶에 대해서는 그렇게 판단할 필요가 없으시며, 또한 그렇게 판단하시지도 않는다. 계속해서 죄악을 범하는 것은 실제로 용서받은 사람에게 해당되는 모습이 아니다. 야웨와 더불어 해결된 관계 속에서 살아가는 것은 가능하다. 이것은 결코 어루만져 주시지 않는 그런 삶과는 매우 다르다. 이

렇게 야웨와 함께할 수 있는 위치에 있게 해 주시니, 이 얼마나 좋은 선물인가!

3-7절에서 시편기자는 자기 자신의 경험을 함께 나누는데, 이 경험은 1-2절의 결론을 유발시킨 경험이다. 이 구절들에서는, 매우 오랜 역사 속에서 되풀이 되었던 죄악과 용서라는 특별한 경우에 관해 다시 이야기한다. 가장 강력한 증언은, 사색적으로가 아니라 그저 실제로 무엇이 일어났는지를 일인칭으로 이야기하는 것이다. 이 경험은 부정적인 것과 긍정적인 것 이렇게 두 부분으로 구성되어 있다. 첫 번째로, 3-4절에서 시편기자는 죄의 짐이 매우 무거웠을 때 무슨 일이 벌어졌었는지를 묘사 한다-하나님께 고하지 않고 자신을 통해 인식되지도 않는. 이 죄가 진짜라는 점을 주목하라. 이것은 객관적인 신학적 자료들이며, 자아와 하나님간의 실제적인 힘이기도 하다. 이는 정신적인 환원주의나 혹은 "죄의식"을 언급하는 것이 아니라, 죄가 하나님과의 삶을 가로막고 있음을 정직하게 인식하는 것이다. 이런 가로막힘은 인식되지 못한 채 계속될 수 있는데, 우리는 자기를 기만하는 충분한 능력을 갖고 있기 때문이다.

이 가로막힘은 이를 가지고 있는 사람에게 영향을 끼친다. 여기에는 정신적인 실제현상들에 대한 심오하고 명료한 이해가 있다. 몸은 언약 파기에 대한 대가를 치른다. 체중이 줄고, 불안, 안절부절못함 그리고 연약함 등이 그렇다.

긍정적인 선언은 5절에 등장한다. 이 구절에서는 야웨께 죄악을 고백할 때 오는 믿을 수 없는 편안함을 묘사한다. 필요한 모든 것은 바로 이것뿐이다. 이 구절은 죄에 대한 세 가지 기본적인 단어들을 교차대구적인 구조로 사용하고 있다.

악(허물, sin)

죄(iniquity)

죄악(transgression)

죄(iniquity)

악(sin)

이는 매우 단순한 형태의 언약 행위와 잘 부합된다.

내가 고백하였더니/당신이 용서하셨다(אודיעך / נשאת)

두 개의 이동 간에는 아무것도 없다. 용서하는 행위는 다른 어떤 조건이나 다른 조건을 고려하지 않고 고백의 행위 뒤에 직접 좇아온다. 3-4절에서의 괴로움과 5절에서의 용서가 내포하고 있는 전체적인 차이점은 야웨께 고백하느냐 그렇지 않느냐이다.

6-7절에서는 모든 것들이 명백하게 변화한다. 이 구절들은 3-4절의 고정화에 대해 날카로운 대조를 형성한다. 이 구절들은 모든 사람들에게 기회로 주어질 수 있다(6절). 그러나 중심 요점은 7절에서의 개인적인 경험이다. 주는 나의 은신처시오니, 환난에서 나를 보호하시고, 구원의 노래로 나를 에우시리이다. 이것이 죽음의 "거대한 홍수"(6절)로부터 건져 내시는 방법이다. 이 시편의 중간 부분은 이동에 대해 간결하게 이야기한다. 무기력(3-4절), 고백(5절), 구원과 웰빙(6-7절). 1-2절의

결론이 선언된 것은 결코 놀라운 일이 아니다. 하지만, 단순한 진술이라고 해서 여기에 제시된 통찰력을 놓쳐서는 안 된다. 혼미속의 모든 것들과 미래의 삶을 위한 모든 것들, 그리고 하나님과의 관계에서의 모든 것들-모든 것들은 야웨께 숨기지 않고 그분께 알려 드리며 고백하는 것에 달려 있다. 핵심적인 동사인 "아뢰다"(ידע)는 "침묵하다"(חרשׁ)와 대조를 이룬다. 프로이트(Freud)보다 훨씬 이전 시기에, 이 시편기자는 고백의 힘과 말해진 것을 통해 편안함과 용납되어지는 느낌을 가져야 할 필요, 그리고 듣고 응답할 수 있는 자에게 실제로 자세히 말함으로써 오는 자유함에 대해 이해하고 있었다.

신학적인 수준의 측면에서 보자면 이 시편은 우리가 복잡한 현대 성속에서 놓칠 수 있는 가정 한 가지를 매우 분명하게 한다. 여기에는 하나님의 실재성과 책임의 실재성, 분명한 기대 그리고 이런 분명하고 피할 수 없는 관계성에 복종해야 할 필요성에 대해서는 전혀 의심하지 않는다. 하나님은 임의적이거나 혹은 하나의 가정이 아니며, 율법을 제정하시고 우리가 관계 해야만 하는 명확하고 결정적인 파트너이시다. 죄악은 파괴적이 될 수 있다. 이 시편에서는 이것이 한 가지 이유가 된다. 그러나 충분히 포용되고 고백된 죄악은, 새로운 이동, 삶에 대한 새로운 수용 그리고 하나님과의 새로운 교제를 허용해 준다. 오로지 이러할 때만 죄는 해결될 수 있으며 또한 순수하게 포기된다. 시편은 다른 대안들이나 선택들은 없다고 단언한다. 하나님께서 조롱당하실 수 없는 것처럼, 몸의 반응도 속일 수 없을 것이다. 죄악으로부터의 자유는, 그것을 포용하고 하나님의 은혜를 통해 그것이 다루어지기를 요구한다.

시편기자는 이미 벌어진 논쟁거리가 될 수 없는 경험에 대해 나눈 뒤에, 8-11절에서는 1-2절의 교훈적인 자세로 되돌아간다. 자유를 향한 이 길을 발견한 사람은 그것을 나누기를 원한다. 즉 8절은 이런 나눔이 다른 사람이 듣기를 원하는 것 이상의 것임을 보여준다. 9절에서는, 듣는 사람을 향해 완고하지 말라는 권면을 한다(참조. 사 1:2; 렘 8:6). 우리는 완고해서 전체적인 요점을 놓칠 수도 있다. 어쩌면 죄악에 대해서 전혀 모르고 있고 또한 죄악을 다룰 필요도 없는 노새처럼 되는 것이 더 나을지도 모른다(9절). 예레미야는 이러한 고집 센 저항에 대해 알고 있었다(렘 18:12). 그러나 그것이 우리의 운명이 되어야 할 필요는 없다. 시편 32편은 선택(10절)과 더불어 결론을 맺는다. 한 사람은 저항하면서 구원받지 못한 채 고통 속에서 살 수도 있다. 그러나 이와는 달리 야웨의 회복케 하시는 חסד를 경험할 수 있다. 사람은 이 둘 중 한 가지를 선택할 수 있다. 그러나 두 번째 방식만이 자유와 능력과 기쁨으로 이끌고 간다. 새로운 삶으로 들어가는 "좁은 문"은 하나님께 복종하는 것이며, 하나님의 거룩하신 뜻과 대면하고 우리 삶의 실패와 대조를 이루는 것이다.

시편 32편은 매우 다른 방법으로 다루어질 수 있다. 나는 이 주석과 설명이, 용서라는 요소들을 알고 있어서 끈질기게 모든 사람들의 경험을 도덕주의로 몰고 가려는 그런 독선주의의 "도구"로 사용될까봐 두렵다. 내가 생각하기에, 그건 이 시편의 요점이 아니다. 이 시편의 요점은 두려움 가득한 도덕주의로의 초청이 아니다. 혹은 이 시편은 우리 문화의 뿌리 깊고 근본적인 도피주의로 초청하는 것처럼 사용될 수도 있다. 그러나 내가 제시하는 것은, 고백되어야 하는 악들이 일련의 종교적 죄악들은 아니라는 점이다. 그것은 우상을 만들어내는 우리 시대의 이데올로기들과 얼마간 연관되는데, 이것은 삶의 모든 부분을 경영이라는 차원으로 축소시키고 하나님의 거룩함이 가지고 있는 두려움을 종교적인 고상함으로 만들어버린다. 여기서 제공되는 교제의 회복에는, 우리들을 불안함과 연약함에 얽어매고 있는 우리 문화를 작심한 듯이 비평하는 것도 포함한다. 이 시편은 우리로 하여금 우리 문화가 능력과 번영과 성공이라는 이름으로 모든 것을 부인하고 억압하고 완전히 덮어버리는 방식들을 통해 생각하도록 이끌어간다. 이 시편이 결국 권하고 있는 것은 포기하는 것이다. 이에 반해서, 우리 사회의 가치들은 포기하지 않는 통제와 조절을 지향하고 있다.

종교인들은 1-2, 8-11절의 교훈에 대해서는 시끄럽게 떠들어 대면서도, 그러나 대가를 지불해야 하는 3-7절의 변혁적인 행위에 대해서는 등한시 하려는 유혹을 받는다.

시편 51편

시편 32편은 고백의 필요성에 관해 증언하며, 5절에서 우리는 이 점에 관한 짧은 선언을 듣는다. 그러나 시편 32편의 주된 부분들은 죄악이 고백되어야만 한다는 내용이다. 시편 51편은 소외의 위기 중심부를 향해 좀 더 가까이 이동하며 실질적인 고백의 전형을 제공한다. 우리는 여기에서 시편기자가 그것을 실제로 행하는 것을 보게 된다.

1-2절은 우리에게 기본적인 주제들과 고백에 관한 어휘를 제공해 준다. 이 시편의 남은 부분들은, 이런 시작 부분의 선언에 대한 적용들을 살펴보는 내용으로 다루어질 수 있다. 한편으로는, 용서와 은혜에 대한 기본적인 단어들이 제시된다. 야웨께서 보여 주셔야 할 모든 것들이

목록으로 나열된다. 인자, 자비, 긍휼, 이런 세 가지 언어들과 더불어 도말하다, 씻기시다, 깨끗이 하다. 야웨께 아뢰는 간구는, 언약적인 것과 제의적인 것 두 가지 구조의 단어들을 포함한다. 야웨께서는 모든 것에 왜곡된 행동을 하는 사람에 대해 주도권을 잡을 필요가 있다. 주장되고 있는 언약적 단어들과 요구되고 있는 제의적인 행동들은 상호 배타적이지 않으며, 그렇다고 해서 동일한 것도 아니다. 이 시편은 용서에 대한 제의적 행동들이 이를 통해 야웨의 실제적인 용서를 만들어내는 것으로 간주한다. 제의적 행동은 실제적인 행동이며 또한 변화를 가져오는 행동이다.

다른 한편으로, 이 시편은 우리가 시편 32편에서 보았던 것과 마찬가지로 다시 한 번 더 화자로 하여금 중추적이고 주요한 어휘를 사용하게 한다. 악, 죄, 죄악. 그 결과 화자는 아무것도 감추지 않는다. 그는 이후 시편 저자의 태도를 보여준다. "내 손에 아무것도 없나이다" 이것은 빈 손 뿐인 사람의 기도이다. 그러므로 이 단어들은 적절한 복음적 조화를 보여준다. 한손으로는 자아의 상실을; 다른 한손으로는 하나님을 향한 절대적인 신뢰를 완성하라.

실제 고백은 3-5절에서 제시된다. 지배적인 단어는 "내가 안다"이고(나는 알게 되었다, 나는 고백한다, 나는 인정한다), 같은 단어가 시편 32:5절에서 사용되었다. 여기엔 그 어떤 논쟁도 없다. 화자는 관계에 있어서 모든 잘못이 자기 자신 편에 있다는 것을 인정한다. 야웨를 향한 어떤 자극도 하지 않으며, 야웨께서 궁극적으로 옳다는 것을 순수하게 인정한다. 이런 기본적인 앎은 세 가지 진술들을 통해 뒷받침된다.

진정한 죄는 하나님과의 관계를 깨뜨린 것이다. 전승(그리고 표제어)에는 이 시편이 다윗이 나단 선지자와 만났을 때 그의 죄를 고백하는 것이라고 되어 있다(삼하 12:13). 언뜻 보기에는, 대부분의 죄는 사회적 영역에서 행해진다. 그러나 여기에서 시편기자는 그 죄를 도덕적이거나 윤리적이거나 사회적이거나 혹은 정신적인 것이 아니라 신학적인 문제로 간주하고 있다. 문제는 죄가 하나님의 신성을 더럽힌다는 점이다. 이것은 다른 사람들은 상처 받지 않는다는 의미가 아니다. 그러나 잘못된 것을 바로잡는 것은 다른 그 무엇에 대한 것이 아니라 하나님의 "하나님 되심" 에 관심을 두고 있다. 현 시대에서는, 이 시편이 우리에게 잊혀졌던 실재를 각성시키고 있다. 우리의 분리된 삶들은 결국 하나님과 마주해야만 한다.

하나님은 궁극적으로 의로우신 편에 계신다(צדק, 4절). 이점이 탄식 시편들에서 항상 공통적인 확신이었던 것은 아니다. 우리는 이 시편 내용으로 다른 탄식 시편 내용들을 일반화 시켜서는 안 된다. 왜냐하면 다른 시편들에서는 하나님께서 항상 올바른 편에 서 계신 것은 아니라고 주장하기 때문이다. 우리가 모든 본문들을 살펴볼 때면, 성경적인 신앙은 항상 하나님께서 올바른 편에 서 계시지 않다는 책임에 대해 개방성을 남겨두고 있다. 욥은 이런 책임을 강하게 제기했었다. 그러나 여기에서 이 점은 논쟁되지 않는다. 바르트(K. Barth)가 반복해서 주장하는 것처럼, 죄악의 실재를 음침한 것으로 만드는 것은 다름 아니라 하나님의 의로우심이다. 여기에서, 성경의 다른 모든 본문에서 만큼이나 하나님과 피조물인 인간 사이의 차이점은 매우 극명하게 나타난다. 이 차이는 관계적인 것이다. 문제가 되는 측면은, 하나님의 의로우신 거룩함과 의롭지도 않고 거룩하지도 않은 하나님의 파트너에 관한 것이다.

5절의 선언은 손쉽게 오해될 수 있다. 이 부분은 성행위가 악한 것이라는 것을 의미하는 것이 아니며, 이 화자가 삐뚤어진 출발을 하고 있거나, 혹은 그 어머니가 도덕적으로 문제가 있는 것도 아니다. 그보다는 화자는 그가 첫 출발부터, 원칙에 있어서 순전히 죄악을 저질렀음을 선언하고 있다. 이 화자가 이렇게 짐을 지지 않았던 때는 결코 한 번도 없었다. 나는 이것이 의학적인 선언이 아니라 화자가 자기 자신을 하나님의 의로우심 앞에 드러내면서 시적인 솔직함을 가지고 표현한 것으로 취급한다. 누군가는 이런 표현들이 시편에 흔하게 나타나는 제의적 과장의 일부일 뿐이라고 말할지도 모른다. 우리는 이 선언을 존재론적으로 "인간론"으로 다룰 필요가 없다. 중요한 것은, 이와 같이 격렬한 대립의 순간 속에서 화자가 아무런 주장도 하지 않는다는 점이다. 참으로 "그에게는 아무 안녕도" 없다.

6-14절에 이르는 중간부분의 긴 단락은, 화자가 자신을 위해 할 수 없는 것들을 하나님께 해 주시도록 요청하는 일련의 명령형들로 되어 있다. 6절은 주목해야 할 낯선 선언이다. 이 구절은 하나님의 진실함에 대해 이야기하며, 화자는 신뢰할만하고 의지할만하고 참되어야만 한다는 하나님의 소망에 관해 이야기한다. 하나님의 이 원하심은 여기에서 보좌 앞에 이끌려나온 실제적인 허위의 삶과 대조를 이룬다. 그러므로 이 기도는 지혜에 대한 것이다. 새롭고 책임성 있는 삶을 가능하게 만들어주는 분별의 지혜에 관한 것이다. 이 기도는 근본적인 어리석음이라는 분명한 특징을 가지고 있는 옛 삶에서 이탈하는 것이다.

뒤이어 하나님께 아뢰는 명령형들이 나온다. 제거하라, 씻으라, 채우라, 숨기라, 도말하라, 창조하라, 놓으라, 멀리하지 말라, 취하지 말라, 회복하라, 건져내라. 화자는 생명을 가져다 줄 수 있는 행동들, 하나님이 취하실 수 있는 모든 범주의 행동들을 망라하고 있다. 몇 가지 양상들로, 화자는 하나님께 새로운 삶을 가능하게 만들어달라고 요구한다.

7-9절에서는 이미 1-2절에서 사용된 단어들과 더불어 주로 제의적인 언어에 대해 다루고 있다. 화자는 죄의 얼룩과 수치를 제거하기 위해 육체적으로 제의적인 씻음을 할 준비가 분명 되어있다(참조. 요13:8-10). 실제로 이것은 고백된 짐에 대해 공개적으로 진행된다. 8절은 시편 32:3-4절에서처럼 얼마간의 육체적인 문제가 죄로 인해 발생한 것처럼 보이며, 그래서 제의적인 치료가 전 인격을 회복시킨다. 6절에서 지혜에 대한 요구가 있다는 것과 여기에 뼈를 회복시켜 달라는 간구가 있다는 것을 주목하라. 이 두 개의 모티브는 잠언 3:8에서도 함께 나타난다. "[지혜가] 네 몸에 양약이 되어 네 골수로 윤택하게 하리라" 시편 51편은 우리 삶에서 죄의 물질적 영향을 이해함에 있어서 그리고 죄가 우리 육체들에게 무엇을 하는지를 이해하기 위해서 얼마나 많은 일을 해야만 하는지 알려준다. 만약 죄의 실재성이 물질적인 것이라면, 그렇다면 우린 이 문제를 극복하기 위한 제의적인(가시적이고, 육체적인) 방법들을 행해야만 한다. 이 시편은 우리 안에 있는 진정 근본적인 혼미에 대해서는 "이야기하는 것" 그 이상의 무언가가 필요하다고 알려준다.

10-12절은 다시 한 번 육체에 관한 언급을 동반하면서 개인적인 회복을 요청한다. "정한 마음"은 새로운 출발, 새 삶에 대한 능력을 의미한다. 이 구절들에서는 세 번에 걸쳐 "영(spirite)/바람(wind)"(רוח)이라는 단어가 등장한다. 첫 번째는 새 삶을 시작할 기회인 새로운 영을

요구하면서 등장한다(참조. 겔 36:26). 나머지 두 가지 경우는 생명을 주는 "바람"이 하나님의 선물임을 인식하는 것들이다. 우리는 11절에서 "성령"에 관한 교리를 만들어서는 안 된다. 왜냐하면 이 구문은 그저 단순하게 생명을 주는 "바람"이 전적으로 하나님의 선물임을 고백하는 것이기 때문이다. 간구는 육체적인 회복을 위한 것이다. 그러나 동시에 여기서는 육체가 하나님의 신선한 바람에 의지하는 것임을 알고 있다. 이것이 언약적 이원론이 아니라 각각의 순간들마다 하나님의 선물이 필요하다고 이야기하는 것임을 주목하라. 이것이 없다면 육체는 제 역할을 할 수 없게 된다(참조. 시 104:29-30).

만약 이 본문을 어떤 근거에 토대를 두고 다윗과 연결할 수 있다면, 우린 다윗 내러티브의 처음 부분에서(삼상 16:13), 다윗이 영/바람을 받았고 이 점이 통치를 가능케 했다는 점을 주목해야 할 것이다. 실제로 만약 그것이 없었다면 그는 통치할 수 없었다. 우리아와 밧세바에 대한 그의 생각할 수도 없는 행동에 관해서, 전승은 다윗이 그로 하여금 통치할 수 있게 해주시는 야웨의 능력을 상실한 것으로 인식하고 있다. 다스리게 하시는 바람은 야웨께서 기쁘게 허락해 주시는 것이지만(참조. 사 11:2), 그러나 이것은 결코 소유물이 되지는 않는다. 신뢰와 의지하는 것을 통해 그것을 붙들 수 있다. 죄는 다윗과 우리들을 향한 하나님의 왕적인 위임을 파괴할 수 있다. 이와 같이 완전히 이질적인 죄는 우리를 능력 없는 존재로 전락시키고 우리가 삶을 살아가는 데 있어서 권위 없는 자로 만들어 버릴 수 있다. 이점에 대해 시편기자는 너무나 잘 알고 있다. 그는 자기 자신을 완전히 하나님의 처분에 맡겨놓고 있으며 왕적인 삶을 가능하게 만들어주는 하나님의 선물들을 다시 달라고 요구하고 있다.

우리는 이런 통찰력에 대해 생각해 볼 것이 많다. 다스리시는 바람을 마치 우리 소유물인양, 그래서 우리가 선택하는 대로 마구 사용할 수 있는 것처럼 그렇게 행동해 왔다. 그리고 우리가 살아가는 세상에 대한 다스림을 상실해버린 지금, 힘에 대한 의지를 남용했기에 바람이 떠나게 만들었고 그 결과 우리 스스로를 그저 우리만의 상상력과 우리만의 기술과 더불어 남겨지게 만든 것은 아닌지 생각해 봐야 할 것이다. 오늘날의 세계를 관측해 보면, 우리들이 생명을 주는 통치에 권위를 부여하시는 하나님의 능력이라는 선물을 갖고 있는지 의심하게 된다. 이런 깊은 회개의 행동은, 다스릴 수 있는 능력의 선물을 다시 받게 해주는 자세가 무엇인지를 추정한다.

이 단락은 결정적인 간구뿐만이 아니라 소망이 나오는 14절에서 결론 맺는다. 자기 자신을 완전히 하나님께 내려놓은 이 화자는, 이제 감히 이 순간의 텅 빔을 넘어서서 앞을 내다본다. 이미 여기에는 자기 자신을 완전히 포기하는 사람들에게 주어지는 새 바람의 중요한 무언가가 이미 주어졌다. 그리고 그 선물과 더불어, 이 시편은 새로운 정위(定位)로 향하는 과정 중에 있다.

비록 이 시편이 다른 탄식시편들에 비해 매우 다른 관심과 매우 다른 종류의 시편이기는 하지만, 여전히 탄식시편의 기본적인 구조들을 유지한다. 14절 이후에는 결정적인 방향 전환이 등장한다. 15-17절에서는 분위기가 변한다. 몇몇 확신들이 흡사 이미 주어진 것처럼 보인다. 1절에서 요구되었던 חנן, חסד, רחם(은혜, 인자, 긍휼)들이 이제는 아마도 허락된 것 같다.

자기 자신을 낮추었던 그 입술이 이제는 하나님을 찬양할 수 있다(15절). 이 구절은 종종 제의적인 기도로 사용되곤 한다. 그렇게 사용된 다른 많은 경우들과 마찬가지로, 이런 사용은 직관적으로 올바른 일이다. 그러나 이것이 정황과 별개로 취해지게 되면, 그 힘은 대단히 약화된다. 전체 시는 누군가가 심오한 포기와 비움에 속하게 될 때까지는 입술을 향해 찬양하도록 요구할 수 없다는 것을 보여준다. 이것은 이 시편의 하나님께서 종교적인 관행을 원하시는 것이 아니라(제의적인 기도 이후에 종종 드려지는 것들과 같은) 상한 심령만을 원하시기 때문이다. 17절에서 특징적으로 표현되는 상한 심령은, 한 사람의 영혼을 산산이 부수는 것, 한 사람의 심령이 깨어지는 것(참조. 사 57:15)을 요구한다. 참된 경배와 새로운 생활은 다시 한 번 더 하나님 편에서 시작하기 위해 자기 자신을 포기하는 것을 요구한다. 그러나 그 깨어짐은 정신의학적으로 상(傷)하는 것이 아니다. 이것은 경제적인 짐을 내려놓는 것, 정치적인 위험감수, 우리 자신들을 보호하기 위해 우리가 사용해온 모든 형태의 힘과 권력들로부터 한걸음씩 멀어지기는 것을 의미할 것이다. 우리가 이 시편을 다루는 방식은, 여기서 가장 필요한 일인 비움이라는 일이 이 시편을 누가 기도하느냐에 따라 매우 다른 형태들이 될 수 있기 때문에 종종 편협한 환원주의가 되어 버리곤 한다.

결론적인 구절들인 18-19절은 다소 어색한 첨가이다. 이 구절들은 틀림없이 후에 첨가되었다. 아마도 16절의 선언을 부정하는 것으로 보이는 예루살렘 광신도에 의해 첨가된 것이다. 하지만 우리는 이 구절들이 내포하고 있는 의도에 관해서 좀 더 면밀한 설명을 발견할 수 있을 듯하다. 16-17절에서는, 하나님께서 원하시는 것이 제사가 아니라 내려놓음이란 점이 분명하다(참조. 삼상 15:22; 호 6:6). 한 사람이 정말로 내려놓았을 때, 모든 것들 즉, 언약적인 경배와 동물 희생제사들 까지도, 적절한 행위가 될 수 있지 않을까? 이것은 오로지 내려놓음 이후에만 적절하다. 즉 17절보다 앞에 나온 구절인 16절에서 금지된 내용들이, 17절 이후 18절에서는 야웨께서 받으실만한 내용들이 된다. 성경은 무엇이 받으실만한 것인지 목록을 만드는 것보다는 마음과 의도의 변화에 관심을 기울인다. 이전에는 금지되고 제외되었던 것들이, 이와 같은 변화가 일어난 이후인 지금엔 합당한 예배의 형태가 될 수도 있다.

어떤 경우든 간에, 이 시편은 깊은 혼돈에 빠진 삶이 삶을 다시 시작할 수 있는 고뇌에 찬 방법이 무엇인지 그 행방을 좇아간다. 우리는 이 시편을 다윗의 삶 속에 자리매김하려는 전통적인 방식(표제와 마찬가지로)에 대해 짧게 생각해 볼 수 있다. 비록 일반적인 학자들이 그런 주장들에 대해 별로 신뢰하지 않는 경향을 가지고 있긴 하지만, 그러나 이런 자리매김이 불가능한 것은 아니다. 우리가 가지고 있는 것은 어떤 특정한 상황에 예속되지 않은 매우 구체적인 고백이다. 이 시편은 그 사건이 역사적으로 사실이었든 혹은 그렇지 않든 간에 다윗-밧세바-우리아 사건과 어떤 연관성이 있다면 무언가 가치를 가질 수도 있다. 그 사건의 죄악은 궁극적으로는 성적인 타락이나 혹은 살인이 아니라, 하나님으로 향한 교만의 죄악이며 또한 사람이 야웨의 율법이나 야웨 없이도 삶을 살 수 있고 자율적으로 살아 갈 수 있다고 생각하는 것이다. 이 죄악은 어떻게 해서든 계명들을 배제할 수 있다고 생각하는 것이다. 이제 이 시편이 견지하고 있는 것처럼, 신앙의 삶에 있어서 두 가지 순간들을 강조하는데, 그중 하나는 책임이 누구에게 있는지를 반드시 규정해야할 무질서의 심각함에 대한 것이고, 다른 하나는 하나님이 억압하실 수 없고 도리어 자유롭게 공급해주시는 새 삶의 가능성이다. 이 두 가지 확언들은 복음적 신앙의 핵심을 이루며, 이 시편도 여기에 매우 견고하게 뿌리를 두고 있다.

이 시편은 위험스럽게도 우리 자신의 상황에 매우 가까이 다가온다. 우리는 마치 다윗이 그랬던 것처럼 스스로 판단하고 행동하는 "성인이 된" 것으로 생각하기 때문이다. 우리는 우리의 일상의 삶을 명령하고, 공공정책을 만들고, 이런 전제위에서 기구와 조직들을 만든다. 우리는 다윗이 그랬듯이 "바람"이 떠나시는 순간으로 인해 우리 삶이 삐걱거리면서 고통 때문에 절뚝거리는 것을 발견하게 될 수도 있다. 우리는 다윗보다는 사울과 좀 더 비슷할 수도 있다(삼상16:14). 이 시편에서의 이슈들은 도덕적이고 개인적인 종류의 죄악들에 대해 관심 기울이는 것이 아니며, 뒤틀려진 양심에 대해서 관심을 기울이는 것도 아니다. 이 이슈들은 오직 하나님의 거룩한 바람뿐인 이 세상 속에서 어떻게 살고 죽을 것인지에 관해서 좀 더 현실적인 관심을 기울인다. 그리고 우리는 이 점에 대해 미묘한 관계로 남겨진다. 피조세계의 통치자들로서 여전히 능력을 발휘할 수 있는지 아니면 그렇게 시늉만 내고 있는지 말이다.

시편 143편

우리는 지금까지 혼란의 외적인 측면들과 관련된 시편들을 살펴보고 그 이후 혼란의 내적 측면들을 번갈아가며 살펴보았다. 시편 143편은 특별히 흥미로운데, 이 시편은 이런 두 가지 측면들을 동시에 포함하고 있기 때문이다.

이 본문의 주요 부분(3-10절)은 불평하는 시편의 평범한 요소들을 별다른 예외 없이 묘사한다.

첫째, 3-4절은 구원이 필요한 상황을 묘사한다. 원수의 치명적인 행위 때문에 문제가 야기되었다. 그 결과는 자기 자신의 상실이다. 화자는 소망도 없고 도움도 받지 못하는 신세로 전락한다.

둘째, 5-6절은 야웨를 향한 깊은 신뢰의 표현인데, 아마도 이것은 야웨께 동기부여하기 위해서일 것이다. 첫째, 야웨께서 과거에는 능력 있는 섭리자이셨음을 회상한다. 그리고 6절에서 "마른 땅"이라는 은유를 이야기하면서 자기 자신을 내려놓는 행위를 한다. 대적들에게 둘러싸여 있는 이 사람은 유일한 도움의 근원에게로 돌아선다. 여기에는 복수와 관련된 그 어떤 단어도 나타나지 않지만, 절대적이고 소망 가득한 자기부정이 나타난다.

셋째, 7-10절에 나오는 간구는 확장된 일련의 명령형을 동반하는 힘찬 간구이다. 이 간구는 하나님의 חסד와 화자의 신뢰라는 토대위에서, 하나님께서 응답하셔서 무덤에서 건져내주시기를 요구한다. 8b절에는 결심이 나온다. 그리고 10절은 순종하는 새로운 삶으로 이끌고 가는데, 이는 어려움에서 건짐 받은 때의 일이다. 그러므로 불평-동기부여-간구라는 과정은 우리가 기대했던 순서라 할 수 있다. 이 시편은 원수로 말미암아 생겨난 외적 환경들에 대해 하나님께 아뢰고 또한 야웨께서 이런 상황을 바로 잡으실 수 있다는 충분한 확신을 표현한다.

그러나 이 본문에서 우리를 홍미롭게 하는 것은, 과거에 루터를 홍미롭게 만들었던 것처럼, 1-2절 여는 부분과 11-12절 결론 부분이 갖고 있는 신학적인 민감성이다. 비록 12절에 언급되어 있긴 하지만, 이 부분들의 관심은 대부분 대적의 외적인 문제들로부터 벗어난 것들이다. 대신, 화자는 어떻게 이 궁핍한 사람이 감히 두려우신 하나님께 탄원하는지에 초점을 맞춘다. 사실 우리의 모든 기도는 이와 같은 간구의 전적인 불균형과 대담함을 인식해서 참작해야만 한다. 어떻게 이러한 사람이 대담하게도 하나님께 이와 같은 간구를 할 수 있는가? 야웨께서 기도를 들으시고 마음에 두실 것이라는 이 소망의 근거는 도대체 무엇이란 말인가? 그 대담한 대답이 1-2절에 주어져 있다. 기도의 토대는 "주의 진실, 주의 의"이다.

시편 143편은 야웨의 חסד와 אמנה에 대한 전적인 확신을 서술한다. 여기에는 확인, 자격부여, 혹은 다른 어떤 첨가도 필요하지 않다. 이 확신만으로도 충분하다. 이것이 무덤에 있는 자가 이런 기도를 드릴 수 있는 유일한 근거이다. 잘 주목하라. 그 근거는 기도하고 있는 사람에게 있는 것이 아니라 아뢰을 받는 분에게 있다.

뒤따르는 절은 반대되는 주제를 말한다. 화자는 자신이 추구해야 하고 자신에게 필요한 것이 야웨의 은혜의 행동이며, 말로는 설명할 수 없는 야웨의 성향이 이런 추구의 토대임을 잘 깨닫고 있다. 2절은 한 사람이 야웨의 의로우심에 의지해야만 한다는 것을 분명히 한다. 왜냐하면 간구자의 의로움은 결코 충분하지 않을 것이기 때문이다. 사람 편에서 제시될 수 있는 적절한 동기부여란 아무것도 없다. 사람의 의로움 안에서는 설득할만한 이유를 결코 발견할 수 없다. 화자는 정의가 아니라 은혜를 추구하는데, 정의는 충분하지 않기 때문이다.

이 시편은 날카롭게 야웨의 의로움과, 하나님의 이스라엘을 향한 무조건적인 기울임과 불행을 만났을 때 아무런 비용도 지불할 수 없는 이스라엘의 의로움을 대조시킨다. 이 시편은 이 두 양측 간의 다리조차 놓을 수 없는 넓은 간격과 차이를 이해하고 있다. 이런 대조는 로마서 10:1-5절에서 발견되는 간격인데, 여기에서 바울은 믿음의 의로움인 하나님의 의로움과 율법의 의로움을 대조시킨다. 종교개혁 전통이 이것을 시편의 결정적인 확신으로 발견한 것은 결코 이상한 일이 아니다. 왜냐하면 이것은 지체 없이 하나님의 선한 의도에 자기 자신을 던져버리는 진솔한 믿음을 묘사하기 때문이다.

11-12절에 나타나는 이 시편의 결론은 그 주제로 돌아간다. 3개의 호소는 "당신의 이름을 위하여, 당신의 의로움, 당신의 인자"이다. 이 어휘는 1-2절들에 비해 약간씩 바뀌긴 했지만, 그러나 실제적으로는 동일하다. 이점은 마지막 표현인 "나는 주의 종이니이다"라는 표현, 즉 "나는 당신의 처분에 맡겨졌습니다. 나는 전적으로 나를 향한 당신의 움직임에 의존 합니다"라는 표현을 통해 재 강조된다.

이 시편의 중간 내용은 다소 언약적이다. 그러나 1-2, 11-12절의 골격은 특징적이다. 이 시편은 일반적인 불평의 언어들과는 조금 다른 방향으로 움직여 간다. 필요에 대한 것보다는 올바른 것들에 대해서 호소하는 움직임이다. 이런 움직임은 자기 일의 능력과 수입을 자랑하는 이 세상의 문화 속에서는 어려운 움직임이다. 아마도 이런 이유로 인해 이것은 실천해야 할 중요한 모습이기도 하다.

시편 130편

우리가 살펴보고 있는 시편 그룹들 속에서, 이 시편은 가장 분명하고 짧으면서도 강렬하다. 시편 32편, 51편 그리고 143편과 비교해볼 때,

이 시편은 복잡하게 얽혀있지 않다.

1-2절의 기본적인 부르짖음은, 곤란중 하나님을 향한 호소 그리고 불평에 있어서 전형적인 모습이다. 하지만 목소리를 깊음 가운데에 자리 잡게 하는 것은 이 기도의 힘을 더해준다. 사실, 이 기도는 일상적이지 않은 대담한 행동이다. 일관된 한 가지 수사학적 움직임을 통해, 이 기도는 보좌에 계신 통치자와 가장 극단적이고 멀리 떨어진 환경에 처한 인간의 필요 간에 연결고리를 만들고자 한다(참조. 사57:15; 신10:14). 이 시편은 이런 움직임을 통해 모든 시편들 중에서 가장 날카롭게 복음적 내용들을 생각하게 한다. 어디로부터 통치자는 아뢰을 들어야만 하는가? 우리는 이것이 축복받은 창조질서에 부합한다는 것을 보여주는 순종의 자세로부터 혹은 최소한 번성이나 성공의 상황으로부터 이루어져야만 한다고 생각했을 수도 있다. 사람은 왕께 적절하게 옷을 갖춰 입고서, 적절한 위치에서, 훈련되고 잘 조율된 목소리로 아뢰어야만 한다.

그러나 이 시편은, 그 어떤 곳에서도 그 어떤 사람에게서도 들을 수 없었던 비극적인 부르짖음이다. 이 부르짖음은 하늘의 장막을 뚫는다! 이 부르짖음은 들려지고 수용된다. 이 간구는 우리의 신앙의 역사가 시작되었던 출애굽기 2:23-25절의 부르짖음을 거듭해서 다시 사용할 수 있게끔 만들어준다. 복음은 깊은 곳에서의 부르짖음들을 야웨께서 들으시고 기묘하게 응답하시는 목소리임을 단언한다. 이 하나님은 측량가능하며, 이용가능한 분이시다-하나님과 화자 둘 모두에 관해서 탁월한 해석. 더군다나, 이 주님은 구하는 자를 향해 간섭하시며 그에 의해 움직이시는 분이시다. 새로운 공동 연대가 이야기를 하는 순간 주님과 "가장 약한 자" 간에 만들어지며, 보좌와 깊음들 간에 새로운 구속력이 만들어진다.

3-4절에서의 그 다음 움직임은 이 직설적인 표현이 그 나름의 완전함을 갖고 있다는 것을 보여준다. 화자는 그가 보좌에 다가가기엔 부적격자라는 것을 고백한다. 이것은 논쟁점이되진 않지만, 그러나 이 부적격함은 4절의 진술을 통해 거슬러지고 무시된다. 사유하심이 야웨께 있도다. 이것은 파생적인 행동이 아니며, 어떤 다른 행동의 결과도 아니다. 이것은 첫 번째 행동, 순수하게 아무것도 아닌 다른 모든 사람들을 위한 약속이다. 사유하심이 있고, 거기에서부터 다른 모든 것들이 흘러나온다. 사유하심은 무언가에 근거를 두고 일어나지도 않고, 이유가 있지도 않고 또한 설명되지도 않는다. 사유하심은 새 시대 새로운 삶의 첫 번째 행동이다. 이것이 전체 기도의 중심이다. 이것이 이와 같은 대담한 기도의 토대이다. 이런 사람에게는 불법을 제거하고 새롭게 다시 시작할 능력이 있고 준비가 되어있다. 이스라엘 삶의 모든 중요한 전환은, 호소하는 법정에서 일어났다. 이 확신이 갖는 놀라운 점은, 뒤이어 나오는 부분이다. 우리는 죄 용서함이 기쁨과 자유를 향해 여러 가지 일들을 열어주는데 도움을 줄 것이라고 생각할지도 모른다. 또한 사하심이 미래의 모든 것들이 달려있는 중심축을 처리하는 핵심이라고 생각할지도 모른다. 그러나 그렇지 않다. 사하심은 진정한 목적을 위한 수단이다. "주를 경외케 하심이니이다" 우리는 일들을 정반대 순서대로 기대해 왔었을 것이다. 우리는 야웨를 경외하는 것이 사하심의 근본이라고 생각해 왔을 것이다. 그러나 이 시편은 우리의 모든 계산적인 종교적 개념들을 바꾸어 놓는다. 이 움직임은 다른 방식으로 온다. 선물은 순종 이전

에 온다. 그 결과는, 이미 들은 간구 자가 왕을 경외하는 것이다. 이 시편은 틀림없이 관계성이 변화된 것처럼 깊은 곳도 마찬가지로 변화된다고 주장한다.

그러나 야웨를 경외한다는 것은 도대체 무슨 의미인가? 그 대답의 범위는 아마도 경건한 두려움에서부터 완전한 공포에 이르기까지 매우 넓을 것이다. 어쩌면 이것은 이 모든 것을 함축하는 것일지도 모르겠다. 이 질문에 대한 첫 번째 대답은 출애굽기 20:20에서 찾을 수도 있는데, 그 부분에서는 경외라는 단어가 특별한 역할을 한다.

> 두려워말라; 하나님이 강림하심은 너희를 시험하고 너희로 경외하여 범죄치 않게 하려 하심이니라.

"두려워 말라 … 경외케 하려 하심이니라." 온전한 순종을 하기 위해서 네가 하나님을 끌어안을 목적으로 야웨의 위협아래서 살지 말라. 여기서 의도된 두려움은, 새롭게 시작하고, 산뜻하게 지향된 삶을 시작하고, 순종 안에서 새로운 생명력을 발견하는 것을 말한다.

그러나 두 번째 대답은 본 시편 130편 안에서 발견되는데, 5-6절에 나온다. 경외는 소망으로 이끌어간다.

> 내가 여호와를 기다리며(קוה), 내 생명(영혼)이 기다린다(קוה).
> 그의 약속을 내 생명이 바람이(יחל)
> 파숫군보다 더하도다

기다린다와 바라다라는 용어는 거의 동의어이다. 기다림-바람(소망)은, 새벽과 더불어 구원이 일찍 찾아오기를 기대하며 기다리고 있는 밤중의 파수꾼과도 같다. 야웨를 경외한다는 것은 지금 현재 상태의 일들이(깊음 가운데 있는) 앞으로는 그렇지 않을 것이라는 확신을 갖는다는 것을 의미한다. 삶은 변화할 것이다. 사하심은 현재 구성되어 있는 모습의 삶에 자유를 주는 쪽으로 인도할 것이다.

이 시편의 마지막 두 구절들은(7-8절), 아마도 바람(소망, יחל)이라는 용어주변에 나중에 덧붙여진 것 같다. 이 구절들의 기능은, 새로운 상황을 깊음 가운데 있는 화자로부터 전체 이스라엘 공동체로 일반화시키는 것이다. "경외 받는" 분의 구원과 사하심은 전체 공동체가 새로운 삶을 갖도록 허락하신다. 이제, 무덤 속에서의 대담한 부르짖음으로 인해, 모든 이스라엘은 חסד와 구속을 기다리며, 죄와 새로운 삶을 가로 막고 있는 모든 것들로부터의 자유를 기다린다. 한 개인에 불과한 화자는 어떻게 이것이 모든 이스라엘을 위한 것인지를 규정한다. 이 소식은 부르짖음이 사하심을 통해 응답되었고, 이것이 새로운 삶을 움직이게 한다는 것이다.

••• 홍수 이후 – 당신은! After the Deluge–Thou!

우리는 분노와 격정, 격렬한 공격을 거침없이 표현하는 시편들을 살펴보았다. 또한 하나님께서 올바른 편에 계시며 받아들이려는 자세를 취하신다고 확신하는 시편들에 대해서도 살펴보았다. 이제 우리는 혼미의 시기 속에서 주어지는 또 다른 응답에 관해 살펴볼 것이다. 이 시편들은 관습적으로는 지혜 교훈으로 간주되어 왔는데, 이점은 이 시편들의 성격을 규정하는 데 유용한 사전 준비가 될 것이다. 하지만, 우리는 혼돈의 시간 속에서 이 시편들이 갖는 기능에 대해 주로 관심을 기울일 것이다. 이 시편들은 좀 더 묵상적인 표현들로 나타나며, 혼돈의 첫 번째 충격에서부터 어느 정도 벗어난 모습을 보여준다. 이들은 처음의 노골적인 표현들 이후 얼마간의 간격이 있었음을 반영한다. 이 시편들에서는 비록 이슈가 여전히 실제적이긴 하지만 더 이상 격렬한 공격을 하는 급박함을 지니고 있지는 않다. 이들은 실제적인 여러 상황들을 감내하게 되었음을 증명한다. 그럼에도 불구하고 이와 같은 적응에는, 하나님께서 지금은 결정적인 것으로 보이는 모든 부정적인 현실들을 결국에는 번복시키실 분이라는 것을 확신하는 확고한 활동성이 있다. 여기에는 분명 피할 수 없는 리얼리즘이 있지만, 그러나 그것은 지금 하나님의 통치하심을 통해 재해석되고 그런 현실이 일시적인 것에 불과한 리얼리즘이다.

시편 49편

지혜 시편으로 간주되는 이 시편은, 교훈적인 내용을 담고 있는 것으로 보인다. 이 시편의 전체적인 구조는 생명의 길과 죽음의 길이라는 "두 종류의 길"에 관한 가르침을 반영한다(참조. 신 30:15-20; 잠 8:32-36). 이런 가르침의 목적은 기록을 바로잡기 위해서인데, 몇몇 사람들이 그들의 머리를 돌리고 속임을 당해서 죽음의 길을 생명의 길로 여기고 있기 때문이다(참조. 사 5:20-21). 즉 무엇이 실제로 생명을 향해 나아가는 것인지에 관해 심각한 혼란이 존재하고 있다. 하지만, 우리가 살펴보게 되겠지만, 여기서의 교훈적인 묵상은 화자에게 일반적인 이론적 질문이 아니라 좀 더 심각하고 위태로운 문제가 있음을 보여주는 직설적인 방식으로 진전된다.

1-4절은 가르침으로 나아오라는 일반적인 호출들인데, 이것은 지혜 교사들 간에 일상적인 일이라 할 수 있다. 3-4절에 사용된 어휘들은 "지혜, 이해, 잠언, 수수께끼" 등과 관련되어 있다. 이것은 잠언 1:1-7과 유사한 지혜 교육을 보여준다. 그리고 또한 이런 단어들은 가르쳐져야 하는 것들이 분명 상식적인 내용이 아님을 보여주기도 한다. 그것은 숨겨져 있고 무언가 수수께끼 같은 것이고, 그렇기 때문에 혼란스러울 수 있는 것이기도 하다. 즉 여기에서 제공되는 가르침은 상식적이고 "분명한" 것이 아니다. 그것은 오로지 지혜를 통해서만 알 수 있는 그 무엇이다. 그러므로 이 내용은 이데올로기나 오늘날의 습관들로 인해 오도되지 않은 사람들을 통해서만 배울 수 있다.

이 호출 속에서, 교사는 이미 교훈의 본질에 관해 힌트를 준다. 부자들과 가난한 자들을 "하나로" 호출하는 것은 모든 사람들을 향해 들으라고 초청하는 것이나 다름없다. 이점 역시 교훈의 주된 요점중 하나이다. 이들은 함께 가르침 받아야만 하는데, 그것은 이들이 동등하기 때문이다. 이들을 따로 분리해서 가르치는 것은 잘못된 교육이다. 왜냐하면 이들은 사실 다르지 않기 때문이다. 그들이 따로 떨어져서 배운다면, 그들은 서로가 다르거나 동등하지 않다고 잘못 생각하게 될 것이다. 그러므로 이것은 평등한 교육을 위해 한사람이 평등한 훈육들을 배울 수 있게 해주는 유일한 방법이다. 이것이 이 교훈의 요점이기도 하다. 이 교훈은 배워야할 교훈을 위해서는 함께 배우는 경험이 본질적으로 필요한 실천이라는 것을 잘 이해하고 있는 것으로 보인다.

교육이라는 행위는 경제적인 차이들을 극복하는 것을 추구한다. 이 교훈의 본질이란, 차이를 부인하는 것을 의미한다. 본질과 교육 양자와 맞부딪치고 있는 이슈는 존재성을 잘못 읽는 것에 관심을 둔다. 즉 부와 가난이 어느 정도는 가치를 평가하는 척도가 되며 이들이 정말로 중요하다고 여기는 현실적인 오독에 대해 관심을 둔다. 이미 호출에서도 그랬지만, 이 교훈은 이런 기준과 구별들이 부적절할 뿐만 아니라 잘못 인도해 나가는 오류임을 분명히 한다. 차이가 부재하다는 것을 보여주는 훌륭한 언어적 측면들은 원문에서는 잘 나타나지만 번역을 하면 상실된다. RSV는 2절을 "낮은 자와 높은 자 모두"라고 번역하였다. 그러나 히브리어는 אדם(왕족 사람)과 אִישׁ(약한 사람)을 대조시키고 있다. 우리가 살펴보는 것처럼, 이 시편은 אדם과 관계가 있다. 즉 그들이 가치와 장점에 있어서 우월하다고 생각하는 제왕적인 부한 사람들과 관계가 있다.

이 시편을 혼돈이라는 제목 하에서 다루어야 한다면, 이 시편이 분노와 의심의 목소리의 시편이라고 제안한다. 모략가들이 정상에 오르는 반면 왜 토라를 지키는 사람들이 그토록 가난하게 삶을 마감하는지는 의아스러운 일이다. 신정론(神正論)에 관한 이 질문은, 예레미야(렘 12:1)와 욥(21:7-15)이 제기했던 질문이기도 했다. 이 질문은 사색적이거나 이론적이지 않다. 이것은 보답 받지 못하는 선행의 모습을 통해 자신이 속고 있는 것에 분개하는 사람의 경험적인 질문이다. 이것은 삶이 실제로는 도덕적인 혼란스러움에 불과한 것인지, 거기에는 행위와 운명

간에는 아무런 관계도 없고 그저 도덕적인 무관심만이 존재하는 것인지를 물었던 사람의 목소리이다. 이것은 욥이 제기한 이슈이다. 아무런 이익도 없는데 까닭 없이 하나님을 경외하리니까?(욥 1:9) 여기서의 언어는 욥기에서처럼 격렬하지 않다. 우리는 이제 욥의 질문이 갖는 다른 측면에 서 있다. 그리고 이 질문은 지금 해결되어 왔다. 이 해결점은 미묘하거나 복잡하지 않다. 인간이 다르다는 생각은 냉혹하고 무차별적인 죽음의 실체를 통해서, 이 거대한 평등장치를 통해 해결되었다. 부한 사람들이 그들이 소유하고 있다고 생각하는 웰빙과 능력은 사실 별로 중요한 것이 아니다.

이 시편의 남은 부분(5-20절)은 1-4절 주변에 모여든 사람들에게 주어지는 사색적인 가르침이다. 규칙적인 형태나 패턴은 없지만, 이 부분에는 우리가 읽어나가는데 도움을 주는 흥미로운 수사적 특성들이 있다.

이슈는 5-6절에서 진술된다. 왜 내가 두려워해야 하는가? 왜 이 질문이 두려움의 하나로 자리 잡고 있는지는 즉각 분명하게 나타나지 않는다. 아마도 부유한 사람들은 위협일 것이다. 왜냐하면 그들의 탐욕적인 방법들은 항상 너무 공격적이기 때문이다. 또한 하나님은 아마도 이 두려움을 별로 개의치 않으실 것이고 그래서 한 사람의 도덕적 확신은 결국 위태로워진다는 신학적 결론이 나올 것이다. 어떤 경우든 간에, 이것은 정직한 질문이다. 수사학적으로는, 이 질문은 16절에서 두려워 말라는 훈계와 더불어 대답된다. 그러므로 "왜 나는 두려워해야 하는가…" "두려워 말라." 혼돈케 하는 악한 자들의 번성이라는 실체에 대처하는 것은, 이런 현실을 너무 깊이 진지하게 취급하지 않고 또한 이런 현실들이 최종적인 것이 아니라는 것을 의미한다.

두려움/두려움(5, 16절)이라는 평행적 표현들은, 8-9절과 17-19절에 나오는 평결들을 통해 대답된다. 앞 구절도 "틀림없이(surely)"로 도입되고, 뒤 구절도 "틀림없이"로 도입된다. 8-9절은 그 누구도 자신의 생명을 구할 수 없다고 단언한다. 한 존재의 몸값을 지불할 만큼 넉넉한 돈은 불가능하며, 죽음에서 자신의 생명을 사올 수 있을 만큼의 돈도 마찬가지다. 겉모양의 부요함은 죽음에 직면해서는 아무것도 아니다. 그러므로 이 시인은 경제적인 부분을 계속해서 다룬다. 죽음은 인간의 능력과 인간의 자원들을 평범한 것으로 만들어버린다. 같은 대답이 17-19절의 평결 속에도 주어진다. 18절은 매우 문학적으로 이야기한다, "그는 가져 갈 수 있는 것이 없다." 그러므로 경제적인 이 유리함은 한 사람의 삶에서 진정한 문제를 결코 터치하지 못하는 일시적인 것에 불과하다. 그것은 그저 그렇게 보일 뿐이다.

좀 더 일반적인 가르침은 10-14절에서 주어지는데, 여기서는 죽음이 평등하게 하는 역할을 한다고 주장한다(참조. 욥 3:13-19). 이 점에서는 그 누구든 궁극적으로 아무런 차이가 없다. 결국, 2절에서 호출할 때의 차이점들은 존재하지 않는 것이다. 그러므로 이 가르침은 매우 공평한 것으로 보인다. 그러나 13-14절에서 화자는 "과시적 소비자들"에 대한 분노를 표출한다. 여기서는 다가오게 될 죽음이 가난한 사람들의 운명으로서 제공되는 것이 아니라, 오로지 부자들의 운명으로서만 제시된다. 14절은 가난한 자들이 스올에 가게 되거나 혹은 죽음을 목자로 갖게 되는 것을 기뻐하지 않는다. 이것은 부자들에게도 또한 마찬가지일 것이지만, 그러나 여기서는 그것은 언급되지 않았고 또한 화자에게는 관심거리도 아니다. 모든 사람들이 가난한 사람들은 상처받기 쉽다는 것을 잘 알고 있기 때문에, 이점은 언급될 필요가 없다. 모든 사람들이 명백하게 모르고 있고 또한 이제 배워야하는 것은, 부자들에게도 이것은 마찬가지라는 점이다. 진정 중요한 이슈들에서는 부자들도 마찬가지로 상처받기 쉬우며 또한 다른 모든 사람들과 마찬가지로 부자들도 그런 문제들을 방어할 수가 없다. 이것이 이 교사가 풀어주겠다고 약속했던 (4절) 불가사의한 수수께끼이다. 이것은 아무래도 부자들이 좀 더 보호되고, 불변적이고 안전하다고 생각하는 명백한 상식과 다른 내용이다. 삶의 거칠고, 거룩하고, 위험스러운 장면들에서 사회적인 표준들은 효과적으로 역할하지 못한다. 왜냐하면 현실의 힘은 가식적인 구별의 경향을 존중하지 않기 때문이다.

또 다른 구조적 요소는 12절과 20절에 나오는 후렴구인데, 이 부분은 결론을 이끌어 낸다. 사람은 그가 보물처럼 여기는 것들 위에 머무를 수 없다. RSV에서 "화려함"(יקר)이라고 번역한 것은 참 묘하다. 이 언급은 보물처럼 여겨지고, 귀하고, 값진 것들에 대한 것인데, 아마도 희소하고 일반적으로는 사용할 수 없는 것들이기 때문일 것이다. 그러나 희소성을 지니고 있다는 것이 차이를 만들어내지는 못한다. 왜냐하면 죽음의 순간에는 부자들이라 하더라도 죽고, 버려지고, 도움이 없고, 존중될 가치가 없고 그리고 슬픈 다른 모든 동물들과 같아지기 때문이다(참조. 렘 22:19). 이 구절들에서 언급된 "사람"이 אדם(2절에서처럼)이라는 점, 즉 큰 사람, 참 사람, 능력을 갖고 태어난 사람이라는 점은 주목할 만한 가치가 있다. 수사학적으로는, 이 시는 매우 조심스럽게 구성되어 있는 가식을 벗겨내는 역할을 한다.

그러나 가장 흥미진진한 구절이 지금까지 남겨져 있다. 사람은 이 구절이 그저 단순하고, 합리적이고, 교훈적인 구문일 뿐이라고 생각할 수도 있다. 그러나 15절은 우리를 놀랍게 만드는 고백적 선언이다. 이 교사는 그가 무관심하거나 객관적인 관찰자가 아님을 보여준다. 이것은 교훈적 수사법이라는 상황 속에서는 대담한 고백적 선언이다. 이 한 절은 놀라운 믿음의 확신이다. 이 구절은 단호한 표현과 더불어 시작한다. "틀림없이." (אך) 이 화자는 큰 확신을 가지고 있다. 여기에 대해서는 "수수께끼"가 전혀 없다. 이 한 구절은 상당히 정형에 맞지않는 지혜 교훈이다. 화자가 여기서는 공평무사한 모습이 아니기 때문이다.

이제 주체는 하나님이시다. 이것이 하나님에 대한 유일한 긍정적 언급이다. 여기에서 하나님은 본격적으로 구원을 베푸시는 능동적인 주체이시다. 이 시의 다른 부분들에서는, 하나님은 능동적인 판단자가 아니셨으며, 구원자는 더더군다나 아니었다. 죽음의 권능은 하나님의 지도 없이 냉혹한 죽음의 방식대로 일한다. 그러나 이 하나의 구절에서는 조금 다르다. 왜냐하면 이것이 복음적인 믿음에 대한 선언이기 때문이다. 이 구절에서는 하나님께서 "변제 하신다" (פדה, 시인은 계속해서 경제적인 은유를 사용한다). 부자는 그들 자신을 변제할 수 없지만(7절), 그러나 하나님께서는 하실 수 있으시며, 그분을 의지하는 자들을 변제해 주신다. 우리는 다시 한 번 시편 143:1-2절에서처럼 무용지물인 사람의 힘과 대조를 이루시는 하나님의 의로움이라는 주제를 보게 된다. 화자는 확신하고 있으며, 그는 단언한다, "하나님께서는 나를 받으실 (לקח) 것이다." 받는다는 번역은 약한 표현인데, 이 동사는 좀 더 강한 것이기 때문이다. 동일한 동사가 창세기 5:24; 열왕기하 2:3, 5, 9에서 사용되었다. 같은 동사가 17절에서도 사용되었는데, 아마도 의도적인 대조를 위해서일 것이다. "하나님이 나를 받으실 것이다 … [부자는] 아무것도 가져가지 못할 것이다" 하나님은 구속하시고자 "받으신다." 부자는 "가져갈" 수가 없는데 그들은 생명에 대한 아무 능력도 갖고 있지 못하기 때문이다.

이 시편은 물론 균형 잡혀 있지는 않다. 하지만 그럼에도 부자의 부정적인 실체가 분석과 설명의 주제가 되고 있으며, 15절의 긍정적인 확신도 있는 그대로 남겨져 있다. 더 많은 내용을 말할 필요는 없다. 자유와 경이로움의 주체이신 하나님은 모든 일상적인 관습들을 거짓이라고 하신다. 이것은 주장되거나 입증되는 것이 아니라 오로지 선언될 수 있을 뿐이다. 하나님에 대한 이 단언은 모든 것을 변화시킨다. 만약 하나님이 이슈로부터 제거된다면, 그땐 여기서 다뤄진 것들은 해결되지 않은 채 개방되게 된다. 그러나 하나님은 이 시편의 중심에 자리 잡고 계시는 핵심적인 요소이다. 바로 이것이 지혜, 즉 수수께끼를 풀고, 분명 도덕적으로 카오스인 상황을 견딜 수 있게 해 주는 지혜를 구성한다.

우리가 이 시편 안으로 들어가는 것은 아래 사항들을 인식하는데 달려있다.

첫째, 한 가지 상황과 실체를 객관적으로 읽어 낸다고 주장하는 것은 사실 편파적이고 논쟁적이다. 이것이 성경이 진리를 성취하는 방법이다-투쟁적인 참여를 통해서. 이 화자는 지배계층에 반하는 진리를 주장하고 있다.

둘째, 하나님께서 이 편파적인 주장에 참여하신다는 것이다. 그 모든 정중함에 대해서, 지혜전승은 하나님과 가난한 자들 간의 특별한 연합을 이해했다(잠 17:5). 창조는 특별히 이런 방향으로 편중되어 있다. 하나님의 이런 특별한 위임을 부인하는 것은 순전히 이데올로기일 뿐이다.

셋째, 시편 49편은 어떤 특정한 갈등 속에서 성장했을 수도 있지만, 그러나 지금은 그것이 좀 더 조직적으로 분석하는데 도움을 준다. 예언서들에서처럼, 부자들에 반하는 것으로 만들어진 이 경우는, 탐욕스러운 사람들과도 관계있을 뿐만 아니라, 자신의 이익을 위해 조직과 이데올로기를 수단 삼는 사람들과도 관계가 있다. 이 시편을 개인들의 개인적인 행동들에 대한 선포로 단순하게 읽는 것은 이 주장의 힘을 놓치는 것이다.

넷째, 이 시편은, 우리 사회의 소비 자본주의에서 매우 중요하다. 우리는 해야 할 많은 목록을 도표화해서 가지고 있다. 우리의 부유함 속에서, 부한 자들이 가치를 부여하고 있는 것들에 가치를 부여하지 않는 것은 어려운 일이다. 이 시편은 비평을 위한 기준을 제공해주는 먼 안목을 가질 것을 요구한다. 그러나 이것은 단순히 "자연적인" 과정을 분석하는 것이 아니다. 이것은 현재 시스템 속에서는 명확하게 주변인에 불과한 사람들에게 새 삶을 주고자 추구하시는 하나님의 그 능력에 관한 복음적인 선포이다. 이것이 15절의 주장이다. 지혜는 경제적 힘이 작용하는 방식과 관계가 있다. 지혜는 비평적이지 않은 관찰자들은 알아차리지 못하는 요소를 경제적인 과정 속에서 구분한다. 의지(בטח)라는 단어는 단 한번만 사용되었는데, 부정적인 용법이었다(6절). 이 시편은 근본적인 의지의 요소에 관해 탐구한다. 의지하는 것은 경제적 현실상황과 종교적 소속 두 가지 모두와 관계있다(참조. 마 6:21). 선택은 이 두 가지를 함께 붙드는 것으로 내려져야만 한다. 우리는 복음을 영적인 것으로 만들어버리는 것을 통해서 이 이슈를 피해갈 수는 없다(참조. 마 10:24; 눅 18:9; 딤전 6:17). 누가복음 18:9-14의 비유는 하나님께서 죽음의 순간에 "데려가시지" 않을 사람들, 어리석은 의지를 하는 사람들에 관해 이야기한다. 그와 같은 사람들은 "그들 자신들에게 기도하는 것"으로 마무리한다(눅 18:11).

시편 90편

시편 90편은 시편들 중에서 가장 위엄 있는 시편 중 하나이다. 이 시편이 모세에 속한 것으로 되어 있다고 해도 이 언급이 저자에 관한 아무런 단서가 되지 못하지만, 그러나 이것은 우리에게 하나의 상황을 떠오르게 한다. 전승에서는 아무런 토대가 없지만, 그러나 나는 이 시편이 마치 모세가 지금 비스가산(신 34장)에 있는 것처럼 들려졌을 것이라고 생각한다. 그는 마지막까지 다 왔다. 그는 그가 평생토록 향해 왔었던 약속의 땅을 바라보고 서 있다(참조. 히 11:23-28). 이제 그에게 새벽이 오면 그는 그곳에 가지 못할 것이다. 그는 평생토록 신실함으로 추구했던 것이 열매를 맺기 전에 멈추게 될 것이라는 고통스러운 현실을 받아들이고 있다. 그는 이 현실이 하나님께로부터 온 것임을 인정하고 있다-그러나 이것이 열망을 멈추게 하지는 않는다.

내가 생각하기에는, "지혜의 마음"이 가지고 있는 목표(12절)가 이 본문의 중심축일 것이다. 이것이 기도의 요점이다. 전반부 12절까지는 하나님과 함께하는 화자의 본질적인 상황에 관해 깊이 조사한다. 이 시편은 참된 기도, 경건 그리고 영성의 목적이 결국에는 "지혜의 마음"을 소유하는 것임을 확신한다. 분명히, 지혜로운 마음은 지식, 기술, 테크닉, 혹은 통제할 수 있는 능력 등에 대해서는 언급하지 않는다. 대신에, 지혜로운 마음은 사람의 삶에 대해 야웨께서 절대적인 영향을 가지고 있다는 것을 받아들이고, 내려놓고, 고백하는 능력을 의미하는 것으로 보인다. 지혜란 이스라엘의 가장 지혜로운 전승이 가르치는 것을 받아들여 전유하는 것을 의미한다. 한편으로, 이런 것들은 불가사의한 방식들로 연결되어져 있어서 쉽게 모방되지 않을 것이다. 그리고 다른 한편으로는, 그 연결의 골격 속에서 사람들은 큰 능력과 자유, 그리고 의무를 가지고 있다. 이 구문에서 우리는 지혜 교사들에 대한 기대를 품게 될 것이다(참조. 잠 10:13; 14:33; 전 1:17; 2:3). 모세와 관련해서, 제사장적인 구문인 출애굽기 31:6; 35:35; 36:2를 주목하라. 이런 제사장적인 본문들 중 RSV가 "능력"이라고 번역한 이 구문은 "지혜로운 마음"이다. 그러나 본문은 분명하게 장인의 기술적인 능력 그 이상의 것을 언급한다. 이것은 야웨의 목적들에 잘 반응하고 부합하는 그런 성격을 언급한다. 그러므로 "지혜로운 마음"은 야웨의 목적들을 구분하는 것을 의미한다.

시편 90편의 첫 번째 부분(1-2절)은 의지, 순종 그리고 복종 등을 낳게 하는 실체들이 무엇인지에 관해 명상적인 사색을 한다.

1-2절은 믿음의 한계요인을 내려놓는다. 이 시편은 조금은 대담한 "주님"이라는 호칭과 더불어 당돌하고 강하게 시작한다. 이것은 교묘한 기교나 친밀에 의한 표현이 아니라, 정면에서 단순하게 고백하는 표현 형태이다. 이 용어가 통치자에 대한 일반적 단어인 אדון이라는 것은 교

육적이다. 13절이 되어서야 비로소 야웨의 역사적 이름이 사용되는데, 이 이름은 시편 90편 전체에서 오직 한번만 사용되었다. 그것도 단지 한 번 이 시편이 탄식으로 돌아설 때에 사용되었을 뿐이다. 이후에 전개되는 모든 내용의 정황은, 통치권을 확립하는 것으로 충분히 볼 수 있다. 아마도 이 복종적인 외침은 진정 지혜로운 마음이 보여주는 첫 번째 표식일 것이다. 이 시편은 이후 모든 내용들이 초점을 맞추고 있는 그 분에 대해 처음 부분에서부터 고백을 선언하고 있으며, 또한 이 고백에서 소멸되지 않는다.

첫 번째로 인정되는 것은, 야웨께서 화자의 거처, 우리, 피난처, 도피처가 되신다는 점이다(참조. 시 91:9; 신 33:27). 이것은 대단한 확신이며, 또한 매우 중요하다. 이것은 뒤이어 나오는 모든 내용들을 수식한다. 첫 번째로, 이것은 화자가 의지할 곳 없는(homeless) 자가 아니라는 것을 확실하게 한다. 분열을 방지할 구심점이 있다. 고립을 막을 소속도 있다. 두 번째로, 이것은 화자가 자신이 속해 있는 장소를 스스로 형성할 필요도 없고 형성할 수도 없다는 것을 단언한다. 이는 선물이다. 하나님께서는 의심할 여지없이 실제로 우리가 염려 없이 집에 거하게 하시는 "홈-메이커(home-maker)" 이시다. 참된 가정은 항상 선물이며, 결코 성취가 아니다. 세 번째로, 이 언급이 공간에 대해서가 아니라 사람에 대해 언급하고 있음을 주목하라. 야웨께서 성전이나 도시 혹은 땅이라는 의미에서 거처를 만드시거나 제공한다고 이야기하고 있는 것이 아니다. 야웨께서 거처이시다. 장소에 대한 갈급함은 교제라는 선물을 통해 해결된다. 모세는 가나안 땅에 미치지 못했어도 관계 속에서 이와 같은 장소를 송축할 수 있었다. 이 첫 번째 확신에 대한 신뢰가 최우선적이다. 그러므로 나는 폰 라트가 제시한 이 시편을 침울하고 비극적으로 읽는 방식에 동참하지 않는다. 분해하면서도 동경하는 모습일 수도 있겠지만, 그러나 시편 90편은 하나님의 능력에 대해 생각하는 만큼 공허함과 죽음에 대해 묵상하지는 않는다.

3-11절은 인간 삶의 한계성과 무상함을 반영한다. 화자는 인간 피조물이 흙으로 돌아가야 할 운명의(3절) "먼지 피조물"이라는 것을 깨닫고 있다. 인간이란 피조물은 풀처럼 마르고 시든다(5-6절). 먼지와 풀이라는 은유들은 하나님과 화자간의 진정한 관계성을 특징적으로 보여주는데 일조한다. 혼돈의 실체는 "화, 분노"(7절), "죄악, 죄"(8절), "화, 분노"(11절)를 언급함으로써 집약된다. 이 시편의 화자는 깊은 죄책감을 가지고 있고, 그리고 죄악은 삶의 짧음과 연약함에 관계된다. 이런 의미에서, 화자는 삶에서의 문제가 야웨의 불가사의한 손에 뿌리를 두고 있는 것이 아니라 그저 죄에 대한 형벌에 뿌리를 두고 있다는 것을 인정하고 있다. 이 선포는 몇몇 지혜 교사들의 단순한 보복 예상들과 밀접하게 자리 잡고 있다. 이런 심판이 정의와 공평 그 이상의 무언가라는 생각은 전혀 없다. 그러나 심판이 주어진다는 관점에서 보았을 때, 삶의 공허함조차도 결코 비극이 아니다. 이것은 죄라는 측면에서 이치에 닿는다. 이 시편은 전도서와 그와 같은 체념과는 상당한 거리를 두고 있다.

3-11절의 중간 단락은 공허함과 죄악이라는 두 개의 주제들을 묘한 긴장 속에서 담고 있다. 이스라엘은 죄악의 독특한 의미를 유한성이라는 일반적인 인식과 관련시켜 생각하는데, 이 시편에서는 이 긴장이 해결되지 않는다. 유한성이 죄로부터 결과된 것이라고 언급되지는 않는

다. 두 개의 모티브들은 단순히 거기에 남아있을 뿐이다. 이 병렬은 참묘하고 흥미로운 일이다.

그러나 좀 더 긴장을 이야기하는 것은 1-2절, 12절과 3-11절의 병렬이다. 3-11절은 부정적인 것과 체념에 관한 것인 반면, 1-2절은 이와 정반대이다. 화자는 "대대에" "영원부터 영원까지"(1-2절)라는 확신이 3-11절을 통해 무효화된다고 생각하지 않는다. 화자는 처음 주장을 견지한다. 야웨께서 거처이심을 일관되게 유지하는 것이 이 시편의 최우선적인 종교적 현실이며, 중간 부분도 이 모습을 약화시키거나 감소시키지 않는다.

나는 12절에 나오는 "지혜의 마음"이란, 인간의 한계성과 죄악에 대해 단순히 현실적으로 알고 있는 것뿐만 아니라 하나님의 다스림 안에 거처가 있다는 것을 아는 그런 지혜라고 생각한다. 그것이 인간 상황의 최우선적인 특징이자 명확한 표식이다. 이와 같이 현실적으로 읽는 것은 증거에 반하는 것이고, 심지어 이 시편 자체에서 제공되는 증거에 반하게 읽는 것이다. "지혜의 마음"은 증거에 의해 사로잡히거나, 손에 쥐고 있는 자료에 지나치게 영향 받지 않는 것이고, 도리어 야웨의 주님되심이라는 영원한 실체에 주의를 기울이는 것이다.

만약 내가 취급한대로 12절이 전환점이 되는 구절이라면, 이 시편의 나머지 부분에서(13-17절) 매우 다른 수사법을 다루고 있다는 점은 매우 특기할만한 일이다. 지혜로운 마음의 표식이라 할 수 있는 "거처를 정함"은, 우리를 평온, 고요, 안정성으로 이끌 것이다. 이것은 지쳐버린 체념으로 이끌 수도 있는 것이었다.

그러나 시편의 신앙이 갖는 특징은 체념으로 이끌고 가지 않는 것이다. 이 마지막 구절들은 맹렬한 불평들을 보여준다. 이것은 거처에 있게 된 것을 기뻐하지만, 그러나 이 거처가 적절하지 않으며 여러 가지가 크게 변해야 한다고 즉각 이야기하는 것과도 같다. 사람들은 대부분 쉽게 이런 불평 구절들을 후에 첨부된 것으로, 이 시편에 필수적인 부분은 아닌 것으로 취급할 수 있다. 그러면 이러한 부조화에 대해 아무 문제도 없게 된다.

하지만 이 부조화는 우리에게 이 시편에 대한 중요한 단서를 제공할지도 모른다. 그 점은 이렇다. 하나님에 대해 확신을 가지는 것이 긍정적인 수용으로 인도하는 것만은 아니다. 도리어 문제점들을 활발하게 표현하게 하고, 하나님의 일하심을 통해서만 이루어질 수 있는 변화에 계속 집착하게 할 수도 있다. 여전히 혼돈 중에 있으면서도, 이 계속적인 믿음은 새로움에 대해 전투를 벌인다. 야웨에 대한 의지는 변화를 향한 열정적인 집중으로 이끌어 가며, 변화는 탄식을 통해서 행해지게 된다.

13절을 시작하는 단어는 탄식이거나 혹은 불평이다. 가장 흥미로운 수사적 특징은 강렬한 명령형인 "돌아오소서"(שׁוּב)이다. 이 단어는 3절에서 야웨가 사용한 것과 동일한 단어이다. 야웨께서는 사람을 티끌로 돌아가게 하신다. 이제 야웨께서는 돌아오시라는 부름을 받는다. 슬픔을 기쁨으로 돌이키는 것이 야웨의 행하실 일이다. 뒤를 이어 나오는 단어인 "긍휼히 여기소서"(נחם)는 포로기의 종말을 위해 이사야 40:1에서 사용되었던 단어이다. 이 언어는 야웨의 변혁적인 행동을 추구하며 이것이 주어질 것임을 의심하지 않는다.

이 구절들에는, 하나님의 절대적인 간섭하심을 추구하는 탄식의 전형적인 특징들이 나타나 있다. 야웨는 이름을 통해 불려진다. 그리고 세 쌍의 쩌시브 명령형이 이 구절들을 주도적으로 지배하고 있다.

> 만족케하사/기쁘게 하소서
>
> 우리로 보게 하소서/나타내소서
>
> 견고케 하소서/견고케 하소서

이 여섯 개의 명령형들이 갖고 있는 특기할만한 점은, 1-12절에서 주장된 내용인 하나님은 영원하시고 인간은 제한적이며 그 무엇도 이것을 바꿀 수 없다는 관점에 도전한다는 점이다. 기도는 사물의 이런 구조가 고착화되는 것을 거부한다는 점에서 용기 있는 행동이며, 또한 기도는 이에 대해서 과감하고 중요한 무언가가 행해져야 한다고 주장한다.

이 동사들과 더불어 가장 많이 등장하는 명사들은 "인자"(חסד)와 "즐거움"(נעם)이다. 이러한 용어들 중 인자는 언약적 책임에 대한 강력한 요구이다. 화자는 1-12절과의 거리를 거부하며, 야웨께서 이스라엘과 더불어 문제에 포함되어야만 한다고 주장한다. "인자"를 사용하는 것을 통해, 야웨는 좀 더 안전한 앞 구절들에 안주하는 것에서부터 이스라엘의 (혹은 모세의) 위험스런 역사 안으로 끌어 당겨진다. 두 번째 단어인 "즐거움"은 여기서 사용된 것보다 좀 더 독특한 단어이다. 이 단어는 "즐거움"이라는 번역이 제시하는 것처럼 חסד와 밀접한 평행을 이루지 않는다. 그보다는 언약의 심미적 측면인데, 성전에서 발견될 수 있는 (시 27:4) 고요한 사랑스러움을 의미한다. 이 단어는 특히 지혜 본문들에서(잠 3:17; 15:26; 16:24) 기쁨이라는 의미로 사용되었다. 그러므로,

이 두 용어들(חסד와 נעם)은, 즐거움의 범위를 열정적인 언약적 언어에서부터 지혜에 대한 관심에 이르기까지 폭넓게 갖는다. 다름 아니라 이 기도가 요구하는 것은, 야웨께서 행하실 수 있고 또한 야웨만이 행하실 수 있다는 굳건한 확신 속에서 3-11절의 어두움을 극복하는 것이다.

17절의 클라이맥스에서, 우리는 이 시편의 처음 시작부분에 등장했던 것과 짝을 이루는 강력한 단어 "주님"(אדון)을 다시 한 번 더 발견한다. 하나님의 이름은 처음 시작부분과 바로 이곳에서는 주님(אדון)이고, 중간 부분에서 탄식과 더불어 나올 때는 "야웨" 이다. 시작부분과 마지막 부분에서 반복되는 주님이란 표현은 언약적 용어인 "우리 하나님"을 통해 수식되는데, 그 결과 통치권자이신 그분은 이제 우리와 함께 하시고 우리를 위하시게 된다. 또한 우리의 웰빙에 무관심한 채 그분의 영속성만을 자유롭게 즐길 수 없게 된다. 이 시편은 인간의 환경 밖에 계신 하나님으로부터 이제는 우리의 길에 깊게 관여하시는 하나님으로 움직여간다.

여기서 사용된 시간과 관련된 언어는 언약적 언어로의 전환과 잘 맞아떨어진다. 1-2절에서는, 하나님에 관한 시간이 인간의 시간과 대조를 이루면서 "대대로, 영원에서 영원까지" 로 표현된다. 그러나 15-16절에서의 시간 언급들은 좀 더 신중하고, 명확하고 구체적이며 제한적인데, 아마도 1-2절과 의도적인 대조를 이루고 있는 듯하다. 15절에서 요청하는 시간은 대대로나 영속적인 것이 아니다. 그저 날수대로와 년수대로, 그들이 저주받았던 것과 동일한 시간만큼 축복을 달라고 요구하고 있다. 16절에는 세대(generation)에 대한 소망이 나오기는 하지만, 그러나 정확한 요구는 단지 한 세대 이후에 대해서만 요구하고 있는 것으로서 "대대로" 에는 훨씬 미치지 못한다. 화자는 거대한 영광의 약속을 요구하지 않으며, 만약 이 약속이 현재 환경 가운데에 있는 지금 사람들에게 특별하게 진실이 되지 못한다면 그건 무의미하다는 것을 알고 있다. 하나님의 영원하심은 매일의 구체성 속에서 표출된다. 시간에 있어서의 전환은, חסד를 화자에 대한 즉각적인 관심으로 간주하는 도입부와 관련이 있다 .

마지막으로, 화자는 "우리 손의 행사" 라는 구문을 두 번 사용한다. 우리는 이 시편이 이 표현으로 끝맺을 것이라고 생각하지는 않을 것이다. 사실 이 시편은 그런 관심은 없는 것처럼 보인다. 분명히, 야웨께서는 그의 손으로 우주적인 스케일로 일하시고 역사하신다(참조. 시 8:3; 19:1). 그러나 이 시편은 야웨의 능력 앞에서, 열정적인 간구로 마무리 짓는다. 이 간구는 우리 편의 "일들" 을 위한 간구이다. 이 구문은 틀림없이 사람의 성취물들과 사람의 행함들을 의미한다. 이스라엘은 하나님이 우리 손의 행사를 축복하실 수 있다는 것을 알고 있다(신 16:15; 24:19). 그러나 이스라엘은 하나님이 그와 같은 준비들로 인해 분노하실 수 있다는 것도 또한 알고 있다(신 31:29). 왜냐하면 우리 손의 행사는 우상숭배적일 수 있기 때문이다(시 115:4; 135:15). 그럼에도 불구하고, 여기에서 가장 왕관을 씌워줄만한 탄원은, 하나님의 장엄한 권능을 인정하는 것이 아니라, "시들어가는 풀" 이 견딜힘을 받게 해 달라고 간절히 소원하는 탄원이다. 전체 모든 탄식들과 더불어 이 마지막 탄원은, 이 시 전반부의 주장들을 넘어선다.

이제 우리는 이것이 신학적 현실에 직면한 불쌍한 행위이고, 무모한 도전이라고 주장할 수 있다. 그러나 또한 신실함(14절)으로 변환된 하나님의 장엄하심(1-2절)이 소망을 불러일으킨다고(14-17절) 주장할 수도 있다. 장엄함 … 신실함 … 소망이라는 이 순서는, 마지막 탄원이 도전적인 행위가 아니라 분명 충실한 행위임을 의미한다. 이 탄원은, 하나님의 장엄하심이 언약적인 신실함으로 표현될 때, 하나님의 장엄하심에서 자연스럽게 흘러나온다. 만약 하나님의 장엄하심이 표현되지 않는다면, 소망은 제멋대로인 자율적인 행동이 되어 버릴 것이다. 하지만 하나님의 장엄하심이 언약적 신실함으로 옮겨졌을 때, 그것은 이런 소망 가득한 탄원을 할 수 있도록 초청한다. 이 기도자는 하나님이 오랜 기간 동안 인간의 현실을 존중하는 데에 움직여 주시기를 "소망" 한다.

이런 기도는 혼미의 시간 속에서는 기만적인 것이 될 수도 있고 거절될 수도 있다. 그러나 나는 그렇게 생각하지 않는다. 화자는 이 모든 것들을 정면으로 바라보았다(3-11절). 화자는 우리의 상황이 결국 티끌과 풀로 규정되지 않을 것이며 우리를 거처에 안전하게 거하게 하시는 분을 통해 규정될 것이라고 결론짓는다. 이 확신은, "무덤"(Pit)에 떨어지는 것을 가차 없이 반대하고 새 삶을 주장하면서 빈손이 되지 않을 것임을 끊임없이 기도하도록 일깨워주고 그렇게 기도하도록 허용해준다. 다름 아니라 하나님의 통치하심이 언약적으로 전환되는 바로 이것이, 다른 정황에서라면 프로메테우스적(Promethean)인 주장이 될 수 있을 법한 그런 인간적인 주장을 허용해준다. 그러나 여기서 이것은 하나님을 향한 신앙의 반응이다. 현실상황 속에서, 하나님은 기도하는 이스라엘을 소망가운데로 나아오도록 초청하신다.

시편 73편

우리는 이제 모든 시편들 가운데서도 가장 주목할 만하고 만족스러운 시편들을 다룰 것이다. 우리는 이 시편들을 혼미 시편들 중에서도 가장 마지막으로 다룰 것이다. 그 이유는 신앙의 이력과 관련된 내용들 중 이 부분이 혼미에 관한 가장 마지막 내용으로 여겨지고, 심지어 새로운 정위(定位)를 향한 첫 번째 모습으로 여겨지기 때문이다. 이 부분의 시편들이 지니고 있는 내용적인 과정 그 자체는 믿음 안에서 이루어진 일들 즉 혼미에서부터 출발하고, 그 과정을 거치고, 그 안으로 들어가는 일들에서부터, 기쁘고 즐거운 신뢰로 특징지어지는 새로운 정위(定位)를 향한 이동을 보여준다. 누구든 이 이동들을 우리가 앞으로 하려는 것과 마찬가지로 틀에 딱 맞춰서 따라가 볼 수 있다. 그러나 우리는 이 시편이 신앙의 행동이라는 점을 결코 놓쳐서는 안 된다. 이 시편은 하나님과의 능력 있는 약속, 하나님을 향한 분투 그리고 하나님과의 놀라운 교제라는 내용을 담고 있다. 공식적인 요소들은, 이 부분에서 활용 가능한 신학적인 경험의 힘에서 결코 따로 빗나가서는 안 된다는 점이다.

1절은 이 시편이 내포하고 있는 전제를 규정한다. 우리가 이 시편을 지혜 시편으로 간주하게 만드는 것이 바로 이 구절이다. 하지만, 이런 판단에 문제가 없는 것은 아니다. 지혜는 특징적으로 도덕적 일관성, 자유, 의무 그리고 신비 등을 다룬다. 그리고 이런 모티브들이 제시되는 동안, 이들은 공표되지는 않는다. 그러나 이 시편은 그런 내용들보다는 짙은 종교적 선포를 다루면서, 일반적으로는 지혜 교사들이 탐구하지 않는 특징인 신앙의 풍부한 내면성을 드러내준다. 여기에는 일반적으로는 지혜와 잘 연관되지 않는 심오함과 민감성이 있다. 여기서 제시되고 있는 문제가 "신정론" 임에도 불구하고, 주장의 과정과 해결점은 지혜적인 것이 아니라 다른 용어들이다. 이 시편의 마지막까지, 신정론의 이슈는 공평함에 대한 질문들로부터 교제의 능력으로 옮겨가는 것을 통해 다루어진다.

첫 번째 구문을 어떻게 번역하느냐에 따라 많은 것들이 결정된다. 관습적으로는 "하나님은 올바른 자에게 선하시다" 로 번역된다. 그러나 이것은 본문을 바꿔야만 하는 독법이다. 히브리어 시편 본문에는 טוב לישראל "이스라엘에 선하다" 로 되어 있다. 변화된 독법은 אל טוב לישר이 된다. 단어 간격을 떼어놓는 것은 이스라엘에 대한 언급을 분해해서 이것을 두 개의 단어로 취급한다, "올바른/하나님." 본문상의 변화는 두 번째 구문인 "마음이 정결한 자에게 선을 행하신다" 는 표현과 훌륭한 평행을 이루는 형태를 만드는 것에 의해 추천된다. 이런 변화가 만들어진다면, 이 공식은 매우 지혜적인 가르침처럼 들리게 된다. 왜냐하면 이것은 역사적인 이스라엘 공동체에 대한 언급 없이 일반적인 확신에 관한 교훈을 만들기 때문이다. 이와 같은 독법은 오래전부터 확립된 것으로서 적절하게 추구할 수 있는 그런 것이기도 하다.

이 같은 독법에 반해서 주장하는 것은 본문이 "이스라엘에게 선하시다" 로 되어 있다는 주장이다. 여기에는 분명 문법 이상으로 문제가 되는 점이 있다. "이스라엘" 에서부터 "올바른" 으로의 변화는, 우리가 해석하는 종교세계에 대한 변화이다. 이 주석에서 나는 여기에서 기도하고 있는 사람이 오로지 계명의 자녀만이 기도할 수 있는 것처럼 기도하는 이스라엘 사람이라고 주장하길 원한다. 일반적인 방식으로는, 이 시편은 신정론의 문제를 다룬다. 그러나 이것은 이 문제를 이스라엘적인 방식으로 제시하고 있으며, 해결점도 틀림없이 이스라엘적인 해결점이다. 신정론에 대한 질문과 대답은 전승, 토라에 대한 권위, 이 백성에게 주어진 약속이라는 정황 속에서 제시된다.

1절은 이 시편의 전제를 제시하는데, 이것은 또한 결론이기도 하다. 그러나 그것이 결론일 때와 전제일 때는 다르게 선언된다. 전제일 때에는 이것이 상처받기 이전, 의심하기 이전, 분노하기 이전으로 취급된다. 이것은 진솔함을 격려한다. 그러나 결론으로서는, 확신이 상처, 의심 그리고 분노의 다른 측면에 자리 잡는다. 이 단어들이 동일하긴 하지만, 이제는 다른 내용을 담지하고 있다. 이제 말하여 지지 않은 분노의 말들이 행해진다. 이제 생각할 수 없었던 적개심들이 생각된다. 이 화자는 전승의 진실이 새로운 형태로 나타나는 것을 발견하면서 놀라고 있다. 이것은 마치 화자가 "오라, 내가 이 신앙의 확신을 갖는 법을 상처와 질투와 불평등의 세상 속에서 어떻게 배우게 되었는지를 네게 보여주겠다"라고 말하고 있는 것과 같다. 시편 73편은 어떤 순진한 신앙도 공격한다. 이 시편은 우회적으로 두 번째에, 솔직함을 아는 것에 도달한다.

시편을 여는 갑작스런 외침인 "참으로"(אך)는 시편 49:15과 동일하다. 두 경우 모두, 이 언급은 가정된 지식에 반대한다. 이 시편은, 과거에 분명 전승에 반해서 형성했던 새로운 의견에 반격하는 의견을 제안한다. 이것은 마치 (화자와 더불어) 다른 사람들이 신앙에 대한 이스라엘의 주장을 거의 포기하는 지경에 다다른 것처럼 보인다. 왜냐하면 여러 증거들이 이스라엘의 신앙에 대한 주장이 그럴만한 가치가 없음을 보여주었기 때문이다. 이 화자는, 야웨의 신실하심에 대한 오래된 주장들이 냉소주의로 찌든 이 세상에서도 여전히 유효한 생명력 있는 주장임을 열정적으로 보여준다. 이 화자는 옛 선포들을 다시 주장하는데 만족하는 것이 아니라, 그 주장들을 다시금 입증하는 경험들을 제공하고자 한다. 물론, 하나님이신 이스라엘은 부주의하지도 않고 무관심한 이스라엘이 아니시다. 진지하게 제사를 드리는 사람은 다름 아니라 언약 공동체 안에서 "마음이 정결한 자" 이다(참조. 시 24:4). 1절의 이 약속은 순수하게 참여하는 사람들을 위한 약속이다. 마음이 정결한 자는 하나님을 볼 것이다(마 5:8). 다른 그 누구도 하나님을 볼 수 없을 것이다. 이 시편은 하나님을 보는 진리와 관련되어 있고, 어떻게 이 일이 일어나게 되며 이를 통해 이스라엘에게 어떤 일들일 펼쳐지는지에 대해 관심을 갖는다.

2-16절은 이 시편기자에게 자리 잡고 있는 문제를 설명한다. 이 부분의 시작부분에 있는 "그러나 내게는" 이라는 표현은, 이스라엘에게 확립되어 있던 전제들(1절에 서술된)이 이 화자에게는 문제가 되고 있음을 보여주는 듯하다. 화자의 개인적인 경험은 전승의 주장들과 잘 맞물리지 않는다. 그러므로 화자는 지극히 개인적인 서술을 하고 싶어 한다. 되돌아보면, 이 구절들은 흡사 죄고백과도 비슷하다. 이 고백은 2-3절에서 표현되었다. "내가 질시하였음이로다" 이후 우리는 질시의 이유에 대해서 듣게 되는데, 그 이유는 근본적으로 하나님의 통치권에 반하는 행동이다.

4-11절에는 부유한 사람들로 보이는 풍성하고, 냉소적이고, 형통한 "그들" 이 지배적으로 나타난다. 그들의 매일 매일의 모습은, 하나님이 언약을 지키지 않거나 토라를 존중하지 않는 גוים에게 선을 행하심을

확인해 주거나, 혹은 그들의 존재는 하나님이 무관심하심을 확인해준다. 어떤 경우든 간에, 이스라엘의 특별한 주장은 깊은 회의에 빠지게 된다. "그들"은 매우 자세하게 묘사되는데, 이 묘사는 화자가 매우 면밀한 관찰자임을 알려줄 뿐만 아니라 그가 매우 강렬하고 거의 강박적으로 이 문제에 대해 집착하고 있음을 보여준다. 그들은 해 변가에 편안하고 행복하게 여행가서 선탠이나 즐기다 돌아오는 사람들이다(4절). 그들은 어려움이 없는 사람들이고 "중산층의 도덕성"이나 혹은 "덜 행복한" 사람들에 대한 부담감도 별로 없어 보인다. 그들은 특별히 영양공급을 잘 받은 사람들이고 그들의 육체는 매우 잘 돌봐지고 있다. 그들은 자기를 돌보고 자기를 사랑하는 것이 자기 탐닉에 이를 지경이다. 그들은 그들만을 위해서 살아가며, 지치고 소외된 이웃을 돌보며 살아가라고 교육받은 사람들의 분노를 일으키는 사람들이다.

화자는 날카로운 경제적 비평을 한다. 하나님은 이처럼 살아가는 사람들에게 무관심하시다. 이들은 형통한 것이 아니라 운이 좋은 사람들이다. 시편기자는 이런 부와 편안함이 강포(6절)와 압제(8절)에 바탕하고 있다고 주장한다. 그들은 이기적인 자기 유익에는 능통하고 숙달되어 있으며, 이에 대해 전혀 부끄러워하지 않는다. 이 시편기자는 분명한 결론으로 인해 곤란을 당한다. 정말 그렇더라!

뒤이어 12-16절에서, 이 시편은 전승과 이런 유혹 간의 긴장에 집중한다. 3-11절은 전승에 대한 언급 없이 단순한 서술만을 했었다. 그러나 이제 우리는 또 다른 관찰을 해야만 한다. 12절에서 화자는 평결을 내린다. "볼찌어다, 이들은 악인이라." 내가 생각하기로는, 이것은 정죄를 하기 위해 사용된 것은 아닌 것 같다. 만약 정죄를 위해서였다면 그들을 쫓아냈을 것이기 때문이다. 화자는 악인들을 쫓아낼 준비가 되어 있지 않다. 그보다는 "악인"이라는 딱지는 그저 사회적인 규정에 불과할 뿐이다. 물려받은 전승에 의하자면 이들은 고통 받아야 하는 사람들이다. 전승에 의하자면, 이들은 그렇게 살았기에 곤란이 그들 위에 엄습해야하는 사람들이다. 그러나 그런 일이 일어나지 않았다. 그러므로 "악인"들은 또 다른 삶의 방법으로 보이기 시작하고 이는 이스라엘의 전승을 끔찍하게도 소외적인 것으로 만든다.

그 뒤 화자는 재앙 속에서 갑작스럽게 의심스러운 생각을 이야기한다. 13절을 시작하고 있는 분사 "참으로"(אַךְ)는, 1절에서 사용된 것과 동일하다. 화자는 분열성의 언어를 사용하면서 과연 이스라엘의 도덕적 의무에 대한 전승이 넌센스가 아닌지 의아스러워한다. 정결한 마음을 유지하는 것은 아무짝에도 쓸모없는 일이다. 다른 형용사를 통해서, 이 시편은 1절에 나온 처음의 전제로 돌아간다. 하나님께서는 "마음이 정결한 자에게 선을 행하신다." 그러나 이제 시편기자는 정결한 마음이 무용지물이 아닌지 의심한다. 이 화자는 이 세상에서 "우월한" 방법 즉 성실함이 아니라 실용성으로 판단받는 방법에 유혹받는다. 분명 이런 또 다른 방식은 효과적이다. 사실, 이런 방식이 이스라엘의 방법보다 더 잘 돌아간다. 이런 방식이 이처럼 행복한 결과들을 낳는다면 어떻게 이것이 나쁜 일이 될 수 있단 말인가?

15-16절에서는, 화자가 "그의 시대가 온다"(눅 15:17)고 이야기할 때, 새벽이 시작된다. 참을 수 없는 점은 이것이다. "아이들은 무엇이라 생각할 것인가?" "이것이 내가 그 아이들이 나를 바라보기 원하는 모습인가?" 냉철한 시간은, 비록 그가 의인이라 하더라도 한 사람의 개인에

게서가 아니라, 공동체를 향해 책임 있게 행동해야 하는 공동체의 구성원에게 온다는 점을 잘 주목하라. 소망의 공동체에 대한 언급은, "그들"은 나의 모습이 아님을 분명히 한다. 그들이 매력적이기는 하지만, 나는 그런 방식으로 살 수 없다. 아마도 회한과 소망이 뒤섞인 모습으로 이 말을 했을 것이다. 아직 요점이 모두 정돈된 것이 아니다. 화자는 여전히 결정해야 할 일을 가지고 있고, 그의 불안도 커져간다. 이동을 위한 준비가 되고 있다.

이 이동은 이 시의 중심인 17절에서 일어난다. 이 구절은 짧다. 더 많이 알기 원하지만, 그러나 그저 힌트만 주어질 뿐이다. 화자는 "…때에야" 에게로 이끌려간다. 이 "…때에야" 는 과정의 변화가 일어나는 결정적인 시간이다. 새로운 정위(定位)가 이루어지고 있다. 실체가 무엇인지에 다시 초점맞추는 일은 "하나님의 성소" 에서 일어난다. 거룩한 장소는 또 다른 관점을 제공하며, 화자를 그토록 가까이에서 몰입하게 만든 증거에서부터 자유롭게 한다. 어떤 방법을 통해서-아마도 제의적인-하나님의 거룩하심의 현존은 화자로 하여금 다른 선택을 하려는 유혹을 다시 되돌리게 한다. 이제 그는 멀리 내다보며 "그들의" 운명이 어떤지를 알게 된다. 이 순간이 완전한 뒤집힘의 순간이다. 이제 이 시편은 지금까지와는 매우 다른 방향을 향해 이동해 나간다. 결국 전체 내러티브는 "나" 와 "그들" 간의 서로 맞닿을 수 없는 모습으로 규정된다.

18-28절에서, 우리는 다시 신앙에 초점 맞춰지는 것을 보게 되는데, 이는 2-16절과 완벽한 대조를 이루고 있다. 우선, 우리는 유혹적인 선택의 퇴각을 보게 되고(18-20절), 그 후 무엇이 참된 신앙을 의미하는지를 탐구한다.

유혹적인 선택을 몰아내는 것은(18-20절), 이 시편에서 세 번째로 사용되는 "참으로"(אַךְ)와 더불어 시작되었다. 이제 분명하다. 이런 자기 탐욕적이고 자율적인 사람들은 결코 피할 수 없는 마지막을 만나게 된다. 그들은 그들 스스로의 운명을 선택할 수 있다고 생각했었다. 그러나 시편 49편에서처럼, 그런 사회적 위치가 한 사람의 미래에 대한 특별한 목소리를 주는 것은 아니다. 그 뒤, 화자는 이스라엘의 도덕적 전승 중 최상의 주장을 뒤풀이 한다. 그런 삶은 제대로 될 수 없다!(이 주장이 여전히 실용적임을 주목하라). 화자의 혼돈은, 더 이상 도덕적인 조화를 이룰 수 없을 만큼 그렇게 깊거나 광범위한 것이 아니다. 삶은 여전히 유지되며, 반면 유지해야 할 삶의 모습을 부정하는 사람들이 만나는 결과는 미끄러운 곳, 파멸, 황폐, 놀람, 전멸이다. 이제 이것은 삶이 실제로는 어떠한가를 보여준다. 그러므로 우리는 하나님의 선포들과 반대 입장에서는 결코 살지 않을 것이다. 왜냐하면 그런 삶은 지속될 수 없기 때문이다. 하나님께서는 그런 자율적 노력이 무익하다는 것을 보여주신다.

21-22절은 15절과 상응을 이루면서 고통스러운 순간을 반영하고 있다. 화자는 회상에 잠기면서 얼마나 그 환상이 어리석었는지를 생각한다. 그는 이런 환상 속에서 그가 참으로 가치를 두고 있던 유일한 관계성을 깨뜨려 버렸다는 것을 깨닫는다. 이 구절은 후회를 표현한다. 다른 방식에 대해 어리석게 마음을 빼앗긴 것이 그가 알고 있는 유일하고 참된 관계성을 위협했기 때문이다. 모든 것을 규정하는 하나님과의 관계를 마치 그가 최종적으로 무시할 수 있기라도 하는 양, 그가 얼마나 완전히 무감각했었는지 모른다(참조. 사 1:2).

그러나 이 시편은 양심의 가책에서 오래 머물고 있지 않는다. 23-28절에서 우리는 1절의 확신 있는 결론으로 이끌어 가는 강렬한 신앙에 도달한다. "그러나 나는"이라는 자기 선언은, 정확하게는 2절의 동일한 자기 선언과 평행을 이룬다. 거기에서는 공동체의 전승에서 내가 사라졌었다. 그러니까, 2절의 "그러나 나는"은 공동체의 방식과 분리하기를 원했다. 이제는 정반대로, 이 "나"는 공동체와의 교제 그리고 공동체의 선포와 주장과의 관계를 회복했다. 2절의 "그러나 나는"과 23절의 "그러나 나는"의 대칭은 하나님과 함께하는 삶의 역동성과 궤를 같이 한다. 이런 역동성은 1, 18절에 나오는 평행적인 "참으로"(אך)를 통해 우선적으로 나타나는데, 이 단어는 지금까지 확실하다고 생각했던 것을 지적으로, 종교적으로 그리고 도덕적으로 연속성을 깨는 역할을 한다. 그러니까 이 시편에서는 내러티브가 두 번 깨지는 지점이 있게 된다. 첫 번째는 "참으로"(1절)와 "그러나 나는"(2절)인데, 이들은 1절의 전제를 깬다. 두 번째는 "참으로"(18절)와 "그러나 나는"(23절)인데, 이들은 잘못된 삶의 방식에 파괴적으로 빠져드는 것을 깬다.

23절에서의 "그러나 나는"은 드러내는 순간을 두드러지게 보여준다. 이 순간, 이 화자는 무엇이 가장 근본적으로 참된 것인지를 구별 한다. "내가 항상 주와 함께하니." 그러나 이것은 결단이나 성실한 충성의 표현이 아니다. 이 선언의 본질은 23b-24a절에 나타난다. "내가 항상 주와 함께하니"의 근거는 주님(당신)에 있다. 이 시편의 유혹 이후, 속죄하는 말이 당신이다. "주께서 내 오른손을 붙드셨나이다. 주께서 나를 인도하시고." 이 화자는 수혜자이지 대리자가 아니다. 하나님과 함께하는 삶은 선물이지 성취물이 아니다. 고백은 11절에서 냉소적으로 하나님을 쫓아내는 것과 대조를 이룬다. 여기에서 선포되는 확신은 즉위 공식(enthronement formula)과 흡사하다(사 41:10, 13; 42:6; 45:1). 왕적인 권능은 하나님의 잡아주시고 붙들어 주시는 손과 관계되어 있는데, 이점은 사도신경에서 기독론적으로 사용되었다, "그는 하나님 오른손 편에 앉으신다."

24절의 마지막 선언은 가장 불가사의한 내용이다. 신앙의 사람이 맞이하는 "후에는"(אחר)은 17절에 나오는 גוים(고임)의 "후에는"(אחרית)과 대조를 이룬다. 그들의 마지막은 황폐, 파멸, 떨림이다. 화자의 대조적인 결말은 영광과 존귀이다. 동사 "받는다"는 의미를 표현하고자 다시 한 번 더 לקח "취하다"를 사용했는데, 시편 49:15에서 본 것과 동일한 강한 동사이다. 언어는 은유적으로 남겨져야 한다. 일부 주석가들은 이 표현을 죽음 이후의 삶을 암시하는 것으로 취급하지만, 그러나 그런 관점은 이 시편의 범주 밖으로 나가는 순전히 이론적인 독법인 것 같다. 신앙의 사람이 맞이하는 운명은 하나님과 함께하고 하나님으로부터 주어지는 웰빙이라고 간주하는 것만으로도 충분할 것이다. 이 구절은, 우리의 "최고의" 목적이 하나님께 영광을 돌리고 그분을 영원히 즐거워하는 것이라고 고백하는 웨스트민스터 신앙고백의 전통과 일맥상통한다. 바로 이것이 정확하게 여기서 일어나고 있는 일이다.

25-26절은 23-24절에 나오는 결정적인 확신에서 파급된 내용을 반영한다. 화자는 이제 자신의 소속을 분명히 한다. 2-16절의 고집스러움과 독자적인 방식이후에, 이 화자는 "제정신으로" 돌아왔다. 그는 이제 다른 생명의 근원은 전혀 없다는 것을 이해하며 고백한다(참조. 요 6:68). 능력을 갖고 있는 분은 하늘에서도(다른 아무 신도), 땅에서도(매

력적인 다른 선택도) 전혀 없다. 이것, 오직 이것만이 그의 순수한 기쁨이다. 여기엔 도덕적인 무게감이 없다는 점을 주목하라. 그는 이제 야웨를 그의 가장 좋은 친구로 간주하며, "우정"을 나눌 분으로 간주한다. 그리고 자기 자신 밖에서는 그 무엇도 도움이 되지 못하므로, 26절은 자신이 갖고 있는 자원들을 생명의 길로 삼는 것을 부정한다. 분깃(חלק) 이신 야웨는 파멸로 이끄는 악인의 "미끄러운 장소"(חלק)와 대조를 이룬다. 분깃이신 야웨는 안전하고 믿을만하며(참조. 시 16:5; 142:5), 재앙으로 끝나는 악인들의 분깃들 같지 않다.

27-28절에서 마지막 교훈적인 결론이 나온다. 27절 도입부의 "볼찌어다"는, 12절의 "볼찌어다"와 맞물린다. 12절에서 이것은 놀랄만한 발견이었지만, 이제는 그것이 잘못임을 알고 있다. 이제 두 번째 결정적인 구별이 제시된다. 하나님으로부터 떨어져 있는 자들은 죽는다. 자율이라는 것은 제대로 되먹지 못한 매춘이다. 그 다음 28절에는 "그러나 나는"이 가까이 함에 대한 어쩔 줄 몰라 하는 자기선언과 더불어 세 번째로 나온다(2, 23절). 이 시인은 이제 고집스럽게 야웨와 함께 한다. 화자가 하나님께 가까이 함(קרב)은 다른 사람들이 주를 멀리함(רחק)과 대조를 이룬다. 하나님을 멀리 함이 죽음으로 이끌 듯이, 가까이 함은 "선함"으로 인도한다. 시편 73편은 웰빙과 더불어 마무리된다. 모험을 감행한 사람은 하나님과의 교제라는 피난처가 얼마나 즐거운지를 발견한다. 바로 여기 28절에서만 야웨의 이름이 최종적으로 언급되었다는 점도 놀라운 점이다. 이건 마치 적절한 순간까지, 행복한 해결과 진중한 믿음의 순간까지 이 이름이 보류되거나 혹은 들려지는 것이 금지되었던 것처럼 보인다. 그 이름을 이제 앞에서 이야기하는 것은 그들을 향한 조

롱이 될 것이다.

분명 이 시편은 복잡하고 기교가 뛰어난 언어이다. 부버(M. Buber)가 언급했듯이, 이 시편은 마음에 관한 묵상을 한다. 이 용어는 여섯차례 등장한다.

> 첫째, 마음이 정결한 자(1절)
>
> 둘째, 저희 소득은 마음의 소원보다 지나며(7절)
>
> 셋째, 내 마음을 정히 하며(13절)
>
> 넷째, 내 마음이 산란하며(21절)
>
> 다섯째, 마음은 쇠잔하나(26절)
>
> 여섯째, 마음의 반석이시요(26절)

이 시편은 특히나 통찰력과 진솔함으로 인해 사람들에게 깊은 인상을 준다. 이 시편은 유혹 당했다가 치유된 마음에 관한 이야기이며, 외롭게 되었다가 사귐을 회복한 마음에 관한 이야기이다. 이 시편은 혼돈으로 들어가고 거기서 나오는 이동들에 관한 단서들을 제공한다. 사람은 그곳에 절대 정직을 가지고 가지만, 그러나 믿음이 그 혼란 가운데서 발견하는 것은 하나님에 대한 기억과 소망이다. 나는 이 시편 안에서의 결정적인 만남(17절)을 신비적인 경험으로 읽으려고 하지 않는다. 도리어 그 전환은 다가올 세대에 대한 생각(16절)과 그들의 판단에 의해 일어나게 된다. 그러나 우리가 신실한 하나님 편에서의 움직임만이 결정적일 수 있을 뿐 우리는 아무것도 할 수 없다는 것을 깨닫기까지, 너무나 오랫동안 익숙해져온 자기만족, 풍요 그리고 자율성이라는 이데올로기에서 자유롭게 되는 장소는 다름 아니라 거룩한 곳(17절)에서이다. 하나님을 부정하는 일(11절)이 하나님을 바꾸지 못한다(23절). 이 시편 기자는 새로운 정위(定位), 상황과 현실을 다른 방식으로 새롭게 이해하고 읽겠다고 결정하는데 도달했다.

새로운 정위(定位)의 시편

Psalms of New Orientation

주께서 나의 슬픔을 변하여 춤이 되게 하시며;

나의 베옷을 벗기고

기쁨으로 띠 띠우셨나이다,

이는 잠잠치 아니하고 내 영광으로 주를 찬송케 하심이니.

여호와 나의 하나님이여 내가 주께 영영히 감사하리이다.

시 30:11-12

나는 시편의 주된 흐름이 질서 잡히고 신뢰할만한 삶으로부터 마구 날뛰는 존재로 옮겨간다는 것을 보여주고자 노력해왔다. 시편은 하늘과 땅의 모든 것들이 비뚤어진 것처럼 보일 때, 혼미라는 새로운 실체를 표현한다. 우리는 이런 시편들이 이미 경험된 것만을 표현한 것이 아니라고 믿을 수 있다. 이 시편들은 또한 무질서의 새로운 상황을 표현하고 깨우기도 해서, 그 결과 그것을 경험할 수 있게 하기도 한다. 즉 언어로 표현되지 않는다면, 그리고 언어로 표현될 때까지는, 이런 무질서의 상황은 충분히 경험되거나 포용되거나 인식되지 못한 것일 수도 있다. 우리는 많은 여러 방식들을 통해 혼미에 대한 경험이 경험되고 표현된다는 것을 살펴보았다. 이런 다양한 방법들은 상황과 현실에 대한 매우 다른 신학적 독법들을 포함하는데, 이것은 어떤 하나의 공식으로 설명되거나 이해되거나 환원될 수 없는 것들이다. 우리는 시편 안에 있는 여러 실제 상황들에 대해 시간과 공간의 많은 부분을 할애해 왔다. 시편에서도 이 부분들은 교회에서 사용하는데 있어서 가장 등한시되던 부분들이었기 때문이다. 현재의 종교적 상황 속에서는, 오히려 이 부분들이 시편들 중에서도 가장 도움을 줄 수 있는 부분일 수 있다. 왜냐하면 우리는 부인과 허위의 사회 속에서 살고 있고, 또한 이 시편들이 그런 모습을 진술함으로 치유할 수 있는 방법을 제공해 주기 때문이다. 또한 우리가 살고 있는 사회의 혼돈이 개인적일 뿐만 아니라 공공적이라는 것 역시 그 이유가 될 수 있다. "거룩한 천개(sacred canopy)"는 분명 위태로운 상황이고, 이 위태로움은 종교적 이슈로 다뤄져야만 한다.

그러나 분명 혼미 속으로의 이동은, 이스라엘의 신앙 안에서나 혹은 시편 문학 안에서만 일어나는 움직임만이 아니다. 화자가 "무덤 안에" 남겨져 있는 경우라 하더라도(시 88편처럼), 그것은 독특한 경우가 아니다. 시편은 매우 빈번하게 두 번째 결정적인 움직임인 혼미에서 새로운 정위(定位)를 경험케 한다. 즉 시편은 새로운 삶이라는 놀라운 선물이 그 누구도 기대하지 않는 바로 그 때에 주어진다고 규칙적으로 증언한다. 이 새로운 정위(定位)는 이전의 오래되고 안정적인 안정성으로 돌아가는 것이 아니다. 왜냐하면 그처럼 다시 돌아가는 일은 없기 때문이다. 시편기자는 우리가 다시는 집으로 돌아갈 수 없다는 것을 잘 알고 있다. 일단 한번 참된 정직함이 버려진 이후에는, 여기 야웨와 이스라엘 사이에서처럼, 처음의 정직한 상황으로는 돌아가는 일은 결코 없다.

그보다는 화자와 신앙 공동체는, 설명할 수 없고 추론할 수도 없지만 하나님의 불가해한 능력과 선하심을 통해 현재 삶속에서 가능성이 나타날 때, 종종 은혜로 인해 놀라곤 한다. 그 새로움은 설명되거나, 예견되거나 혹은 프로그램화될 수 없다. 우리는 우리가 어떻게 죽은 사람이 새 생명으로 일어서게 되는지, 어떻게 문둥병자가 깨끗함을 얻게 되는지, 어떻게 소경이 볼 수 있게 되는지를 모른다(참조. 눅 7:22). 그것을 모르는 만큼이나 이 새로움이 어떻게 해서 일어나는지도 모른다. 우리는 모른다. 이 시편들의 화자도 모른다. 이스라엘은 설명할 수도 없고 그렇다고 깊이 생각하는 것을 거부할 수도 없기 때문에, 그것은 그것이 할 수 있는 최상의 것을 할 수 있다. 놀라움과 감사함을 가지고 말하고,

이야기하고, 낭독하고, 증언할 수 있다, "놀라움, 사랑 그리고 찬양에 잠겨있으라."

베스터만은 탄식시편의 온전한 형태가 이스라엘 신앙에 있어서 가장 기본적인 수사적 패턴이라고 주장했다. 왜냐하면 이 온전한 형태는 비참함으로부터 기쁨으로 옮겨가는 극적인 전체모습을 구성하고 있기 때문이다. 현재 이해하고 있는 것처럼, 이 형태가 그저 문제에 대한 진술만을 담는 것이 아니라는 점은 매우 중요하다. 찬양과 감사에서도 극에 달하는 해결에 관한 선언도 포함되어 있다. 우선, 찬양과 감사의 행동은 문제가 해결되었다는 것에 대한 표현이다. 그러므로 이 경우, 이 찬양과 감사 형태들은 독립적인 형태들이 아니라 전체의 일부분적인 형태들이다. 이와 같은 모든 선언은 그 배경으로서 궁핍과 문제 가득한 상황을 갖고 있다. 문제 해결에 대해 찬양하는 이런 선포들은, 분명 지금까지 나오던 이야기를 갑자기 중단하고 새롭고 독립적인 언어 형태들이 된다. 적절한 수사학적 사례들 없이 홀로 서 있으면서 말이다. 즉 우리는 하나님을 기쁘게 신뢰할 수 있는 그런 새로운 정위(定位)에 관해 자유로운 선포들을 가질 수 있지만, 그러나 이와 같은 새로운 정위(定位)에 관한 선포들에는 항상 그 배경으로서 문제에 관한 선포들이 있다는 점을 인식할 수 있도록 도움 받을 것이다. 이스라엘의 찬양은 매우 특이하게도 깊음들 가운데서 나오며, 우리가 빠져 나오면서 놀라게 되는 무덤에서부터 나온다. 이 상황이 해결 불가능한 것처럼 보이기 때문이다. 이것은 감사 시편에서 많이 발견된다. 그 노래는 종종 탄식을 이제 해결 측면에서 낭송하는 것이거나 아니면 여전히 분명하게 볼 수 있는 문제를 기억하면서 찬양하는 것이기 때문이다. 찬송들을 구분하는 것은 그리 쉬운 일이 아닌데, 찬송들은 좀 더 독립적인 위치들을 갖고 있기 때문이다. 이 찬송의 중심적인 주장은 승리에 대한 선포인데, 이 승리는 패배로 끝났어야만 하는 그런 상황 속에서도 그렇게 되지 않고 발생한 승리이다. 그러므로 승리에 대한 송축 찬송은, 감사 노래에 나오는 해결된 문제와 상관이 있다.

탄식에서 찬양으로 돌아서는 탄식시편의 구분점은, 물론 문학적인 모습으로 나타나긴 하지만, 그러나 이런 문학적 모습은 우리가 어떻게 정위(定位)에 대한 새로운 경험을 하게 되는지를 밝혀주지는 않는다. 문학적 모습은 그저 단순하게 이에 관한 표현을 줄 뿐이다. 이런 움직임이 어떻게 일어나게 되는가에 관한 질문은, 문학적인 것이 아니라 신학적인 문제이다. 이스라엘은 새로운 정위(定位)에 관한 노래를 부른다. 왜냐하면 이스라엘의 하나님께서 혼미에 관한 기도들을 듣고 응답하시는 분이시며 또한 혼미의 경험을 해결하시는 분이시기 때문이다. 복음적인 이런 모습은 반드시 진가가 충분히 인정되어야 한다. 그 어떤 문학적 형태나 혹은 구조 혹은 습성도 이 새로운 경험을 설명할 수 없을 것이다. 이런 시편들을 지배하고 있는 문학적 습성과 더불어, 현실 상황을 변모시키려는 의지와 능력에 대한 신학적 경험도 나타난다. 이런 모든 기도와 노래들은 사망이 가장 최상으로 가장 강력하게 작용하는 것처럼 보이는 이 세상에, 하나님께서 생명을 주시고자 간섭하시는 행동을 취하시기를 간곡하게 부탁한다. 이 노래들은 문제에서 "자연적으로" 빠져나오는 것에 관한 것이 아니라, 결정적인 반전에 관한 것이다. 그리고 이 변화는 모든 것이 불가능해 보이는 곳에서 새로운 삶을 가져다주시는 하나님을 통해 가능하게 된다.

나는 이것이 목회적 경험에 결정적이라는 것을 입증하고자, 시편을 이런 방식으로 분류해 왔다. 사람들과 공동체의 삶은 결코 안정적이지 않다. 그들은 항상 움직이고 있으며 나는 그것을 안정성으로든 혹은 안정성에서 벗어나는 것으로든 조직화해 왔다. 두 가지 이동은 모두 다 목회적인 민감함, 신학적인 정직성 그리고 본문 자체의 제의적이고 수사학적인 드라마를 통해 도움을 받는다. 이것이 내가 왜 이런 방식으로 이 연구를 구성해 왔는가에 대한 이유이다. 인간의 경험은 신기하게도 이런 본문들의 흐름과 형태에 부합한다.

그러나 이것을 시도해 오고 있음에도 불구하고, 나는 두 가지 방법론적인 요소들에 대해 인정해야만 한다. 첫 번째로, 우리는 한 시편이 옛 정위(定位)에 관한 것인지 아니면 새로운 정위(定位)에 관한 것인지에 대해서 주석적인 결론을 내려야만 하는데, 이것이 항상 객관적인 것만은 아니다. 어떤 시편들은 이점에 대해서 거의 양면성이 없이 좀 더 분명하기도 하다. 그러나 여러 다른 시편들의 경우에는, 이것은 한 시편이 새로운 은혜의 경이로움을 표현하고 있는 것인지 아니면 하나님의 지속적인 은혜를 이야기하고 있는 것인지를 해석해야 하는 문제가 발생한다. 이것은 항상 이런 모습이 유지되기 때문에 당연한 것으로 여겨지곤 한다. 사실, 골딩게이(Goldingay)가 주장했던 것처럼, 이 문제는 이 시편이 어떻게 사용되는가에 달려 있다. 이것은 어떤 시편에 대한 한 사람의 해석학적인 입장이 그 시편을 기능적인 측면에서 어떻게 범주화시킬 것인지를 결정한다는 것을 의미한다. 형태에 따른 일반적인 범주화가 안정적이고 심지어 정적인 경향을 갖는 것에 비해서 이런 기능에 따른 범주화는 훨씬 불안정하고 좀 더 다이나믹하다.

두 번째로, 새로운 정위(定位)의 시편들이 연속성과 불연속성의 연속체에 대해 다양한 해결책들을 제공하는 것은 분명한 일이다. 새로운 정위(定位)가 옛날의 안정성으로부터 완전히 동떨어진 경우는 거의 없다. 그러나 주된 요점은 이제 막 주어진 생명의 새로움이라는 중요한 새 요소들일수도 있다. 우리는 새로운 정위(定位)에 대한 경험들과 표현들이 매우 풍부하고 다양하다는 것을 보게 될 것이다. 왜냐하면 이 보석 같은 새로움은 다른 모든 관행적인 언어 형식(mode)들을 능가하기 때문이다.

●●● 감사 시 Thanksgiving Songs

새로운 정위(定位)를 나타내는 가장 분명한 시편은 감사시편이다. 화자는 이제 탄식이나 불평의 다른 측면에 서 있다. 찬송을 하게 되는 이유는, 화자가 하나님께 불평을 토로했지만 하나님께서 그 탄식에 대한 응답을 주셨기 때문이다. 하나님의 간섭하심이 가져온 결과는, 오랫동안 계속된 문제가 극복되었다는 것이다. 시편에서의 언어는 구원, 간섭하심 혹은 화자의 마음에 아직도 생생한 고통스런 구체적 상황의 역전에 관한 것들이다.

시편 30편

이 시편은 감사시의 매우 분명한 본보기인데, 베스터만은 이 시편의 특색에 대해, 선언적인 내러티브(declarative narrative)라고 표현했다. 즉 이 시편은 문제 안으로 들어가는 것과 문제로부터 나오는 이야기들을 말한다. 우리는 이 시편에 대해 살펴보면서 이야기를 하는 방식이 얼마나 탄식 시편과 밀접하게 연관되어 있는지를 주목해야 할 것이다. 즉, 동일한 화자가 문제가 해결되기 전 문제의 다른 측면에서 표현했던 탄식 시편의 내용과 표현을 잘 살펴보면서 이 시편을 읽는다면, 이 시편을 읽어나가는데 많은 도움이 될 것이다.

이 시편은 매우 특별한 이유에 대해 찬양하는 것으로 시작한다(1-3절). 화자는 지금 방금 새로운 삶을 부여받았다. 사랑하는 자의 죽음에 관한 세부사항을 반복해서 열거할 필요가 있다는 것이 우리 경험이다. 이 시편기자는 지금 방금 성취된 구원에 대해 평행적 형태를 통해 세부적으로 낭독할 필요가 있다. 야웨께 돌려지는 네 개의 행동 동사들이 이 선언을 지배적으로 구성 한다.

주께서 나를 끌어내사(1절);

(주께서) 나를 고치셨나이다(2b절);

(주께서) 내 영혼을 끌어내어(3a절);

(주께서) 나를 살리사(3b절).

이 선포에는 문제의 구체성이 결여되어 있다. 문제가 무엇이었든 간에, 그것은 죽음이라는 이미지를 통해 표현되었다. 화자는 특수한 문제가 무엇인지를 알고 있다. 그러나 그것을 구체적으로 표현할 필요는 없다. 특수한 문제가 무엇이었든, 이것은 부활에 대한 순수한 경험이다. 삶은 실제로 역전되었다. 이 시편은 우리 자신의 특수성을 본문에게로 가져올 수 있기 때문에 우리에게도 유용하다.

이 시편을 탄식에 연결시켜주는 반명제는 매우 명확하다. 여기에는 탄식과 관련된 일반적인 용어들인 무덤과 스올(Sheol)에 대한 언급이 나온다. 여기에는 부르짖음과 기뻐하는 대적들에 관한 언급도 있다. 친밀한 호칭도 마찬가지로 나오는데, 야웨의 이름을 부르는 것이 세 차례 등장한다. 즉 이 시편은 도처에서 구원자의 이름을 부르는 것을 기뻐하고 있는데, 그 이름을 말하는 것이 찬양과 감사를 드리는 일이기 때문이다.

4-5절은 공동체에게 찬양에 참여하라는 일반적인 초청인데, 이 감사들은 한 개인이 적절하게 감당할 수 있는 범위를 넘어서기 때문이다. 이 두 구절들은 전형적인 찬 양 형태이다. 찬양하라는 두 개의 명령형들이, 주어진 이유와 짝을 이루고 있으며, 찬양해야할 이유를 이야기할 때 그 자체가 찬양의 행동이 된다. 간단한 찬양 공식은 다음과 같다.

명령형: 찬송하라 … (זמר)

명령형: 감사할찌어다 … (הודו)

동기: 왜냐하면 … (כי)

두 개의 항목에 대해 주의를 기울여야 한다. 첫 번째는 "감사하라"(הדה)는 핵심 동사인데, 이 동사는 도대체 누가 새 생명을 주셨는지를 고백적으로 시인하는 의미를 담고 있다. 감사하는 것은, 그저 단순히 고마워하는 것 이상의 것이다. 이것은 자기 자신을 다른 사람에게 의탁하거나 혹은 소속시키는 그런 의미를 갖고 있는 고백적인 선언이다. 감사하는 것은 소속하는 것이다. 두 번째로, 그 이유는 방금 전에 발생했었던 혼돈(분노, 눈물)에 대해 짧게 되돌아보는 것인데, 이는 새로운 정위(定位)에 관한 암시를 준다. 이 시편기자는 문제가 있었다는 것을 부인하지 않지만, 그러나 그것은 확실하게 극복되었다. 우리는 이 문제가 구체적으로 무엇이었는지에 대해서 듣지 못했고, 또한 어떻게 이 문제가 해결되었는지에 대해서도 아무런 단서를 얻지 못했다. 그것은 당사자인 이스라엘이 이에 대해 전혀 몰랐기 때문이다. 울음에서부터 기쁨으로의 이동은(참조. 요 16:20), 밤에서 새벽으로의 이동만큼이나 신뢰할 수 있다. 새벽의 힘이 하나님의 통치에 대한 새로운 법령이며, 이것이 찬양의 근거이다.

이 시편의 중간 부분(6-10절)은 우리의 일반적인 틀을 다시 확인해준다. 우리는 4-5절이 혼미로부터 새로운 정위(定位)로의 이동을 좇아간다는 점을 살펴보았다. 이제 이 구절들은 그보다 앞선 일인 옛 정위(定位)로부터 혼미로의 이동에 대해 표현 한다.

> 옛 정위(定位): 내가 형통할 때에 말하기를 "영영히 요동치 아니하리라" 하였도다(그건 여기서 일어날 수 없다) (6절).
>
> 혼미: 주께서 주의 얼굴을 가리우시매 내가 근심하였나이다 (7절).

하나님의 부재는 형통한 장면을 흔들어 놓았다. 그런 뒤 8-9절에서 우리는 앞서서 사용된 탄식, 우리가 지금까지 살펴본 탄식과 별반 다르지 않은 그런 탄식에서 인용된 내용을 보게 된다. 내가 부르짖었고; 내가 하나님께서 역사하셔야 할 이유들을 말씀드렸습니다(9절); 내가 간구를 아뢰었습니다(10절). 그러므로 이 시편은 야웨와 관련된 전체 과정을 웰빙(형통)에서부터 무덤에 이르기까지 그리고 새로운 생명에 이르기까지 풀어 이야기하고 있다.

결론(11-12절)은 야웨의 반전시키시는 결정적 행동들을 찬양하고 고백하는데 있어서 1-3절과 평행을 이룬다.

> 주께서 변하게 하시고,
>
> 주께서 벗기시고,
>
> 주께서 띠 띠우셨나이다(11절).

새로운 생명은 오로지 하나님을 통해서만 주어지는 것이기 때문에, 침묵은 불가능하다. 새로운 생명은 찬송을 요구하며, 무뚝뚝함, 좌절, 무딤, 실망을 끝나게 한다. 이 시편에서의 마지막 단어는 감사(고백) הדה이다. 표현할 수도 없고 기대하지도 못했던 새 생명의 특징적 표식은 감사로 표현되는 고백이다. 새로운 생명에 속해 있음을 표현하는 이와 같은 감사는 구원받기 이전의 상황을 생생하게 기억하고 있는 사람들에게서만 가능하다. 이 시편의 목적은 그 기억을 생생하게 유지할 뿐만 아니라 전환된 경우에도 계속해서 소멸하지 않도록 유지하는 것으로 보인다. 생명에 대한 능력과 하나님을 찬양하려는 열망 두 가지 모두는 이런 반전의 움직임 속에서 발견된다.

시편 40편

이 시편은 특별히 흥미로운 시편인데, 1-10절은 감사 시편으로 구성되어 있는 반면, 11-17절은 탄식시편으로 구성되어 있기 때문이다. 우리는 이 두 부분들을 살펴본 후 그다음 이 두 부분간의 관계성에 대해 생각해 볼 것이다.

이 시편의 처음 부분은 익숙한 구문으로 되어 있다. "내가 여호와를 끈기 있게 기다렸다." 이것은 약한 번역이다. 본문에서는 절대형 부정사가 사용되고 있는데 이것은 다른 식으로 좀 더 잘 번역될 수 있다. "내가 강하게 야웨를 소망했다." 사실 다른 모든 소망들은 소진되어 버렸다. 1-10절은 이런 열정적인 소망이 성취되었으며 실망되지 않았음을 이야기한다. 이 소망은 야웨께서 진정한 새로움을 부여해 주실 수 있다는 확신 속에서 품는 소망이었다. 이 소망은 실망되지 않았다.

1b-3절은 소망했었고 또한 허락되고 공급된 구원에 관해 이야기한다. 그가 기울이셨다, 그가 들으셨다, 그가 나를 끌어 올리셨다, 그가 내 발을 두셨다, 그가 내 입에 새 노래를 두셨다. 다른 구절들에서처럼 이 시편기자는 3절에서도 이것이 개인적인 일이 아님을 열렬하게 주장한다. 개인적인 구원은 비단 개인적인 차원의 문제만이 아니라 공공의 관심과 이익의 문제이기도 하다. 왜냐하면 이런 경우 야웨를 의지할만하다는 사실은, 다른 사람들도 야웨를 의지(בטח)하게끔 이끌어 주기 때문이다. "새 노래"라는 구문은 새로운 정위(定位)를 보여주는 사인(sign)이다. 새로운 웰빙이라는 상황은 이전의 제의적인 주장들이나 이전의 행위들과의 단절을 요구한다. 아마도 이 구문은 원래는 새해와 같이 공적으로 새롭게 맞이하는 무언가를 위해 새 노래를 부르도록 공동체에게 요구하던 것을 언급한 것이다. 여기 이 부분에서는 이 사람에게 생명이 새롭게 시작되었음을 이야기하기 위해 사용되었으며, 또한 새

노래는 새로운 이 선물에 부합하는 새로운 가락과 가사를 요구한다. 이 구문은 다른 곳들에서는 역사적인 해방(사 42:10), 제의적인 갱신(시 96:1; 98:1), 그리고 이 시편에서처럼 복음 안에서 "간절히 소망하는" 사람들에게 위대한 새로운 삶을 열어주는 것을 언급하는데 사용되었다.

감사의 동사들은 매우 흥미롭다. 의심할 여지없이 이 동사들은 개인적인 경험에 관해 이야기하지만, 그러나 이 단어들은 상상력도 갖고 있다. 왜냐하면 이 단어들은 또한 애굽과 출애굽이라는 근원적인 기억들을 떠오르게 하고 암시하기 때문이다. 하나님께서 기울이시고, 들으시고, 가져오시고, 발을 새로운 장소에 두시는 것은 이스라엘 모든 사람들의 경험이다(참조. 출 2:23-25; 3:7-15). 출애굽 부분에서는 이 새 노래가 비록 새 노래라는 구문으로 사용되지는 않았지만, 모세의 노래(출 15:1-18)와 미리암의 노래(출 15:21)로 불려졌다. 누군가가 이 시편을 사용할 때, 그는 이스라엘의 구원에 대한 전체 기억과 연대하고, 참여하고 그리고 다시 그 구원의 역사를 살아가는 위치에 선다.

감사의 나머지 부분(4-10절)은 새로운 생명으로 인도해 주는 건져냄에서 생겨나는 세 가지의 부산물로 구성된다.

4-5절에는 두 개의 서로 다른 주제들이 서로 결합되어 있다. 4절은 매우 행복한 것처럼 들리는 지혜 격언이다. 아마도 이 구절은 3절을 되풀이하고 있는 "의지"라는 단어 사용 때문에 여기 놓여 진 것 같다. 여기서는 야웨를 의지하는 것은, 결코 소망의 적절한 근원이 될 수 없는 우상을 의지하는 것과 날카롭게 대조되고 있다. 그리고 5절에서는, 이런 대조를 통해 야웨의 차별성과 유일성을 찬양하는 방향으로 나아간다. "누가 그분과 같으랴?" 대답은 "아무도 없다." 이 시편기자는 성경

이 일반적으로 그렇게 하는 것처럼 1-3절의 특수한 경우들로부터 폭넓고 우주적인 결론들을 도출해 낸다. 그러나 이것은 이스라엘이 출애굽 이후부터 계속해서 해오던 일이다(참조. 출 15:11). 야웨께서 이 화자를 위해 행해주신 일은 야웨께서 모든 사람들을 위해 항상 행하시는 일의 특징으로 간주된다. 이것은 욥의 친구들(욥 5:8-9)과 욥(9:10) 둘 모두가 주장하던 내용이다. 구원자로서의 야웨는 역사적 과정들과 창조 속에서 놀라움과 새로움 그리고 기적들을 일으키시는 분이시다. 다른 그 어떤 신들도 이렇게 하지 않는다. 이 하나님이 소망과 의지의 타당한 근원이시다.

새로운 상황 속에서 이 화자는 좀 더 깊이 묵상하면서 하나님이 이처럼 새롭게 구원하신 백성들에게 무엇을 원하시는지를 설명하는 데로 나아간다. 야웨께서는 더 이상 언약종교를 원하지 않으신다. 그것은 피곤한 옛 세상에 속한 것이다. 습관적으로 행하는 사람들이 비난받지는 않겠지만, 그러나 그들은 부적절한 것으로 인식된다. 그렇다면 우리는 "새 노래"와 더불어 무엇을 해야 하는가? 우리는 새로운 순종을, 짐이 아니라 기쁨인 토라를 받아들이는 일에 참여한다. 편견과 억압을 갖고 있고 또한 "내가 되어야" 할 필요가 있는 우리의 주관적인 문화 속에서는, 새로운 삶이란 기대할 것 없는 완전한 자유로운 삶이라고 생각한다. 그러나 여기서는 아니다. 이 새로운 삶이란 토라에 대한 순종이 진정한 기쁨인 그런 삶이다. 예레미아 31:31-34의 위대한 약속에서도 새 언약은 공동체 안에서의 토라를 강하게 지향한다. 예수님께서도 새로운 삶으로의 부름 속에서, 분명 새로운 시대에 대한 순종을 염두에 두고 있었다(막 10:21). 이 화자는 토라를 그의 "심중"(מעי, 8절)에 두었다. 이 장소는 정확하게 예레미야가 토라가 있게 될 것이라고 약속했던 장소이다.

야웨의 차별성 그리고 새로운 순종을 받아들임과 더불어, 세 번째 부산물은 대중 속으로 갈 준비가 되어있다는 점이다(9-10절). 여기서의 감사에 대한 선포는 시편 22:22-31절에서의 탄식에 대한 해결과 매우 밀접하다. 화자는 그의 새로운 삶에 대한 소식을 전하기 위해 시간 허비하지 않았음을 보여주고자 애를 쓴다.

> 내가 기쁜 소식을 전하였나이다(בשׂר)
>
> 내가 내 입술을 닫지 아니하였나이다
>
> 내가 주의 구원하시는 도움(צדקה)을 숨기지 아니하였나이다
>
> 내가 주의 성실(אמונה)과 구원(תשׁוע)을 선포하였나이다
>
> 내가 주의 인자(חסד)와 성실(אמת)을 은휘치 아니하였나이다

이 구절들의 처음과 마지막 부분에서는 대회가 언급되었다. 성경적 신앙의 주된 아젠다를 표현하는 단어들은 복음, 의로움, 성실함, 구원, 인자, 의지 등이다. 야웨의 새로운 삶이라는 전체적 복음이 제시된다. 이 모든 것들이 감사를 드리는 사람의 입에서 기쁘게 나온다. 이 모든 것들은 개인적인 역전의 구체성에 토대를 두고 있다.

4-10절이 새로운 삶이 어떻게 보여야 하는지에 관한 포괄적인 제안을 하고 있다고 보는 것은 그렇게 무리한 추측은 아니다.

> 야웨께 대한 남다른 의지(4-5절);
>
> 야웨의 토라에 대한 즐거운 기쁜 순종(6-8절);

야웨의 행하심에 대해 증거 할 준비되어 있음(9-10절).

우리는 사실 이 확신적인 선언을 들은 이후에 11절에서 갑작스럽게 탄식에 대한 노래로 이동하는 것에 준비가 되어 있지 못하다. 우리가 기대할 수 있는 것처럼, 근본적인 모티브는 건져내 달라는 현실적인 간구인데 이것은 "지체하지 마소서"(17절)라는 결론을 이야기하는 것과 더불어 여기저기에 스며들어 있다(11, 13, 17절). 이런 급박한 느낌은 몇 가지 이유들과 잘 맞아 떨어진다. 12절에서는 악의 위협이 제시되었고, 17절에서는 불평이 반복되었다. 마찬가지로 찬양에 대한 기대도 한 가지 이유가 된다. 14-15절에서는 대적들에게 형벌을 달라고 소망하는 저주가 나온다. 우리는 이미 탄식 시편들에 대해서 살펴보았으므로, 더 이상 이 시편의 이러한 부분에 대해 설명할 필요는 없을 것이다.

우리를 흥미롭게 하는 것은 탄식과 감사의 병렬이다. 우리는 이미 표준적인 형태에서 그토록 고대되던 감사에서 탄식이 극에 달한다는 것을 보아 왔지만, 그러나 여기서는 이 요소들의 순서가 바뀌어 등장한다. 이와 같은 놀라운 배열을 가장 손쉽게 조종하는 방법은, 이 문제는 무의식적인 것이어서 이 시편의 구성과 관련 있는 것이 아니기 때문에, 이 두 부분들이 아무 의도 없이 우연히 함께 묶여졌다고 간주하는 것이다.

그러나 우리는 이 두 부분들 간에 매우 밀접한 언어적 연결성들이 있음을 관찰할 수 있는데, 이것은 불평에 대해 힘과 신뢰성을 더해주기 위해 감사 노래를 매우 섬세하고 꼼꼼하게 사용했음을 알려준다. 우리는 유사성들을 관찰할 수 있는데, 그중 일부는 특별히 연관성이 있고, 다른 것들은 조금 덜하다.

감사	탄식
내가 닫지 않았습니다(בלא, 9절);	오, 주님 그치지 마소서(כלא, 11절)
내가 주의 חסד와 אמת를 은휘치 아니하였나이다(10절);	주의 חסד와 אמת로 나를 항상 보호하소서(11절);
주의 토라가 나의 심중에(מעי) 있나이다(8절);	내 마음(לבי)이 사라졌음이니이다(12절)
내가 주의 성실과 구원(תשוע)을 선포하였음이여(10절);	주의 구원(תשוע)을 사랑하는 자는(16절);
주의 뜻 행하기를 즐기오니(חפז, 8절);	나의 해를 기뻐하는(חפץ) 자로(14절);
셀(מספר) 수도 없나이다(5절);	무수한(מספר) 재앙이 나를 둘러싸고(12절);
주를 찾는 자로(בקש, 16절).	나의 영혼을 찾아(בקש) 멸하려하는(14절)

여기에 덧붙여서, 우리는 언어적으로 평행을 이루고 있는 두 개의 짝을 더 생각해볼 수 있다. 첫 번째는, 감사는 찬양을 포함하고 있고, 탄식은 그것을 고대하고 있다는 점이다. 주와 같은 이가 없나이다(5절)... 야웨는 광대하시다(16절). 두 번째는, 이 시편의 처음 시작 부분과 마지막 부분이 서로 균형을 잡고 있고 상호 보완적이라는 점이다. 감사부분은 "내가 여호와를 바라고 바랐다" (1절)로 시작했고, 탄식은 "지체하지 마소서" (אחר, 17절)로 결론짓고 있다. 강력한 소망은 결론적인 기도의 토대를 이룬다.

우리가 지금 주목한 이 평행들은, 양식화 되고 제한적인 구문들이 사용되다보니 기계적으로 일어난 것이라고 생각할 수도 있겠지만, 그러나 여기서의 모습은 그런 것 이상의 모습이다. 탄식부분은 감사 노래에 대한 정확한 언급들로 구성되어져 있고 그래서 감사노래는 불평에 무게를 더해 주고 있다.

논리적으로만 이해한다면, 이런 순서는 잘못된 것이다. 불평은 새 노래의 기쁨 이후에 등장해서는 안 된다. 그러나 경험적으로는 이러한 순서가 매우 중요하다. 이런 순서는 우리에게 혼돈으로부터 새로운 정위(定位)로의 이동이 획일적인 것이 아니고, 쭉 뻗은 선처럼 일관성이 있는 것도 아니며, 또한 재 반전하는 것도 분명하지도 않다라는 것을 확인시켜 준다. 삶은 안과 밖으로 이동한다. 우리의 일상적 생활에서 구원의 기쁨은 즉각적으로 음부에 대한 절망과 두려움으로부터 둘러싸이고 공격받게 된다. 그러므로 소망하고 있는 사람은 하나님께 지체마시라고 촉구해야만 한다. "지체치" 않고 찬양하는 사람은 야웨께 은혜를 "지체치" 마시라고 요구해야만 한다. 여기에 이 시편의 리얼리즘이 있다. 그러나 이것은 하나님을 깊이 의지하는 리얼리즘이다. 깊은 필요 속에서 이스라엘이 방향을 바꾸어 향해야 할 분은 다름 아니라 바로 야웨이시며, 기쁨에서 뿐 아니라 문제속에서도 다른 누군가가 아니라 야웨께로 돌아가야 한다.

시편 138편

다른 감사 시편들과 마찬가지로, 이 시편은 지금은 구원을 통해 해결이 된 과거 궁핍한 시간을 기억하고 있다. 여기에서 특별한 점은 찬양의 범주가 하늘과 땅 모두에게로 확장되었다는 점이다.

1-3절은 감사의 중심적인 행동을 요약한다. 이 단위는 찬양에 대한 4개의 자기 선언과 더불어 시작한다.

내가 감사하며,

내가 찬양하리이다,

내가 경배하며,

내가 감사하오리니.

여기서 송영을 올려드리는 장소는 신들의 거룩한 하늘 궁정인 것으로 보인다(1절). 이것은 마치 시간을 증언하는 것처럼 보인다. 각각의 신들은 그들이 근래에 무엇을 했는지에 대한 증거들을 갖고 있다(참조. 사 41:23; 44:8). 시편 82편은 오로지 죽지 않는 신만이 가난한 자들을 돌보는 신이라고 주장한다. 시편 138편은 이런 교제에서 야웨께서 신뢰할 수 있는 분임을 뒷받침하는 증거를 제시한다. 사실 2b절에서 야웨에 대한 칭송은 다른 신들과의 관계에서 드려지는 칭송이다. 감사해야 할 이유가 우선은 일반적인 언약적 용어들인 야웨의 חסד와 אמת로 표현된다. 그러나 그 이후 3절에서는, 이 חסד와 אמת가 화자에 관한 언급에 있어서 매우 구체적이 된다. 성실함이라는 일반적인 문제가 의미하는 바는, 하나님께서 이런 특별한 상황 속에서 내게 성실하시다는 것이다. 이 간구는 하나님과 직면하고 있는 중심 문제들이, 나에 대한 특별한 언급들과 더불어 해결되어야 한다고 생각할 만큼 아주 대범하다.

4-6절은 동일한 주제들을 재 반복한다. 이제는 오로지 찬양하는 공동체만이 지상에 있을 뿐이다. 1-3절에서, 궁정에 있는 신들은 낮은 자를 구원하는 것이 참된 신성과 신다움을 이룬다는 점을 인정하지 않을 수 없다. 이제 지상의 왕들도 동일하게 야웨께 고백하도록(ידה) 압력을 받는다. 그 이유는 신들에 대한 것과 마찬가지로 동일하다. 야웨께서

그분의 영광가운데 위대하시다는 것이 인정된다. 즉 하나님께서는 그분의 왕적인 권능과 장엄함에서 위대하시다(5절). 왕들은 이점을 알아차린다. 즉, 그들 자신의 영역들에서, 그들 자신들의 규범에 의해, 그들은 이 분이 비범하시다는 것을 알 수 있다. 그러나 여기 6절에서 표현되고 있는 새로운 세상은 복음적인 놀라움을 담고 있다. 야웨의 위대한 영광이란 무엇인가? 그 단서와 전환점은 6절에 나온다. 그분은 높은 곳에 계시지만, 낮은 자들을 하감하신다(참조. 사 57:15). 즉 1절에 있는 다른 신들과는 다르며, 또한 4절에 나오는 전통적인 왕들과도 다르다. 매우 특이하게도, 신들과 왕들은 높은 곳에 있으면서 낮은 자들에 대해서 신경을 쓰지 않는다. 이스라엘의 전체 역사는 이와 정반대의 모습에 대한 증거이며, 바로 이것이 이스라엘이 열방 가운데서 소문거리가 되는 이유이고, 야웨께서 다른 신들과는 달리 우리 모두를 당혹케 하는 이유이다. 전체 감사의 토대인 이 구절은, 그 드러내는 내용에 있어서 가히 혁명적이다. 높은 자, 낮은 자, 교만한 자에 대한 언급은 정치적 현실과 정치적 각성을 기도에 담는다. 사회 변혁과 역사적 전환을 위한 씨앗들이 이 아젠다가 표현될 때 제시된다.

야웨에 대한 이와 같은 급진적인 주장과 이스라엘을 향한 이와 같은 급진적인 소망은 거대한 이론에 토대를 두고 있는 것이 아니라, 화자의 특정 경험에 그 토대를 두고 있다(7-8절). 그 결론은 8절의 전형적인 송영구절(doxological phrase)이다, "야웨의 חסד가 영원히 함께 거하시리로다." 그러므로 חסד는 2절에서 8절까지 둘러싸고 있다. חסד의 구체적인 특별성이 7절에서 단언된다. 화자는 문제들을, 그러니까 구속, 감금, 긴장 등을 기억한다. 그리고 이와 같이 무거운 짐이었던 역사적 환경은 야웨께서 행동하신 대상이었다.

> 주께서 소성케 하시고
> 주께서 주의 손을 펴사
> 주의 오른손이 나를 구원하시리이다

하늘과 땅은 이제 매우 구체적인 경험으로 인해 통고받는다. 더 이상 낮은 사람들이 짓밟히지 않는 전혀 새로운 통치가 진행 중이다. 여웨께서 이런 움직임을 만드시기 때문에, 다른 모든 것들은 변화해야만 할 것이다. 마지막 행에 나오는 "주의 손으로 지으신 것"은, 다름 아니라 그들의 모든 생명을 이전에는 듣지도 기대할 수도 없던 방식으로 간섭하시는 이 분에게 빚지고 의탁하는 낮은 사람들이다.

시편 34편

새로운 삶의 형성은 훈련을 요구하며 원칙에 대한 충실함을 요구한다. 이 감사노래는, 구원의 순간을 기억한다. 그러나 화자는 다른 사람들에게 어떻게 새로운 정위(定位)를 통합하고 유지할 것인지에 대해 교훈하지 않을 수 없다. 그래서 이 시편은 지혜 교훈의 강한 특성들을 지니고 있다. 이 시편이 이와 같은 고의적인 의도를 가지고 있다는 점은 알파벳 시편 구조에서도 또한 분명하게 나타나는데, 이점은 이 시편이 감사에 대한 감정적인 분출이 아니라 새로운 세상을 만들어 나가기 위해 매우 계산된 진술을 하고 있음을 암시한다.

1-7절의 감사는 규칙적인 특징을 포함하고 있다. 광대함에 대한

부름, 전면적인 찬양 그리고 찬양을 불러일으키시는 야웨의 특별하심에 대한 언급 등이다. 찬양에 대한 결의는 대체로 찬송적이다. 개인의 해방에 대한 특별한 언급이 나온다. 2절에서 화자는 "곤고한 자들"(אנוים)을 호출한다. 4절에서 그는 "두려움들"을 암시하고, 6절에서는 "가난"을 암시한다. 이 모든 것들은 모두 다 야웨께서 그들을 위해 개입하셨던 사회적으로 변두리에 속한 절망적인 사람들을 언급한다. 사실 이 간섭은 대 단위 적이고, 기적적이고 그리고 저항 불가능한 것이다(7절). 야웨께 적용된 동사들은 "대답하다"(ענן), 건져내다(נצל, 4절), 듣다, 구원하다(ישע, 6절), 건져내다(חלץ, 7절)이다. 표제어는 분명 이 시편을 아비멜렉으로부터 구원받은 다윗에게 연결시킨다(삼상 21:10-15). 우리는 이 참조를 본문이 주장하는 바를 드라마틱하게 일반화하는 것을 도와주는 중요한 경우로 취급할 수 있다. 분명한 점은 이 구원이 구체적이고 역사적이라는 것이다. 그래서 이 구원을 영해(靈解)하는 모든 시도에 반대한다는 점이다. 이 기도는 그들이 이 시대의 힘있는 자들에게 대항할 아무런 힘도 자원도 없다는 것을 발견한 사람들, 이후 그들이 새로운 삶을 향해 놓임 받았다는 것을 발견한 사람들을 위한 기도이다.

8-14절, 특히 11-14절은 하나님께서 화자에게 베풀어주신 새로운 세상에서 어떻게 살 것인가에 관한 지혜 교훈이다. 반면 8-10절은 그렇게 분명하게 지혜적이지 않지만, 지혜에 관한 몇몇 분명한 표식들을 담고 있다. 여기에는 8절의 אשרי 격언, 9절에서의 경외하라는 부름들, 그리고 10절에서의 은유사용 등이 포함된다. 지혜 교훈은 11-14절에서 지혜 교사에 대한 호출과 더불어 매우 분명하게 나타나는데(11절; 참조. 잠 3:21; 4:1, 20), 어떻게 생명과 선함을 소유하고 누릴 것인지를 고찰하

고(참조. "선함"은 8절에서도), 13절에서는 거짓된 언어에 대해 경고한다(참조. 잠 12:19; 17:20). 그리고 겔스텐베르거(Gerstenberger)가 잠언의 지혜의 "모토"로 간주했었던 잠언 3:7과 매우 흡사한 명령형이 등장한다. 이런 내용이 여기에 이렇게 자리 잡고 있다는 점은, 새로운 생명과 새로운 정위(定位)를 부여받은 것이 "무엇인가로부터의 자유"만은 아님을 확실하게 해준다. 이것은 또한 "무엇인가를 위한" 자유이기도 하다. 새롭게 정위(定位)된 이스라엘은, 새 사회에 대한 가능성이라는 선물을 유지시키는 행동 양식들을 발전시키기 위해, 반드시 사회를 세워나가는 일에 참여해야만 한다. 아마도 이 교사는 만약 이와 같은 일들을 의도적으로 행하지 않는다면, 곧장 소망 없던 예전의 정황인 최근의 가난과 어려움들로 다시 돌아갈 것임을 잘 알고 있다. 그래서 우리는 해방(1-7절)과 세상의 건설(8-14절)에 대한 훌륭한 병렬을 갖게 된다.

이 시의 마지막 부분(15-22절)은 의로움에 관해 고찰하고 있다. צדק라는 단어는 히브리어 본문에서는 세 번 등장하고(15, 19, 21절), 네 번째엔 17절에 헬라어 본문에서 분명한 번역으로 나타난다. 이 용어는 매우 다른 방식으로 사용되었지만, 그러나 모든 경우들에서 우리가 다루는 두 가지 주제들을 하나로 묶기 위해서 사용되었다. 한편으로는, 의로움은 하나님께서 주시는 웰빙을 공급받는다(1-7절). 즉, 그들은 하나님께서 개입하시는 특별한 목표물들이며, 그들이 수혜자들이라는 것을 알고 있다. 이것이 그들이 감사해하는 이유이다. 다른 한편으로는, 의로움은 삶을 새롭게 형성하는 것에 대한 책임을 져야한다(8-14절). 그들은 그들이 사회적 생활양식을 다시 질서 잡는 일에 주도적 역할을 하라고 부름받고 있음을 알고 있다.

시편 34편에서의 강조점은 받는 것에 놓여있다. 의로운 사람은 야웨께서 독특한 방법들을 통해 그들에게 간여하시는 사람들이다.

> 여호와의 눈은 의인을 향하시고(15절).
>
> 주님은 의인의 외침을 들으신다(17절).
>
> 의인은 고난이 많으나(19절).

주님께서 보시고(15절), 들으시고(17절), 가까이 계시고(18절) 그리고 구원받는(19-20절) 사람은 분명 의인이다. "의인" 이라는 사용은 본문을 "계층적이고 계급적으로 읽을" 것을 요구한다. 의로운 사람은 선할 수도 있고 그렇지 않을 수도 있지만, 그러나 그들은 분명 사회적으로 주변인들인데, 이들은 사회의 주도 그룹들이 그들을 도와줄 것이라는 기대를 하지 않는 사람들이다. 그러므로 이를 대체할 도움의 근원으로 야웨를 고대하는 사람들이다. 의인의 부르짖음은, 도움 없는 상황으로 몰아간 사회의 중심 구조들의 권위를 인정하지 않는 행동이다. 21절에서 의인은 미움 받지 않는다. 왜냐하면 그들은 주변인이기 때문이고 혹은 선하기 때문이며 야웨를 고대하고 있기 때문이다. 그들은 야웨에 관하여 주목할 만하고 파괴적인 무언가를 발견했다. 야웨의 특별한 성향은 마음이 상한 자들과 함께하는 것이고 상한 심령들과 함께 하시는 것이다. 즉 야웨의 연대는 성공에서 성공으로 줄기차게 가는 사람들과 함께하지 않으며, 성공하지 못한 사람들과 함께하는 것이다.

그러므로 신앙의 생활을 요청하고 있는 11-14절은, "법과 질서" 에 대한 명령이 아니며 또한 관습적인 도덕성에 대한 요구도 아니다. 그보다는 지금의 사회를 주름잡고 있는 "행악자들"(16절)에 대한 반명제인 혁명적인 "선함"을 명령하고 있다. 21절의 절정은, 비록 그들이 법을 시행하는 사람들이라 하더라도, 의인을 향한 대적은 죄악임이 판명될 것이라는 점이다. 더 높은 법정이 있고, 그리고 거기서 재판이 진행될 때 그들은 잘 감당하지 못할 것이다.

•••공동체의 감사 시

Thanksgiving Songs of the Community

궁켈 이후, 감사 시들에 대해서는 개인적인 측면에 속한 것으로 간주하는 것이 관행이 되었다. 공동체적인 영역에서 이와 다르게 짝을 이루는 것은 찬송(hymn)이다. 일반적으로, 이것은 적절한 구분이다. 하지만, 몇몇 공동체적인 노래에 대해서는 이 노래들이 찬양적이지만 그러나 특정한 어려움에 대한 특정한 부르짖음과 특정한 응답이 주어지는 것을 이야기하고 있는 한 이들을 감사 시들이라고 규정할 수 있다. 분류가 명확하지는 않지만, 그것들이 어떤 경우든 간에 새로운 정위(定位)에 대한 노래들이다. 이들이 이스라엘의 삶을 혼돈의 시간으로부터 이동시키신 하나님의 능력과 역사하심을 찬양하기 때문이다.

시편 65편

이 시편은 5b절 이후 부분에서는 전형적인 찬양이 나온다. 그러나 1-5a절에는, 감사의 여러 표지들이 자리 잡고 있다.

1-4절은 찬양하는 행동이다. 시작부분에서 이 시편의 처음 세 행들은, 아마도 바알에게나 혹은 다른 어떤 신에게도 아니라는 논쟁적인 의미로 "주께, 주께, 주께"를 재 반복한다는 점으로 명확하게 구분된다. 이 단위의 처음 시작부분은 "시온"으로 시작해서 "성전"으로 마무리되 것으로 싸여있다. 이것으로 보아 분명 이 단위는 예루살렘 제의에서 불려졌을 것이다. 이 단위의 중심부분인 2b-3절은 하나의 문제에만 관련되어 있다. 그 문제는 죄 혹은 위반이다. 여기서 선포되는 해결점은 "당신께서 이 문제들을 덮으셨다(용서하셨다)"는 것이다. "용서하다"(כפר)로 번역된 용어는 제사장적인 용어인데, 법정적인 의미에서의 "사면"을 뜻하는 것이 아니라 죄악을 덮어줌으로써 그 죄악에서 권능을 빼앗는다는 것을 의미한다. 그래서 우리는 이 시편에서 하나님의 용서하심에 대한 공적인 송축을 보게 된다.

우리는 드라마틱한 주장을 놓쳐서는 안 된다. 모든 백성들은(아마도 왕까지도 포함해서 모두 다함께) 자신의 죄를 시인하고 용서하심을 송축한다. 이와 같은 장면은 우리의 공적인 생활에서는 거의 생각 할 수도 없는 일이다. 물론 우리 사회는 신정사회가 아니다. 종교 다원주의는 이것을 문제로 만들지만, 그러나 주된 문제는 다원주의가 아니다. 왜냐하면 우리는 이를 위한 공통적인 충분한 자원들을 갖고 있기 때문이다. 문제는 공공의 생각이 오만과 자기 중심적인 자기만족으로 가득하다는 것이며, 또한 공동체적인 회개나 용서에 대한 감사에 대한 행위는 거의 상상할 수 없는 도덕적 불감증으로 가득 들어차 있다는 점이다. 이유는 용서를 요청하거나 받아들이는데 있어서 취약하다는 데 있다. 우리가 이 시편을 사용해야만 한다면, 우리의 공적인 생활을 난처하게 만드는 죄악의 여러 차원들, 그러니까 식민주의, 착취적인 경제 혹은 자연세계에 대한 오용 등에 관해 생각해야 할 것이다. 우리의 공공적인 생활이 이와 같은 예배의식 행위를 하기 위한 재료가 부족한 것은 아니다.

영국정부가 런던에 있는 성바울 성당에서 포클랜드(Falkland Islands) 전쟁이후 "감사예배"를 생각했을 때, 많은 시민들이 런던 타임즈(London Times)에 편지를 보냈다. 몇몇 사람들은 승리를 축하하기 원했다. 다른 사람들은 적대감이 종결된 것에 대해 감사하기를 원했다. 한 편지는 1944년에 Archbishop Temple에서 2차 세계대전의 "승리"를 위한 예배에서 다음과 같은 말로 시작했던 것을 상기했다. "우리 영혼은 괴롭습니다." 시편 65편은 고통 받기 쉬운 영혼이라는 공공연한 생각을 반영하는데, 이것은 자기 자신으로만 가득 찬 것이 아니라, 하나님의 위대하심에 비추어 자신의 삶을 되돌아 볼 수 있다. 그러므로 용서받은 공동체는 새로이 시작할 준비를 할 수 있다.

이 시편의 전환점은 5절이다. 강력한 방식으로 승리와 자유를 주신 야웨의 전능한 간섭하심에 대해 감사가 드려진다. 그리고 야웨의 이러한 행동은 이스라엘의 부르짖음에 응답하신 것이다, "당신께서 우리에게 응답하시리이다." 이스라엘은 이와 같은 간섭하심이 역사의 과정 속에서 자동적인 것이 아님을 알고 있다. 대화의 결과는 항상 "부르짖음과 응답"을 주고받는 중에 개방되어 있다. 이 시편은 자유를 얻은 사람들의 언어이다. 우리는 그들이 겪었던 혼미가 무엇이었는지에 대해서는 듣지 못했다. 아마도 그것은 기근이거나 혹은 전쟁이었을 것이다. 그러나 지금 등장하고 있는 것은, 그들은 야웨께서 행동하셨기 때문에 그들의 공적인 일들에 대해 하나님과 연락이 닿을 준비가 되어있는 사람들이라는 점이다.

이 시편의 남은 부분(5b-13절)은 창조세계 속에서 하나님께서 권능으로 행하시는 것을 표현하는 찬송 형태를 갖는다. 든든하게 세우시는 분도, 여전히 유지하시는 분도, 찾아오시는 분도, 풍요롭게 하시는 분도, 공급하시는 분도, 물을 주시고 관을 씌우시는 분도 바로 하나님이시다. 12-13절에서는, 수사적인 패턴이 변화하는데, 그 결과 초장, 산들, 골짜기 등의 창조세계 구성요소들이 이제는 목적어가 아니라 주어로 바뀐다. 하지만 이렇게 변화한 수사적 패턴이 핵심적인 주장을 바꾸는 것은 아니다. 야웨의 놀라운 관용과 권능이 창조세계를 "존재하게" 한다. 이것은 사실 모든 생명들의 질서와 축복에 대해 감사드리는 창조 신학이다. 학자들로 하여금 이 시편을 추수의 축복에 연결하도록 하는 것은 바로 이 점이다. 이 시편의 하나님은 억압의 역사적 과정들에 대해서 간섭하실 뿐만 아니라, 생명을 주는 창조세계의 신뢰성도 다스리신다.

두 가지 관찰점들은 다음과 같다. 첫 번째, 1-5a절의 주제와 그 뒤에 나오는 송영의 주제 간에는 잘 어울리지 않는 무언가가 있는 것으로 보인다. 그러나 창조세계의 회복은 아마도 하나님의 용서하심과 하나님이 새롭게 다시 시작하실 준비가 되어 있으심을 보여주는 표지이자 방법으로 사용될 수 있을 것이다.

두 번째, 이와 같은 수사적인 노력을 기울인 주장들에 대해서 생각해 볼 가치가 있다. 우리는 현실에 대해 이와 같이 세속적으로 이해하고 또한 창조세계를 하나의 상품으로 전락시키는 데에 이르렀다. 그런데 이런 방법으로는 이야기할 수 없게 되었는가? 문제는 우리가 과학적으로 생각해서 부차적인 주장들을 믿게 되었다는 점이 아니라, 우리가 자율적이 되어서 자기 자신을 넘어서는 다른 그 어떤 주장도 믿지 않는다는 점이다. 이 시편과 같은 송영은 삶을 창조-상상이라는 정황 안에서 안전하게 지켜주는데 도움을 주고 우리 주변의 삶이 상품으로 전락해 버리고 마는 것을 방지하는 데도 도움을 준다. 이 공동체는 창조세계의 과정들에 대해 다시 한 번 더 놀라움을 가지면서 다시 출발하고 있다. 놀라움의 상실, 생명의 신뢰성을 찬양하는 노래를 할 수 없는 무능력, 둘 모두는 우리 삶이 세속화된 이유이자 평가기준이다.

시편 66편

우리가 "공동체적인 감사"라는 범주를 말할 수 있는 것인지 아닌지는 불확실하다. 왜냐하면 그 경향이 공동체적인 감사가 개인적인 감사 노래(시 66:13-20처럼)로 전개되거나, 혹은 감사할 특별한 상황들에 관한 언급 없이 그저 일반적인 찬양을 찬송하고 있기 때문이다. 그럼에도 불구하고, 이 시편들은 수시로 전체 공동체가 불평했다는 것을 강하게 제시하며, 전체 공동체가 구원받았고 그렇기 때문에 전체 공동체가 감사를 드렸다는 것을 제시한다.

1-3절은 전형적인 명령형들이 지배적으로 나오면서, 찬양하라는 매우 일반적인 요청이 제시된다. "소리를 발할찌어다, 노래하라, 영광을 찬양하라, 말하라." 그리고 이 명령들은 그들이 무엇을 했는지 서술하는 것과 함께 4절에서 응답된다. "경배하다, 찬양하다, 찬양하다." 1-3a절에서 명령된 것은 4절에서 완성된 것으로 보고된다. 1절과 4절 모두에서 "온 땅"을 향한 부름들이 선언되고 있다. 즉 이것은 매우 공적인 행동이며, 이 부름들이 공적이기 때문에 건져내 주심과 감사도 마찬가

지로 공적이다. 열방들은 개인적인 반전을 관찰하라고 호출되는 것이 아니다. 이 역전은 모든 사람들이 보아야만 하는 것이다.

이방 민족들이 이 하나님을 찬양하도록 명령받았다는 것은 지금 우리가 누구의 신이 진정한 하나님이신지를 결정하는 싸움(contest)에 있다는 것을 의미한다. 이 싸움에서, 승리는 아마도 삶을 변화시킬 수 있는 한분 하나님의 것으로 선포될 것이다. 이 선포, 그러니까 이 평결은 비록 여기서 특정한 형식이 사용되지는 않았지만 분명한 증거를 통해 도달되는 것이고, 승리하신 하나님의 즉위로 이끌어 간다. 이 주장은 이스라엘의 하나님께서 참된 하나님이시며 또한 다른 신들로부터 경배받으셔야 한다는 논쟁과 송영 형식을 통해 만들어진다. 이 시편의 그 어디에서도 승리하시는 하나님이 야웨로 규정되지는 않는다. 그 이유로, 내가 믿기에는 이것이 E문서(Elohist) 전승에 의한 것이 아니라, 이 시편이 일반적인 언어를 사용함으로써 하나님을 경배하는 일에 이방 민족들과 백성들을 포함하기를 원하고 있기 때문이다. 하나님의 권능에 대한 증거는 어찌 할 수 없이 매우 강력한 것이어서 믿지 않는 이방 민족들도 이 점을 인정해야만 한다. 새로운 정위(定位)는 다른 열방들로 하여금 이스라엘의 중심 주장을 인정하도록 이끌어 간다. 언급되지 않은 반대 내용은 열방의 신들이 종속적이거나 혹은 전혀 신이 아닌 것으로 부인된다는 점이다.

열방의 입에서 나오는 평결은 3절에 나타난다. 이 하나님의 대적들은 도움을 받을 수 없다는 필연적인 결론을 말하는 자는 다름 아닌 열방들이다. 그러므로 이 시편의 첫 번째 단락은 매우 일반화되어있다.

감사 모티브는 5-7절에서 좀 더 분명하게 나타난다. 특별한 권능과 구원의 행동에 이름을 붙이는 것은 특기할 만한 부분인데, 이스라엘은 다시 한 번 더 그리고 특징적으로 출애굽으로 돌아간다(참조. 시 114). 이 사건은 즉각적으로 이스라엘의 마음과 입에 담겨진다. 이것은 이후의 다른 모든 사건들이 가리키는 모범적인 해방 사건이다. 이스라엘의 중추적인 기억은 해방에 관한 것이고, 정확하게는 다른 열방들의 신들로부터의 해방인데, 실 예로는 이집트의 신으로부터의 해방이다. 그러므로 열방들이 이점을 인정할 때, 그들은 그들 신들이 권한을 내려놓을 수 있음을 인정하는 것이다. 여기서의 요점은 신학적인 것인데, 어느 신이 참된 하나님이냐에 관한 것이다. 그러나 이것은 또한 사회정치학적인 것이기도 하다. 이것은 통제의 능력을 해방의 능력이 이기고 승리하는 것이다. 어떤 신이냐와 관련된 신학적 요점은 다양한 신들이 사회적 가능성에 의지가 있는가와 밀접하게 연결되어 있다.

8절에서 찬양하라는 반복되는 호출들이 나온 이후에, 우린 결국 9-12절에서 감사의 특별한 경우들을 만나게 된다. 공동체는 어려움의 시간들, 혼미의 계절들을 다시 회상한다. 이것조차도 하나님의 통치 행위로 여겨진다. 즉 이 시편에서는 혼미조차도 하나님의 행하심으로 간주된다. "당신은 우리를 시험하셨고, 당신은 우리를 단련하셨고, 당신은 우리를 끌어 그물에 들게 하셨고, 당신은 어려운 짐을 우리 허리에 두셨으며, 당신은 사람들로 우리 머리 위로 타고가게 하셨나이다, (그리고 그 결과로) 우리는 불과 물 가운데로 통행해야 했더니"(참조. 사 43:2). 이 시인은 단 한순간도 이 문제가 하나님의 권능과 관심 밖에서 우연히 생겨난 것이라고 생각하지 않는다. 또한 이 시인에게는 이것이 야웨를 거부할 이유들이 된다고 생각하지 않는다. 그리고 이것이 형벌이라는 주장도 제기되지 않는다. 이 시편은 믿을 수 없을 만큼 문젯거리에 대해 순응적이지만, 그러나 이 시편의 정황 속에서, 문제와 어려움에 대한 인정은 단지 진정한 목적을 준비하기 위한 것에 불과하다. 이 시편의 진정한 관심은 우리가 어떻게 해서 문제가운데 빠져들게 되었는가에 있지 않다. 강조점은 동일한 하나님을 통해 행해지고 이루어지는 놓임과 회복에 있다.

이 문제는 10-12a절에서 서술된다. 그러나 이 문제는 9절과 12b절의 핵심적이고 긍정적인 확신으로 둘러싸여져 있다.

> 당신이 우리를 생명의 땅에 있게 하시나이다 …
>
> 또한 당신이 우리를 풍부한 곳에 들이셨나이다

두 가지 선언들 모두가 어렵기는 하다. "생명의 땅" 은 결론적인 은유가 아니며 12절에 나오는 것들은 어려운 단어인 רויה로 인해 명확하지가 못하다. 그러나 이 두 개의 구문들은 함께 웰빙의 안전한 장소를 주장한다. 지금 기억하고 있는 불평은, 구원하시는 야웨의 이런 행동들을 통해 둘러싸여져 있고 극복된다. 결정적인 동사는 "구하다"(ישע)인데, 또 다시 출애굽을 암시한다. 그러므로 현재의 건져냄은 출애굽이라는 건져냄 모델의 뒤풀이이며, 그래서 공동체가 다시 한 번 더 자유롭게 되는 것이다. 야웨의 전능한 의지는 자유와 정의가 실현될 때까지 멈추지 않을 것이다. 아무리 많은 제국의 통제와 책략도 이 하나님을 결국 막아서지 못할 것이다. 출애굽이라는 전형은 이스라엘로 하여금 그들의 삶속에서 무엇이 일어날 것인지를 그들의 바로 눈앞에서 명확하게 보도록 해준다. 왜냐하면 동일한 하나님이시기 때문이며, 출애굽은 새로운 환경들 속에서 계속해서 다시 반복된다.

이 시편의 남은 부분(13-20절)은 개인적인 감사 노래이다. 개인은 맹세를 지키고 또한 감사제물을 가지고 제단으로 나아온다(13-15절). 그런 뒤 전형적인 구조인 부르짖음(קרא, 17절), 들으심(שמע, 19절)을 통해 구원이 다시 열거된다. 이것은 이스라엘의 신앙의 삶이 어떻게 역할 하는지를 보여준다. 이스라엘은 곤궁한 가운데서 야웨께 호소한다. 야웨께서는 이런 곤궁한 상황을 변화시키시는 응답을 하신다. 마지막 축복(아마도 9절과 평행을 이루는)은 그런 뒤 기억 깊은 곳으로 돌아가는 것이다. 이 공식, 즉 "그는 그의 인자하심을 내게서 거두지 아니하셨도다."라는 표현은 사무엘하 7:15절에 나오는 다윗을 향한 왕조 약속과 매우 흡사하게 보인다. 이 약속은 유지된다. 백성은 버려지지 않는다. 시편 66편을 공동체적인 것과 개인적인 단위로 나누는 것은 필요하지도 않고 허용될 수도 없다. 이 시편의 후반부는 공동체의 한 구성원이 공동체적인 구원을 자기 자신의 구원처럼 충분히 참여하고 있고 음미하고 있음을 보여준다. 이 시편의 역할은, 정확하게는 하나님의 능력 있는 찬양과 행동으로부터 주어지는 웰빙의 새 질서를 견고케 하고, 또한 생명을 허락해주는 웰빙의 새로운 질서를 견고하게 하는 것이다. 이스라엘의 삶은 이제 다른 적대적인 권력들이 은혜를 베풀어서가 아니라, 하나님의 חסד가 그 모든 위협들을 무너뜨리시기 때문에 주어진 것이다. 공동체가 이것을 경험하는 것과 마찬가지로, 공동체 안에서 하나님을 의지하는 사람들도 이것을 그들 삶속에서 매우 개인적인 확신으로 받아들인다. 이 시편은 공동체적인 확신으로부터 개인적인 감사로의 이동을 보여주는데, 이것은 우리가 성경적인 신앙 안에서 항상 해오고 있는 것이기도 하다.

시편 124편

이 감사 시편은 그것의 명료한 어음(語音)에 있어서 고도로 잘 훈련되어져 있고 또한 매우 의도적 구성으로 조직되어 있다. 이 시편이 비록 또다시 매우 일반적인 은유만을 듣게 해주지만, 공동체적인 구원에 대해 감사하고 있다.

1-5절은 이 부분을 시작하는 분사형태와 더불어 야웨를 두 번 부르는 대칭적인 서술, 그리고 가정법으로 사용된 "만약 아니었더라면" 으로 되어있다. 그러므로 "만약 주님께서 아니었더라면…만약 주님께서 아니었더라면" 이 된다. 그리고 뒤이어 "그 때에" 라는 세 번의 진술들이 대조를 이루면서 제시되는데, 이 부분에서는 만약 야웨께서 상관하지 않았을 때 생겨났을 무서운 결과들에 대해 이야기한다. 이 시편은 이와 같이 부정적인 시나리오를 제외시키는데, 그건 야웨께서 계시고 또한 우리 편에 서시기 때문이다. 그러므로 부정적인 모습은 야웨께서 우리 편에 속하시는 것을 통해 일이 얼마나 잘 되었는지를 송축하기 위한 전략일 뿐이다. 뒤따르는 감사들은 야웨께서 계셨으며 또한 "우리 편" 이시라는 것을 송축하는 것이고, 그렇기 때문에 발생 가능한 나쁜 일들은 일어나지 않았다. 대적들의 파괴적인 일들을 막아주신 것은 다름 아니라 이스라엘을 향한 야웨의 끈끈한 소속 때문이다. 가장 핵심적인 복음적 선언은 야웨께서 우리를 위하시며, 우리와 함께 하시며, 우리 편이시며, 우리에게 속하시며, 완전히 우리에게 속해 있다는 것이다.

위협들은 여러 다양한 이미지들로 제시되지만, 이들 대부분은 악하고 카오스적인 물들의 힘으로 언급된다. 심지어 3절에서 첫 동사인 "삼키다"라는 동사가 악한 물들에 의해 삼켜지는 것을 표현하기 위해 사용된 듯하다. 이 물들이라는 표현은, 이스라엘이 일반적이고, 대규모적이고, 외견상 저항할 수 없는 위협을 이야기하는데 있어서 가장 좋은 방법이다. 이들은 "뻔뻔한 물들"이어서, 이 물들은 한계를 모르고 경계선을 무시한다. 그러나 우리가 이미 시편 114편에서 출애굽에 대한 언급과 더불어 그리고 시편 29편에서 홍수에 대한 전형적인 신화에 대한 언급을 살펴본 것처럼, 야웨의 통치는 이 물들을 경계선 안으로 돌아가게 하시고 또한 그것들에게서 힘을 빼앗으신다.

6-7절은 매우 다른 이미지를 사용하고 있다. 찬양하라는 초청은 두 번 사용된 "벗어남"에 토대를 두고 있는데, 단지 이번에서는 올무들이라는 비유적인 묘사이다. 이점은 이스라엘이 사냥되었으며 잡아먹힐 것임을 보여준다. 그러나 다시 야웨께서는 이것을 허용하지 않으셨다.

8절에서의 결론은 마치 앞선 개개의 사항들에 근거한 차분하고 침착한 평결처럼 들린다. 신학적인 확신을 갖게 되는 과정은 매우 흥미롭다. 이것은 야웨께서 그분이 만드신 하늘과 땅, 물들과 올무들 이 모든 것들에 대해 강력한 통치권을 갖고 있음을 강하게 확신하는 것으로 마무리된다. 이 시편은 이점에 있어서 아무것도 의심하지 않는다. 그러나 1절에서는 이스라엘을 위하시는 야웨라는 열정적이고 당파적인 주장이 동일한 논의에서 전혀 다른 포인트로 시작한다. 그러므로 이 시편은 파벌적인 주장으로부터 우주적인 보편적 확신으로 나아간다. 우리가 제시하는 패턴에서 보자면, 이 시편은 혼미의 갈등에서부터 새로운 정위(定

位)에 대한 안정성과 확신으로 나아가는 것을 보여준다. 이 시편은 좀 더 갈등적인 특수성으로부터 확신에 가득 찬 일반화로 나아간다. 위협으로부터 자유로운 이스라엘의 새로운 삶은, 결코 우리를 넘겨주시지 않을 바로 이 하나님에게 완전히 초점을 맞추고 있다.

과거 그리고 미래의 왕

The Once and Future King

이 시편들은 새로운 정위(定位)에 관한 탁월한 시편들이다. 이 시편들은 이제 지금 막 새롭게 정립된 야웨의 "새로운 왕권(new kingship)"을 공적인 예배의식의 표현들로 잘 나타낸다. 제왕 즉위 시편들(enthronement songs)은 야웨께서 이스라엘의 대적들에게 승리하신 것을 송축하는 승리 시편들에 속한 것 같다. 이 시편들에서 야웨의 왕권은 방금 이긴 승리에 토대를 두고 있으며 야웨의 것으로 당연시된다. 아마도 구약성경에 나오는 승리 노래의 주요한 예는 출애굽기 15장에 나오는 미리암의 노래일 텐데, 이것은 출애굽에 대한 아주 초기의 제의적 진술로 간주되고 있다. 이 노래는 애굽 바로와 여러 신들의 패배와 마찬가지로 야웨의 승리를 구체적으로 추적한다. 이 노래를 구체적으로 살펴보는 것이 우리의 목적은 아니지만, 우리는 다음의 특징들을 주목해야 한다.

이 시는 역사적 특수성을 지니고 있음에도 불구하고, 근동지역의 승리 노래라는 장르에 속해 있는 표현 방식들과 신화적 어휘를 사용하고 있다. 이 승리 노래는 이스라엘의 특별한 역사적 경험과 근동지역의 일반적인 표현 형식과 독특하게 복합된 것이다.

이 노래의 구성은 본질적으로 내러티브이다. 이 노래는 이스라엘이 야웨의 권능을 통해 애굽의 노예로부터 새로운 땅에 정착하고자 이동한다는 이야기를 한다. 이스라엘이 송축하는 찬송가는 무엇보다도 무엇이 일어났는가를 증언하는 것이다.

18절의 결론은 제왕 즉위 공식이며, 이 내러티브에 대한 결론 즉, 방금 되짚어본 역사적 과정들에 대한 평결이다. 이 평결은 제의 공식에서 이 평결을 설명해주기 위한 예비적인 내러티브 없이 단독적으로 제시될 수 있었다. 왜냐하면 이 평결이 최종적으로 중요한 것이기 때문이다. 우리는 기독교 예배에 있어서 자유롭게 형성된 공식들에 대해서도 생각해볼 수 있는데, 송영과 "성 삼위께 영광 있으라"는 찬송은(Gloria Patri) 사실 승리 선포들로서 야웨의 승리의 권위를 선언하고 다른 신들의 권위를 부정하는 것이다.

시편에서 승리-제왕 즉위 시편들은 아마도 출애굽 전승 낭송이나 혹은 출애굽이 좀 더 신화적 언어로 다시 이야기되는 시온 전승 낭송으로부터, 이런 저런 방식들을 통해 추출되었을 것이다. 우리는 출애굽 전승과 시온 전승으로부터 각각 한 가지 예를 가지고 시작한다.

시편 114편

시편 114편은 출애굽 경험에 대한 내러티브에 매우 밀접한 자리에 있는 찬송이다. 특별한 해방 사건이 여기서는 우주적인 비중을 갖는 것으로 명백하게 제시되고 있다.

1-2절은 매우 신속한 이동을 통해 이스라엘의 출애굽 역사로부터 (애굽-"낯선 언어의 백성")새로운 땅에의 정착("성소"-분명 예루살렘에 관한 언급-"통치")까지의 전체 여정을 포괄적으로 나타낸다. 육경(창세기~여호수아)안에서 이야기된 긴 이야기가 요약된다. 이것은 역사 전체 기억이 공동체 안에 생생하기 때문에 가능하다. 구체적인 세부사항들을 일일이 열거하지 않고 그저 넌지시 이야기하는 것만으로도 충분하다.

이 시편의 중간부분(3-6절)은 두 부분으로 조심스럽게 구성되어있다. 첫 번째로는 묘사적인 내러티브(3-4절)가 나오고 그 다음으로 이 비난에 바탕을 둔 매우 밀접한 비난 노래(5-6절)가 나온다. 분명 실제의 해방 기억은 이제 제의적인 목적들을 위해 "변화가 진행되어" 왔다. 이제 이 기억은 모든 피조물들이 해방을 위해 동원된다고 주장한다. 피조세계 중에서 이스라엘을 위한 이 자유에 반응하지 않는 모든 부분들은 자유롭게 하시는 하나님의 대적이며 공격대상이 된다. 네 가지 요소들이 불려진다. 즉 바다, 요단강, 산들, 땅들 등이다. 이들은 해방 드라마에 있어서 중요한 배우들처럼 의인화 된다. 이들은 극심하게 동요한다. 비록 출애굽 내러티브에는 그런 힌트가 나오지 않긴 하지만, 물(바다, 강)은 야웨의 적으로 표현될 수 있다. 그러므로 물이 물러갈 때, 이것은 야웨의 권능 앞에서 두려워하며 물러서는 것으로 이해될 수 있다. 다른 두 가지 요소들인 산들과 땅들은 두려움가운데 기뻐하거나 혹은 반응하는 것으로 이해될 수 있다. 다르게 보자면, 여기서 주장되는 것은 출애굽 사건이 너무나 중차대하기 때문에 그 결과 우주적인 고정물들조차도 흔들리게 된다. 출애굽 사건과 전승은 여느 때처럼 제국적인 일이 더 이상 없을 것임을 하늘과 땅에서 선언한다.

이 설화를 이야기하는 사람들은 전능한 야웨의 파괴적인 권능을 즐거워한다. 그들은 강한 확신을 갖고 있기에, 성가시게 하기도하고 조롱하기도 한다. 그들은 왜 바다가 이와 같이 겁을 먹었고 강이 그 자리에 머무를 수 없는가에 대해 놀라워한다. 그러므로 열방이 난 외로 취급해 왔던 야웨와 매우 견고해 보이는 피조세계의 요소들 간에 대조가 이루어진다. 이제 겸손한 하나님은 고양되며, 높았던 요소들은 낮아지게 된다. 이것은 결코 싸움이 아니다. 출애굽은 이제 우주적인 역전으로 노래된다. 노예 계층들에게 일어났던 일은 이제 더 이상 부족적인 사건이 아니라 모든 피조세계와 상관된 일이다.

실재 벌어진 일들에 대한 이런 이해를 갖게 된다면, 7-8절의 결론을 피할 수 없다. 모든 땅은 호출을 받고 떨게 된다. 이 시편의 전환점이 되는 단어는 고통과 고민 속에서 춤추다(חול), 뛰놀다이다. 우리가 알고 있는 모든 세계가 이제 공격받는 중에 있기 때문이다. 이 부름은 "땅"(ארץ)에 대한 것인데, 땅은 그 자체를 안정적이고 평화스러운 것으로 생각한다. 그러나 이제 이 모든 것들이 위험하다. 이 위험의 주체는 참된 통치권자이신 주님이시다. 출애굽의 이름인 야웨는 사용되지 않았다. 결정적인 통치권의 이름을 부르는 것만으로도 충분하다. 왜냐하면 두려움에 떨게 된 열방들은 무엇이 이야기되고 있는지를 정확하게 이해하고 있기 때문이다. 이 시의 결론(8절)은 부가적인 송영인데, 그 요점은 이 하나님과 광야의 물을 연결시키는 것이다(참조. 출 17:6; 민 20:11; 사 41:17). 마지막 행은 1절의 출애굽 언어를 다시 상기한다. 그러나 이 행은 야웨께서 아무것도 있는 그대로 받아들이지 않으시고 모든 것들을 바꾸신다는 것을 조금 다른 방식으로 보여준다. 해방의 하나님께서 움직이기 시작하면 아무것도 안전하지 않다. 이집트 노예의 무질서 지향적인 모습은 끝장났다. 자유의 주님께서 새로운 정위(定位)를 세우신다.

시편 114편은 각각의 새로운 세대들에게 이런 세계-반전하는 기억, 전승과 하나로 스스로를 규정하고 이를 통해 새로운 생명을 받는 것에 동참하도록 초청한다. 이것은 내러티브적인 방식인데, 비록 제왕 즉위와 관련된 특별한 언어가 사용되지는 않았지만, 제왕 즉위 시편이다. 이 시편은, 다른 모든 신들을 대가로 치루고 야웨를 높이려는 의도를 지니고 있다(예를 들어서, 바다, 강). 사회적 역할 면에서 이야기하자면, 이 시편은 자유의 대리자이신 야웨를 현상 그대로의 모든 구조, 대리자, 그리고 권력들과 대조시킨다고 주장할 수 있다. 이 시편은 현실에 관해 급진적인 독법이 가능하도록 만들어주는데, 이건 여기에 참여하기 원하는 사람들을 위한 것이다. 사실 이 세상의 그 어느 부분도 보이는 그대로가 아니다. 왜냐하면 그 모든 것들이 결정적인 하나님의 통치하심과 대면해야만 하며, 그 하나님의 뜻은 반전이기 때문이다.

시편 29편

이 시편은 114편보다 좀 더 명확한 제왕 즉위 시편이다. 이 시편은 매우 다른 은유들을 활용하고 있다. 여기에는 이 시를 이스라엘의 구원 고백적인 신앙고백과 연결하는 것은 아무것도 없다. 즉 이것이 고대 가나안 사람들의 시이며 신의 이름만이 바뀌어 이스라엘이 사용했다는 것이 학자들의 일치된 의견이다. 이 시편은 가나안 거민들의 신화와 수사적인 구조를 반영하고 있다. 그러므로 이 시편은 이스라엘을 그들의 문화적 정황을 종교적 설명들과 연관시켜 가장 직접적으로 보여주고 있는 시편이며, 또한 가장 오래된 시편 중 하나일 수도 있다.

경배하라는 호출이(1-2절) 명령되는 대상은 "하나님의 아들들" 이다(RSV, "하늘의 존재들"). 여기서의 이미지는 천상 회의에서 신들과 그들의 사자들 간의 만남이라는 이미지이다. 즉위 언어는 특이하게도 글로벌하고 심지어 우주적이다. 그리고 이 즉위 언어는 매우 확장적인 은유적 장면들을 사용하는데, 그 장면은 신들이 등장하는 장면이다. 우리는(그리고 이스라엘은) 참여자들은 아니지만, 그러나 이 시의 진행 속에 자리 잡고 있는 관찰자들이다. 그러나 우리는 "진정한 경배"를 보는데, 이것은 우리 인간들의 경배가 파생적으로 참여하고 되풀이하는 그런 경배이다. 신들은 존귀, 영광 그리고 위엄을 이러한 능력 있는 명령을 할 수 없는 다른 신들과는 명확하게 구분되는 바로 이 하나님께 돌리도록 호출 받는다. 경배하는 행동을 통해서, 그들은 참된 하나님께 찬성표를 던지도록 초청받았다.

이 시편이 새로운 정위(定位)에 관한 시편이라는 점이 3-9절을 통해 분명하게 나타난다. 여기서는 이 하나님께서 승리하시고자 역사하셨고 또한 그 안에 계셨던 카오스(우주적인 혼돈)를 표현한다. 이 내러티브는 이것을 아마도 레바논을 통해(5-6절) 남쪽의 사막에까지(7-8절) 휘몰아치고 또한 지중해 위에 쏟아지는 거대한 폭풍우(3절)로 특징화시켜 표현하는 것 같다. 그러나 "많은 물들"(3절)은 이 이미지들이 역사적인 것 이상의 것임을 보여준다. 비록 이것들이 얼마간의 역사적이고 지정학적인 연관성을 가질 수도 있겠지만 말이다. 이 구문과 아마도 일반적인 그림은 창세기 1:2절에서와 같은 전 지구적인 카오스의 물들을 언급하는 것일 것이다.

이 찬양의 진술이 창조 질서를 향한 두려운 위협을 묘사하는 것임과 동시에, 또한 폭풍을 정복하고 이 무질서를 극복하기 위해 권능의 모습으로 역사하시는 분도 다름 아니라 야웨이심을 증거한다. 그러므로 옛 질서를 결정적이고 강력한 원상태로 돌려놓고 카오스의 힘들을 길들이는 쪽으로 움직이게 하는 것은, 반복해서 이름이 불리어지는 야웨의 권능의 목소리이다. 여기에는 성실함이나 공의는 전혀 없다. 이것은 야생의 길들여지지 않은 권능이다. 야웨는 야웨께 저항하는 모든 것들보다 더욱 더 강력하신 분으로 그려진다. 야웨는 너무나 강력하셔서 그는 장대한 삼림들조차도 비틀어 버리실 수 있다(9절).

다른 신들은 이런 결정적인 행동을 바라보고, 그들의 판단을 내놓는다(9b-10절). 그들은 통치 권위를 다른 그 누구에게가 아니라 바로 이 한분께만 돌리며 "영광!" 이라고 외친다. 바로 이것이 1-2절에서 그들이 행하도록 호출 받은 이유이지만, 그러나 그들은 3-9a절에서 권능에 대한 증거를 보기까지는 이 일을 행치 않았다. 시인하는 이런 외침은 찬송이나 혹은 주님께서 가르치신 기도의 결론 부분의 송영 공식과 별반 다르지 않은 역할을 한다. 이것은 제왕 즉위(10절)로 이끌어간다. 이 하나님께서는 이제 안정적이고 편안하게 물들 위에 앉으셨다. 그는 물들을 정복하셨고, 이제 물들은 더 이상 위협이 아니다(참조. 막 4:35-41). 진정한 왕께서 카오스를 길들이신다. 홍수위에 좌정하신 그의 왕좌는 그의 승리가 참된 것임을 보여주며 패배한 물들에 대한 완전한 경멸을 표현한다.

카오스가 압도되고 영역에서 쫓겨났을 때, 새롭게 인정되는 왕께서 새롭게 세워진 왕좌로부터 이와 어울리는 축복을 허락하신다(11절). 이것은 שָׁלוֹם에 대한 약속, 정확하게는 더 능력 있는 것으로 보였었던 카오스와 정반대에 대한 약속이다. 이 שָׁלוֹם에 대한 선언은 민수기 6:22-26절에 나오는 친숙한 축복선포인 평화라는 단어만큼이나 매우 결정적이며 또한 세계를 변화시키는 선언이다. 영광(1-2, 10절)에서 평화(11절)로의 이동은 베들레헴에서의 천사들의 노래와 별반 다르지 않다(눅 2:14). 새로운 왕의 등극은 이 세상에 새로운 웰빙을 가져온다. 이 시편의 행동은 카오스를 극복하는 새로운 질서의 장소로 노래하며 들어가는 것이다. 시편 29편은 출애굽이나 혹은 이스라엘의 특별한 기억에 호소하지 않는다. 이 시편은 삶의 모든 불안을 지배하는 방식으로 질서에 대해 이야기하며, 또한 노래하는 바로 그 행동 그 자체가 새로운 질서를 실천하는 것이다.

이러한 두 개의 시편들(시편 114편의 이스라엘의 신앙 기억; 시편 29편에 나오는 열방 중에서 이스라엘의 공통적인 유산)은, 서로 어우러지면서 새로운 삶과 하나님의 다스리심 안에서의 소망에 대한 근거를 제공한다. 새로운 삶은 야웨의 새로운 왕권에 토대를 두고 있으며, 애굽이라고 하는 역사적인 대적들을 넘어서거나 혹은 창조 안에 제시된 카오스적인 위협들을 넘어서서 만들어진다. 예배의 한 부분으로서, 시편 29편은 왕권의 구체적인 법령이다. 새로운 질서는 하나님을 영화롭게 하는 것을 요청하지만, 그러나 이것은 또한 삶을 재정비할 능력과 힘도 요청한다. 이것이 하늘에서 뿐 아니라 이 땅에서도 노래해야 하는 이유이다.

시편 96편

이 시편은 시편 29편에 보충적으로 삽입된 그런 시편이라 할 수 있다. 이 시편은 29편과 밀접하게 평행을 이루고 있으며, 또한 29편으로부터 추출된 것으로 보인다. 시편 96편은 새로운 다스리심에 대해 규정하는 것뿐만 아니라, 새로운 다스리심의 형태를 특징적으로 표현한다. 우리가 갖고 있는 표제 하에서, 이 시편은 새로운 정위(定位)를 단언 할뿐 아니라 새로운 정위(定位)가 어떠해야하는지에 관해서도 이야기한다.

1-6절은 찬양하라는 명령이다. 이 단락은 두 부분으로 구성되어 있는 전형적인 찬양 형태이다.

여기에선 여섯 차례에 걸쳐 명령형 호출이 등장한다. "노래하라, 노래하라, 노래하라, 송축하라, 선포하라, 선파하라."

4-5절에 나오는 찬양해야할 근거는, 긍정적으로는 하나님의 임재하심에 대한 것이고 부정적으로는 우상들의 여정이 어떠한지에 대한 것이다. 찬양해야 할 이유로 주어진 근거들은 다름 아니라 찬양의 형태로 낭송된다.

이 시편은 미래가 카오스의 대리자들인 연약한 우상들에게가 아니라 사실은 지금 이 하나님께 속해 있음을 송축한다. 즉위에 관한 이 좋은 소식을 설명하는 찬양이 "새 노래"이다. 새로운 노래는 새로운 정위(定位)를 위해서 노래되어야만 한다. 고대 세계에서는 새로운 재정립이, 취임 혹은 대관식으로 도입되는 새로운 통치를 통해 전형적으로 표현되었다. 마찬가지로, 순전한 새로운 노래는 이와 같이 거대하고 공적인 사건을 위해 위임되었다. 이 새로운 하나님은 이 백성들에게는 지금까지 이런 방식으로는 알려지지 않았던 하나님이시다. 그래서 이에 걸맞은 새로운 음악이 있어야만 한다.

7-9절의 호격은 시편 29:1-2절을 회상하게 한다. 많은 부분에 있어서 언어가 동일하게 사용되었다. 결정적인 차이점은 지금의 호격이 "하나님의 아들들" 에게가 아니라 "민족들의 가족들" 에게 주어졌다는 점이다. 여기서는 경배가 시작되었고 새로운 사회적 현실이 하늘에서가 아니라 지상 바로 여기에서 발생하기 시작했다. 우리는 이제 하늘에서의 경배를 구경하는 사람들이 아니라(시 29편에서처럼) 이제는 새로움이라는 선물을 받도록 부름 받고 있는 참여자들이다.

이 시편의 핵심적인 선언은 10절에 나온다. "야웨께서 통치하신다." 이 선언의 정확한 의미는 학자들 간에 논쟁거리가 되고 있다. 이것은 이미 통치하고 계신 하나님의 계속적인 실체를 언급하는 것으로 취급될 수 있다. 그러나 만약 우리가 이런 공식을 대관식에서의 선포로 취급한다면, "야웨께서 통치하신다" 라고 말하는 것은 그가 지금 막 왕이 되셨다는 것을 의미한다. 즉 제의적인 제정은 단순한 회상이 아니라 실제로 그렇게 만드는 것이다. 마치 부활절 때 우리가 부활이 "오늘" 일어났다고 이해하는 것처럼, 그리고 우리가 선물 받았다고 이해하는 것처럼 말이다. 이제 "거기에 있었는가?" 와 같은 이런 공식은 시간적인 확신이 아니라 제의적인 경험이다. 그리고 바로 이것이 이 시편 공식을 어떻게 가장 최상으로 취할 것인지를 보여준다. 이 시편은 새로운 통치의 시작을 표시한다. 예배의식은 역할을 연극하는 것이 아니라, 예배드리는 바로 그 순간 또 다른 실체가 들어오시는 것이다. 그러므로 이 순간은 하나님의 통치가 가시적이고 효과적이 되는 때이다.

시편 96편의 나머지 부분은 새로운 통치가 어떤 것인지에 관해 이야기한다(10b-13절). 새롭게 승리한 야웨 왕권의 결과는 피조세계에 안정적이고 공평한 질서를 가져온다. 이 새로움은 국제적인 영역, "열방 가운데"에 걸쳐 있다. 공평이 있게 될 것이다(10절). 그 결과로 "하늘, 땅, 바다, 들, 나무들" 간에 전 우주적인 기쁨이 있게 될 것이다. 피조세계의 구성요소들은 "하나님의 아들들"이 시편 29:10에서 "영광!"을 외치는 것과 마찬가지로, 우리들이 성탄절에 왕의 탄생을 기뻐하며 "하늘과 자연이 노래"한다고 노래하는 것과 마찬가지로, 이 일을 송축하는 일에 참여할 것이다. 그러므로 피조세계는 이 분의 통치를 송축하고 시인하며, 그리고 새로운 통치자를 경배하며 순종할 것을 준비한다.

시편 114편에는 두려움과 공포가 있었다. 이제 피조세계의 동일한 부분에서, 기쁜 송축과 환대(reception)가 있게 된다. 이런 풍성한 언어는 송축의 세 가지 차원들을 제시한다. 첫 번째로, 이것은 시적인 과장으로 간주될 수 있으며, 이스라엘의 기쁨은 가능한 한 크게 기록된다. 두 번째로, 이 시편은 야웨께 항복한 다른 신들의 송축에 관해서 말하길 원하는데, 그러나 이 양상은 지금 다른 신들을 피조세계의 구성요소들로 격하했을 수도 있다. 세 번째로, 이 시편은 모든 피조세계의 질서-단지 이스라엘만이 아니라 다른 열방들도-가 끔찍하리만큼 휘어졌고 불법에 의해 상처를 받았다는 인식일 수 있다. 불법과 불공평은 우주적인 문제를 형성한다. 이와 같은 "바다, 밭, 나무들"을 향한 불법은 생태학적인 남용과 개발들일 수도 있다. 그들이 노래하고 기뻐하는 것은 이상한 일이 아니다. 이제 새로운 왕이 오심과 더불어 그것이 끝났기 때문이다.

새로운 송축의 토대는 새로운 정위(定位)인데, 이것은 불의한 상황들에서 개입하여 승리하면서 그것들을 올바르게 만드는 이 새로운 왕의 역사하심을 통해 이루어진다. "판단하다"(שׁפט)는 동사는, 10절에 한번 나오는 "판단하다"(דין)와 더불어 여기서 두 번 사용되었다. 이 두 단어들은 지금까지 우리가 해온 것과는 달리 부정적으로 사용되지 않았으며, 둘 모두다 "하나님의 판단"처럼 사법적으로 그리고 신학적으로 사용되었다. 이 용어들은, 그들 자신의 주장을 실현할 아무 힘도 갖고 있지 않거나 혹은 그들 자신을 돌볼 힘이 없는 연약한 자들의 의로운 주장들을 돌보시고자 하나님께서 개입하시는 행동을 언급한다(참조. 사 1:16-17; 시 82:2-4, 8; 72:1-4). 그러므로 "판단"은 새로운 권력구조와 새로운 가치 중심의 확립을 의미하며, 변덕스럽고 독단적이며 착취적인 사회 질서를 극복하면서 의와 신뢰성으로 특징 지워지는 그런 것의 확립을 의미한다.

그러므로 시편 96편은 첫째, 즉위를 통해서 새로운 것이 시작하는 때인 역전의 순간과 둘째, 삶을 새롭게 질서 잡는 이 통치의 장기적인 수행에 초점을 맞추고 있다. 관습적인 신학적 용어로 표현하자면, 이 즉위는 이 세상에 대한 새로운 칭의라고 할 수 있다. 새로운 세상을 소망했던 것은 이 세상에 대한 성화의 실천이다. 이 시편은 사건에 관한 것일 뿐만 아니라(대부분의 시편 학자들이 가정하고 있는 것으로 보이는), 또한 여기에서 시작되어 온 장기적인 과정에 대한 것이기도 하다. 이와 같은 시편은 항상 심오한 소망과 관련된 행동을 보여준다. 왜냐하면 이런 영역은 단순히 이 시편을 사용한다고 해서 확립되는 것은 분명 아니기 때문이다. 그러나 이 시편의 예배의식의 사용은 소망 그 이상의 것이다. 이것은 말, 몸짓, 의식 등을 통해 미래를 지금 현재에 시시각각으로 나타내 보이고 있다. 이 시편은 불법과 불성실의 질서 즉, 우리에게 여전히 존재하는 옛 질서와 직면하면서도 송축한다. (그러나 이 옛 질서는 사실상 두드러지는 심각한 주장을 가지지 않는 질서이다.) 이 예배의식은 이러한 질서 해체의 시작이다.

다른 분명한 제왕 즉위 시편들(시 47, 93, 97, 98, 99)은 좀 더 요약적인 형태들로 다루어질 수 있는데, 이들은 우리가 96편에서 보았던 동일한 주제들을 표현하고 있기 때문이다.

시편 93편

이 시편은 "야웨께서 통치하신다."라는 즉위 공식과 더불어 시작한다. 그런 다음 1b절은 새로운 왕의 왕위 등극 과정을 묘사하는데, 이 왕은 승리를 통해 오시고 그의 영토에 대해 주장하시는 분이시다. 비록 짧지만, 이것은 장엄한 장면이다. 1c절은 그 결과 이 세계가 누리게 되는 웰빙에 대해 선포한다. 지금까지는 불확실한 것으로 보여 왔지만, 지금은 견고하고 신뢰할만 하게 된다. 3-4절에서 야웨의 권능은 카오스적인 물들의 권능과 대조가 된다. 카오스의 홍수 물들이, 억압되었고 더 이상 발악하거나 저항할 수 없게 되었다는 사실을 모든 사람들이 알고 있다. 이미 시편 29:3에서 살펴보았던 "많은 물들"이라는 구문이 4절에 나온다는 것을 주목하라. 그러나 야웨께서는 분명 카오스의 모든 위협들보다도 더욱 권능이 있으시다. 그러므로 5절에서 잘 확립된 왕은 새로운 질서를 위한 법령(decree)을 반포한다. 여기에는 이 법령의 구체적인 내용이 주어지지 않았다. 시편 29:11절에서는, 새로운 법령이 샬롬이었다. 시편 96:10b-13절에서는 의, 성실, 그리고 공평함이 법령이었다. 이 시편은 야웨의 선포를 통해서 창조된 생명의 반전을 들추어낸다. 이스라엘은 지상에서의 공평함이라는 이슈들로의 이동 없이 결코 신화적 형태에 머물면서 시간을 허비하지 않는다.

시편 97편

이 시편도 역시 제왕 즉위의 공식인 "야웨께서 통치하신다"라는 선포 그리고 땅과 섬들의 기쁜 응답을 특징짓는 것으로 시작한다. 새로운 왕-하나님은 단지 거기에만 계신 것이 아니라 승리의 과정(2-5절)을 통해 오신다. 그리고 이 과정은 송축과 두려운 경외가 복합되어 있다. 이 새로운 왕-하나님께서 승리하시는 것은 자명한 일이다. 3-4절은 우리가 시편 29:3-10a절에서 살펴보았던 폭풍우 소리처럼 들린다. 5절은 떨고 있는 산들을 보여준다. 그러나 이런 거대한 권능과 더불어, 다스리심의 실제적인 본질은 "의와 공평", "의로움과 영광"(6절)을 통해 특징 지워진다(2절). 이것은 단지 완전한 힘만을 의미하지 않는다. 이것은 또한 세상의 삶으로 들어가는 인간 가치의 입문서이다. 새로운 정위(定位)는 약한 자들조차도 강한 자들을 통해 유린당하지 않는 권리를 갖는 그런 세상이다. 새로운 왕의 권능은 만약 사회적 반전이 이 권능의 목표가 아니라면 주목할 가치가 없을 것이다. 왕의 위엄이 땅을 섬기는 것은 잉카네이션(incarnational) 신앙의 씨앗이다.

이 다스림의 성립은 좋은 소식이기도 하고 나쁜 소식이기도 하다. 이것은 짓밟힌 유다에게는 좋은 소식이다(8절). 야웨게서 선택하신 자들은 도움이 없는 상태로 있어왔고 생명을 주실 침입자를 갈망해 왔다. 동시에 이것은 우상들-착취적인 상징들-주변에 형성된 모든 사람들에게는 나쁜 소식이다. 이 우상들은 사람들을 물건들(상품들)로 전락시키고,

심지어 참된 하나님조차도 조종 가능한 물건으로 바꾸어버렸다. 이 시편에서 백성들의 갈망을 이해하기 위해서는, 우리는 신들을 매매하는 것이 사람들을 상품화하는 것과 맞아떨어진다는 것을 이해해야만 한다. 우상이라는 문제는 조각물이나 조각상들의 문제가 아니다. 이것은 상징과 가치들을 바꾸는 문제이다. 참된 하나님이 축소되면 축소될수록, 동일하게 인간의 가치도 축소된다. 우상을 때려 부수는 것은 편협한 종교적 일이 아니라, 인간다움을 실현하기 위한 자유로운 공간을 만들어 나가는 것과도 관계있는 일이다.

10-12절에서는 이스라엘의 송축이 구체적인 언약적 규정을 받는다(시편 93편에는 이 내용이 없었다). 10절의 표제적인 선언은 모든 사람들이 판단 받게 될 기준이 무엇인지를 지시해준다. "악을 미워하라"는 명령은, 야웨의 공의의 "선함"을 언약적으로 사랑하는 것에서부터 도출된 것이다(참조. 암 5:15). 10절에 나오는 "성도들"은 언약을 지키는 사람들이며, 삶은 의로움과 사악함이라는 측면에서 계산된다. 그러므로 새로운 왕의 생생한 권능은 이스라엘이 토라에 속해 있다는 측면에서 중재된다. 하나님의 통치는 순종을 요구한다. 참된 하나님은 도덕적으로 무관심하지 않다. 다만 인간을 돌보는 새로운 공동체적 삶을 허용하신다는 것이다. 새로운 정위(定位)는, 공의를 향한 하나님의 뜻에 잘 훈련된 모습으로 응답하는 삶이다.

시편 97편은 그러므로 시편 29편과 유사한 이동을 갖고 있다.

완전한 권능 ——→ 언약적 윤리

시편 29편 : 영광(1-2절) ——→ 평화(11절)

시편 97편 : 새로운 왕(1절) ——————▶ 의로움, 변호(10-12절).

절정의 요소는 악한 사람과 의로운 사람 간의 대조에서 나타난다. 공적인 삶의 통상적인 과정에서는, 반응 없는 악한 사람들이 일들과 상황을 통제한다. 그러나 야웨의 왕권은 역전을 일으킨다. 악한 사람들은 그들이 어떤 사람들인지를 드러내게 된다. 그들은 그들의 우월함을 부인 당한다. 역으로, 언약을 지키고 야웨의 뜻을 행하는 사람들인 의로운 자들은, 생명과 능력을 부여받는다. 이 시편의 장르는 거룩한 능력을 송축하는 것에 초점을 맞추고 있는 것처럼 보인다. 그러나 이스라엘은 이 장르를 운용하면서 이와 같은 능력이 항상 토라적인 가치들을 섬기는 것이어야 한다고 주장한다. 새롭게 등극한 왕-하나님은, 정확하게는 지금은 좀 더 나은 삶을 기대하고 있는 가난한 주변인들에 의해 환영받는다. 이 시편이 "기쁨"(기뻐할찌어다, 1절)으로부터 "기쁨"(11-12절)으로 움직여가는 것은 바로 이 이유 때문이다. 이들은 기뻐할 그 어떤 것을 가지고 있는 그런 사람들이다.

시편 98편

동일한 주제가 여기 다른 즉위 시편들을 통해 제시된다.

다시 한 번 더 "새 노래"가(1절) כי로 도입되는 이유들과 더불어서 1-3절에서 도입된다. 낭송되는 이유들은, 이전보다 우주적이기보다는 좀 더 이스라엘의 기억에 고정되어 있다. "기이한 일들"은 그럴 필요가 없긴 하지만 이스라엘 역사의 구원 사건들과 비슷하다(3절). 이 어휘는 마치 이것이 그와 같은 자료를 갖고 있는 것처럼 들린다. 1-3절에는 세 번에 걸쳐서 동사 "구원하다" 혹은 "건져내다"(ישע)가 사용되었다. 이것은 이스라엘 언약전승의 핵심적 단어들인 "의로움, 인자, 성실"(צדקה, חסד, אמונה)과 잘 맞아떨어진다(참조. 렘 9:24). 여기서의 "땅"은 이런 행동들의 수혜자가 아니라 목격자에게 강한 인상을 심어주었다. 야웨께서 높임 받으시는 근거는 이제 이스라엘을 위한 역전에서 발견된다. 이 장르가 이스라엘에 관한 언급이 마지막 절까지 단 한 번도 등장하지 않는 시편 29편으로부터 얼마나 대폭적으로 변형되었는지를 주목하라. 이제 우주적인 선포는 견고하게 이스라엘의 삶에 토대를 두고 있다.

시편 98편의 중간부분(4-6절)은 일련의 명령형들을 사용하면서 찬양하라는 거대한 호출을 한다. 이 초청은 "땅의 모든 끝"을 향한 것이고 두드러지는 비유는 또 다시 왕권에 관해 말한다. 야웨 통치권의 확립은 일반적인 기쁨을 불러 일으킨다.

이 초청은 7-8절에서도 이젠 우리에게 친숙한 주체들을 향해서도 계속된다. 그것은 "바다, 세계, 큰 물, 산악." 등이다. 그것은 다시 찬양하라는 명령들은 새로운 왕권을 표현하는 이유들과 짝을 이룬다. 야웨께서는 판단하실 것이며, 이것은 그가 의로움과 공평함으로 특징 지워지는 통치권을 확립하실 것임을 의미한다. 새로운 왕권은 2-3절의 어휘들과 잘 상응한다. 이 세상은 새로운 방향으로 완전히 돌아서게 될 것이다.

시편 99편

이 시편은 새로운 다스림이라고 하는 동일한 주제로 들리지만, 그러나 조금 다른 형태로 되어있다. 이 시편에서는, 이스라엘의 독특한 전승들이 좀 더 가시적으로 나타난다.

이 찬송은 우리가 기대한대로 "야웨께서 통치하신다"는 즉위 공식과 더불어 시작한다. 이에 적절한 반응은 우주적인 떨림이 동반된다. 왜냐하면 이 왕은 모든 옛 다스림들을 흔들어 요동케 하시기 때문이다.

야웨의 왕권을 향한 송축은 1b-5절에 묘사된다. 1b절은 사실 시작하는 행과 평행을 이룬다. 그러나 우리는 이것을 뒤이어 나오는 내용과 함께 다루어야한다. 왜냐하면 그룹들에 대한 언급이 새로운 즉위를 예루살렘 성전과 연결시키기 때문이다(참조. 왕상 8:7). 이 시편중 이 단락은 이스라엘의 두 가지 전승들을 훌륭하게 엮고 있다. 한편으로는, 예루살렘 거주 전승이 있다. 이것은 그룹들, 시온, 발등상에 대한 언급을 통해 전해진다. 이 전승은 이스라엘의 성립에 하나님께서 참여하신다는 점을 단언한다. 다른 한편으로는, 모세의 해방 전승이 있는데, 이것은 "공의를 사랑하는 자," "공평과 의와 정의"(ישׁר, צדקה, משׁפט)를 행하는 자로 표현되고 또한 야곱에 대한 암시를 통해서 표현된다. 이 전승은 하나님께서 오시는 곳에는 급격한 사회적 반전이 있다는 것을 주장한다. 야웨의 왕권은 임재에 대한 확신과 해방에 대한 자극이 결합되어 있으며, 또한 이 전승은 이들 특색 있는 어법 중에서 단지 하나만 선택하는 것을 거부한다.

6-7절은 광야 여정과 시내산 계명들에 대한 언급을 하면서 야웨의 왕권을 가장 오래된 모세와 아론의 토라 전승에 좀 더 결정적으로 연결한다. 또한 여기에는 사무엘에 대한 언급도 있다. 사무엘은 모든 인간 왕들에 저항하기 위해 야웨의 왕권을 요구하는 자로서 기억되기 때문이다. 그래서 그는 인간 왕들을 야웨의 왕위를 노리는 자로서 간주했고,

또한 야웨의 왕권을 위협하고 약화시키는 자로 간주했기 때문이다(참조. 삼상 8:7; 12:15;, 25). 의심할 여지없이 예루살렘 왕조가 뒷받침했던 이런 제의적인 조각이, 이런 왕조주의 반대자들의 이름에 호소해야만 한다는 것은 매우 인상적인 일이다. 여기서의 기본적인 동사들인 "부르다"와 "응답하다"(참조. 사 65:24)는, 출애굽기 2:23-25에 나오는 처음의 부르짖음 이후 무엇이 이스라엘에 있어서 가장 중요하고 특징적인 것이었는지를 묘사한다. 이스라엘의 가장 일상적인 일은 부르짖는 것이었으며, 야웨께서 가장 신실하게 열중하시는 일은 응답하시는 것이었다. 이 신앙의 중심은 궁핍함 가운데 있는 공동체에 대한 하나님의 주의 깊은 응답하심이다.

이 시편의 마지막 요소는(8-9절) 이 두려운 왕권의 양면을 서술한다. 하나님은 용서하시며, 그리고 형벌을 주신다. 이 두 가지 측면은 하나님은 결코 구속되지 않으시는 자유로운 분이심을 확고히 한다. 하나님은 어떻게 용서와 형벌로 임하시는지에 대해서 여기서는 더 자세히 알려주지 않는다. 이 두 가지 주제들의 병렬적인 배치는, 하나님을 구원하시는 분과 심판하시는 분으로 묘사하는 출애굽기 34:6-7에 나오는 근본적인 신앙고백적 선언을 상기하게 한다. 그러나 모자이크 병렬의 마지막 선언은 9절에서 다시 한 번 더 경배하라는 명령과 더불어 결심을 표현한다. 이것은 성전을 향한 부름인데, 하나님의 압도적인 특징은 거룩함이기 때문이다. 거룩하신 분과의 만남을 위한 방법과 기회를 제공하는 것은 다름 아닌 성전이다. 이 시편은 이스라엘의 신앙 전통의 핵심적인 요소들을 좀 더 두드러지게 같이 끌어당긴다. 하나님의 즉위는 거룩한 임재를 접근 가능한 것으로 만들어주고 또한 공의로운 뜻을 좀 더

임박한 것으로 만든다. 통치하시는 이 분이 누구신지를 왜곡하지 않는 한, 이 강조들은 결코 축소될 수 없다.

시편 47편

이 시편은 비록 그 짜임새가 함께 그룹으로 묶여있는 다른 시편들과 조금 다르기는 하지만, 그래도 역시 제왕 즉위 시편이다. 독특하게도 즉위 공식(8절)이 평행을 이루는 다른 공식들과는 조금 다르게 되어있는데, 야웨라는 특정한 이름이 아니라 좀 더 일반적인 표현이 그 자리를 대신하고 있다, "하나님이 통치하신다." 그러나 이 시편 안에 있는 야웨라는 이름과 야웨의 백성이라는 언급은, 이런 언어적 차이가 그저 단순히 우연한 것임을 보여준다.

1-4절은 언약 찬송처럼 두 개의 부분으로 구성되어 있다. 첫 번째 1절에는 찬양하라는 호출이 두 개의 명령형들과 더불어 나온다. 이 호출들은 이 그룹에 속해 있는 다른 시편들과 마찬가지로 모든 민족들을 향한 것이다. 두 번째로, 2-4절에서 우리는 접속사 כי를 통해 도입되는 찬양해야 할 이유를 듣게 된다. 여기 주어진 이중의 이유들은 매우 특이하게도 이스라엘 신앙의 두 가지 주제들과 병행을 이룬다. 하나님을 찬양해야할 한 가지 이유는 모든 민족들에 대한 그분의 우주적인 주권 때문이다. 또 다른 이유는 이스라엘에 대한 하나님의 특별한 선택 때문인데, 하나님께서는 그의 사랑의 특별한 초점을 이스라엘에 두고, 특별한 땅을 선물로 주셨다. 하나님의 주권적인 통치는, 열방들에 대한 일반적인 다스림과 이스라엘에 대한 특별한 위임 두 가지 모두를 아우른다. 이 두 가지는 항상 결코 해결되지 않는 긴장관계를 형성한다.

5절에서, 우리는 특별한 즉위 공식을 보게 되는데, 이것은 아마도 예배의식으로 거행된듯하다. "올라가시도다"는 보좌로 올라가시는 것을 의미한다(참조. 시 29:10).

6-7절은 또 다른 찬양인데, 명령적인 호출들로 되어있는 두 부분들(4중의 동사 "찬양하라"와 더불어)과, 7절에 토대를 둔 왕권을 선포하는 것으로 잘 구성되어 있다.

8-9절의 결론적인 행들에서, 우리는 여전히 열방과 이스라엘, 신적인 통치와 선택적 사랑이라는 병행을 유지한다. 8a절의 왕적인 포고 이후에, 이 시편은 열방들과 아브라함의 백성들에 대한 다스리심에 대해 언급한다. 하지만, RSV에서처럼 "열방이 아브라함의 하나님의 백성으로 모임이여"라고 번역하는 것은 매우 많은 것을 주장한다. 이 본문은 사실 생략적인 형태를 지니고 있다. 왜냐하면 이 본문에는 연결적인 "로서"가 없고 또한 간단하게는 다음과 같이 읽을 수 있기 때문이다.

> 열방의 왕자들이 모임이여,
> 아브라함의 하나님의 백성

나는 이 시편이 두 가지 모두를 확고하게 하기를 바라는 반면, 이 양자 간의 관계성을 명확히 말하는 것을 꺼리므로 개방해 놓고 있다고 생각한다. 이런 병렬에 대한 좀 더 근접한 해결책은 이사야 19:23-25절에서 발견되는데, 이 부분에서는 열방들이 사실상 야웨의 사랑을 받는 백성이 된다. 그러나 그 본문은 여기보다 더 분명하다. 한 가지 결론은 이 본문이 이 관계를 개방된 채로 그리고 해결되지 않은 채로 유지하려는 의도를 지니고 있다는 것이다. 예루살렘의 궁극적인 비전은 모든 백성이 야웨의 백성이 되는 것이다(사 2:2-4). 그러나 이것은 이스라엘 언약의 구성원이 된다는 것을 의미할 필요는 없다. 신약성경의 선포에서 보자면, 이런 종류의 선언은 모든 민족들이 하나님의 주권 아래로 불러들여져야만 하지만, 그러나 모든 사람들이 예수라는 방법을 통해 그렇게 되는 것은 아니라고 주장하는 것일 수 있다. 다른 양들, 가치 있는 양들, 이 우리에 들지 않은 양들이 있다(참조. 요 10:16).

요약(Summary)

제왕 즉위 시편들은 제의적으로나, 종말론적으로 정치적으로 취해졌을 때 모든 창조된 질서들뿐만 아니라 모든 민족들-이스라엘과 열방들-이 책임있게 다스리시는 하나님의 통치권 아래에 있다고 확언하는 시편들이다. 이 내용은 자율에 구부러지고 규범 없음으로 인해 위협받는 세상에 대한 거대한 요구이다. 하나님의 왕권에 대한 이와 같은 풍부한 은유는, 최소한 다섯 가지 주제들 하에서 신학적으로 심사숙고할 수 있을 것이다.

의심할 여지없이 야웨 제왕 즉위의 축제적인 주제는, 설령 절대적이지 않다 하더라도 상당히 깊숙이 고대 근동의 왕의 등극 의식과 이데올로기에 뿌리를 두고 있다. 그러므로 이 공통적인 주장에 대한 이스라엘의 생각은, 야웨께서는 단순히 이스라엘의 하나님만이 아니라 모든 열방들이 복종해야 하는 하나님이시다. 이와 같은 우주적이고 보편적인 주장은 야웨를 한 부족만의 편파적인 신이 되거나 혹은 분파적인 하나님으로 환원되는 것을 배제한다. 모든 열방들이 의지할 수 있는 것처럼,

동일하게 모든 열방들은 이 통치자에게 공평한 다스림을 기대하는 권리를 가지고 있다.

이스라엘에서의 하나님의 왕권이라는 주제도 역시 오래된 모세-시내산 전승에 호소한다. 이런 시편들이 압도적으로 시온(Zion)-지향적인반면, 이들은 성전 전승보다 더 오래된 이 언약 전승에 대해 넌지시 암시하고 또한 자극한다. 이 전승은 가장 초기 시기부터 이스라엘의 신앙이 정치적인 비유를 통해 명확하게 규명되었다고 주장한다. 야웨가 왕적인 권능이라는 것은, 모든 다른 왕적인 권능들을 불안정하게 만드는 것에 일조하고 또한 권능을 절대화하려는 모든 유혹들을 상대화시키는 것을 돕는다. 이 왕권은 자유의 선물이다. 왜냐하면 이렇게 자유롭게 하시는 하나님을 향한 충성은 다른 모든 정치적 복종에 대항해서 분명히 말하기 때문이다(레 25:42).

아마도 이 노래들은 예루살렘 제의에 속해있었을 것이기 때문에, 야웨의 왕권은 다윗 왕조의 왕권과 상징적인, 정치적인 그리고 이데올로기적인 친밀한 연결점들을 가지고 있다. 한편으로는 야웨의 왕권은 단순하게 다윗 왕조의 주장을 좀 더 광범위하게 기록한 것에 불과한 것일 수도 있다. 의심할 여지없이 이러한 요소가 작용하고 있는데, 이것은 조심스럽게 분석될 필요가 있다. 그러나 동시에, 이 연결은 왕권이 다윗 왕조 이상에 대한 권위부여와 필요조건임을 시사하고 있다. 이스라엘에서의 모든 정치적 권위-사사, 왕 그리고 제사장-의 특징을 결정적으로 가름하는 것은 다름 아니라 바로 야웨의 특징이다. 야웨께서 "공의를 사랑하시는 분"이라는 점은, 야웨의 대리자들이자 섭정자들인 다윗왕가 왕들이 정의로운 다스림을 실천해야만 하며 특히 소외 계층들을 위해 그렇게 해야만 하는 것을 불가피 하게 만든다. 그러므로 우리는 필연적으로 야웨의 공의로부터(참조. 신 10:17-18) 다윗을 향한 동일한 기대로 옮겨간다(시 72:1-4). 야웨의 왕권은 모든 인간의 권력 행사를 분석하는 방법으로서 정치적으로 중요성을 띠고 있다. 그러나 이것은 이스라엘에서 유지된 정치적 권위에 대해 비판으로 작용할 뿐만 아니라 동시에 권위를 부여하는 것으로도 작용한다.

기독교인들은 이런 시편들을 신약 성경에 투영하기를 원할 것이다. 왜냐하면 많은 비유들에 나타나있는 예수님의 중심적인 선포(참조. 막1:14-15)가 야웨의 왕국과 왕권에 관한 것이기 때문이다. 신약 성경은 예수님의 왕국은 선포하지 않지만, 그러나 하나님의 왕국에 관해서는 선포한다. 이러한 완전한 상징은 거대한 제의적 행동이나 혹은 정치적 행동을 통해 구체적으로 표현되지는 않지만, 그러나 반전을 가져오는 특별하고 능력 있는 긍휼의 행동들을 통해 표현되었다(참조. 눅7:22, 이 부분은 눅 4:18-19에 나오는 선언에 대한 실현이다). 예수님의 사역은 이런 시편들의 제의적인 주장을 넘어서서 생존한다.

우리의 기도생활은 이런 비유위에서 계속적으로 지속된다. 그러므로 기독교인들은 날마다 하나님의 나라가 이 땅에 임하기를 간구한다(참조. 마 6:10). 이러한 즉위 시편의 제의적 행동은 일종의 사인(sign)이자 또한 기대이기도 하다. 분명하게도, 우리는 여전히 이 사인의 성취에 이르지 못했다. 그러므로 하나님의 통치에 대한 제의적 명령은 소망을 부른다. 그리고 이런 시편들이 내포하고 있는 소망은 오늘날 우리에게 상당히 중요한 의미를 부여한다. 이러한 강력한 힘을 발휘하는 반전의 상징이 없다면 오늘날 세대의 비참한 제도들은 스스로가 절대적이고 영원하다고 주장할 것이기 때문이다. 그러므로 이런 파괴적인 비유가 없다면, 압제적인 제도들은 그들이 영원히 보호받을 것처럼 보일 것이다. 이것은 군사적 자본주의를 절대화하고 있는 미국의 장면과 다르지 않다. 그러나 우리는 소망가운데서 살아간다. 이 비유는 현재의 모든 권력 장치들이 일시적으로 유지하기 때문이다. 이들 모두는 최종적으로 다스리시게 될 이 분의 조사와 판단 하에서 유지되고 있다.

•••확신으로 일반화된 감사시

Thanksgiving Generalized to Confidence

우리가 이미 살펴본 감사 노래들은 삶을 즉각적으로 해결해서 어려움과 곤란 이후 새로운 정위(定位)로 들어가는 것과 관련된 것들이었다. 새로운 정위(定位)는 하나님의 놀라운 선물로서 다가온다. 이 노래들은 혼미의 탄식과 어려운 상황을 다시 되돌아본다. 그런 뒤 해결에 대해서 이야기하고 이에 대해 감사를 드린다. 이 시편들은 즉각성과 구체성을 통해 특징적으로 표현된다.

우리들이 이제 살펴보게 될 신뢰의 노래들도 역시 새로운 정위(定位)에 관한 시편들이다. 그러나 이들은 그렇게 즉각적이지 않다. 왜냐하면 이 시편들은 위기적인 상황이나 그에 대한 심사숙고로부터 조금 더 떨어져 있기 때문이다. 그리고 이 시편들은 그렇게 구체적이지도 않다. 그것은 이 시편들이 구원의 특정한 상황으로부터 일반화되었기 때문이며 또한 이제는 모든 위험과 대면했을 때 전적으로 신뢰할 수 있는 야웨와의 관계에 대해서 일반적으로 말할 수 있게 되었기 때문이다. 생각하건대, 이런 깊은 확신은 특정한 경험으로부터 성장했을 것이다. 그렇지 않다면 어떻게 신뢰하는 법을 알 수 있겠는가? 이 시편들은 가장 잘 알려져 있고 가장 사랑받는 시편들이기도하다. 왜냐하면 이 시편들은 기쁘게 신뢰하는 결단을 하게 된 신앙의 삶에 관한 내용을 제시하기 때문이다. 이 시들의 화자는 신뢰를 흔들거리게 할만 한 의심이나 문젯거리를 야기하는 그런 상황에 대해 상상할 수 없다. 관계는 이미 심각하게 시험되었고, 그래서 야웨께서는 이미 스스로에 대해 깊이 신뢰할만하고 능력이 출중한 분이심을 보여주셨다. 이제 이점은 송축되어야만 한다.

시편 27편

이 시편은 어떤 특정한 유형에 포함시키기 어려운 시편인데, 두 개의 서로 다른 연관성 없는 요소들이 내포되어 있기 때문이다. 1-6절은 신뢰에 대한 표현이지만, 그러나 7-14절은 불평으로 들린다. 그러므로 이 시편 전체를 "신뢰"로 다루기에는 모호한 점이 있다. 하지만, 나는 신뢰의 모티브가 탄식보다 우위에 있다는 인상을 가지고 다루고자 한다. 신뢰는 문제를 넘어서서 승리한다.

1절은 두 개의 평행적인 선언들을 통해 이 시편 전체의 전제를 제시한다. 그런 뒤에 평행을 통해 두 개의 수사학적인 질문들이 뒤따라 나온다. 화자는 지명될 수 있는 모든 위협과 두려움을 주는 행위자들의 목록을 불러들인다. 그러나 첫 행은, 빛과 구원과 요새이신 야웨를 향한 신뢰를 흔들만큼 심각하게 생각할만한 것은 아무것도 없다고 주장한다. 이 확언은 처음 두 행이 확실한 분이신 야웨의 이름을 부르는 것으로 시작함으로써 생생하게 표시 된다.

2-6절은 1절에서 제시된 주장들에 대한 개별적이고 특정적인 설명이다. 2-3절은 대적, 원수, 행악자, 침략하는 군대 그리고 전쟁이라는 여러 형태의 구체적 위협들을 되돌아본다. 구체성이 결여되어 있다는 점에 주목하라. 그러나 구체성은 중요하지 않다. 이미지로 표현될 수 있는 어떠한 구체적인 위협들도 극복된다. 이 시편기자에게는, 야웨께서 모든 위협들보다 훨씬 더 우월하시다. 4절은 이 시인의 삶속에서 만들어진 두드러진 확신을 표현한다. 이 결심은 시편 73:25-26절과 다르지 않은데, 그 부분에서 화자는 오로지 야웨의 보호와 야웨와의 사귐만을 간청하고 있다. 그러므로 여기에서, 이 화자는 무엇이 이슈인지를 정렬할 수 있다. 그는 충절을 분열시키거나 혹은 우선순위를 붕괴시키지 않는다. 그의 한 가지 갈망은, 성전에서 결정적으로 알려지시는 야웨의 임재하심을 누릴 수 있게 되는 것뿐이다. 성전 임재는 새로운 방향전환의 요소이다(시 73:17에서 그랬듯이). 아마도 이 화자는 전도서의 화자를 닮고 있는 듯하다. 이들은 다 모든 것을 얻으려고 노력해 보았지만-일, 기쁨, 돈-그러나 그 무엇도 만족스럽지 않았다. 그러나 이들은 다른 결론을 도출한다. 전도서의 교사는 냉소주의로 마무리했다. 시편 27편의 화자는 사람의 단 한 가지 열망은 이 세상이 제공하는 모든 것들을 다 해보고 원하는 것을 얻은 후에, 오로지 하나님의 임재하심 뿐이라는 결론을 내린다.

성전 임재는 삶의 다른 모든 관심들을 매우 이차적인 것으로 만든다. 이 사람을 진정으로 안전하게 만드시고(5-6절) 또한 이 사람을 찬양과 제사로 이끄시는 분은 다름 아니라 오직 야웨 뿐이시다. 다수의 학문적인 고찰이 성전 세팅 그리고 제사의 본질, 구원의 상황에 집중되었다. 하지만, 이러한 가정들을 별개로 한다면, 우리에게 그 어떤 분명한 것도 주어진 것이 없다. 그러나 그것은 문제가 되지 않는다. 중요한 것은 3절에서 "신뢰"(בטח)로 표현되는 흔들리지 않는 확신인데, 화자는 이 안에서 또 다른 선택을 알게 되고 다른 어떤 것들도 이보다 더 진지하고 중요하게 간주하지 않는다. 삶은 하나님의 신뢰성 위에 완전하게 든든히 자리 잡는다.

7-12절은 필요에 대해 부르짖는 기도이다. 1-6절에서의 신뢰는 물론 삶에서 문제를 제거하지는 않으며, 이런 깊은 신앙은 화자로 하여금 문젯거리의 실체를 부인하게 만들거나 혹은 이에 대해 침묵하게 하지는 않는다. 그러나 1-6절은 문제가 조종되고 다르게 이해될 수 있는 신뢰할 만하고 아주 활기찬 상황을 분명 제공하고 있다.

탄식은 3/2/3 패턴의 8가지 명령형들을 통해 표현 된다.

> 들으시고, 긍휼히 여기사, 응답하소서(7절);
>
> 숨기지 마시고, 나를 버리지 마소서(9절);
>
> 가르치시고, 인도하소서, 나를 맡기지 마소서(11-12절).

화자는 야웨께서 그를 멸망으로부터 안전하고 자유롭게 지켜주실 것을 기대한다. 이런 탄원의 명령형들은 필연적인 다수의 동기들과 더불어 여기저기 흩어져 있다.

> 내가 주의 얼굴을 찾으리이다(즉, 나는 주님을 의지합니다)(8절);

주는 나의 도움이 되셨나이다(9-10절).

대적들이 가까이 있나이다(12절).

다른 탄식 시편들에서처럼, 이 이유들은 하나님으로 하여금 탄식에 신실하게 응답하시도록 움직이게 하려는 의도를 내포하고 있다.

마지막 두 구절들(13-14절)은 깊은 신뢰로 돌아가는 내용이다. 이 진술은 "나는 믿는다."(אמן), "나는 진정한 확신을 가지고 있습니다."라는 것을 통해 좌우된다. "살아있는 자들의 땅"이라는 비유는 일반적으로 좋은 삶을 언급하는 것일 수 있다. 혹은 폰 라트가 생각하는 것처럼, 이것은 4, 8절에서 그토록 추구되었던 제의의식의 허용을 언급하는 것일 수도 있다. 분명 이 비유를 죽음이후의 삶에 대한 암시로 취급할 필요는 없다. 이 시편은 확신에 찬 네 개의 연속되는 명령형들로 결론을 짓는다. 앞부분에 있는 명령형들은 관계 속에서 하나님 자신의 역할을 감당해 주시도록 하나님에게 청원하고 있다. 이제 이 명령형들은 화자 집단들을 향해 이 관계를 신뢰하도록 청원한다. 그러므로 그는 "기다리라, 강하고, 담대하고, 기다리라"라고 말한다. 그러나 "기다리라"라는 번역은 잘못 이끌어갈 수도 있다. 왜냐하면 이것은 "소망하다"(קוה)를 의미하기 때문이다(우리말 성경에서는 "바랄찌어다"로 번역되었다, 역주). 그러므로 이것은 혼돈 속에 있지만 새로운 삶이 주어질 것을 온전하게 확신하고 있는 목소리이다. 마지막으로, 시작부분에서 두 번 사용된 것처럼 아주 중요한 하나님의 이름에 대한 언급이, 다시 등장한다. 이 불평은 실제적이긴 하지만, 그러나 이것은 전후의 신뢰 안에 강력하게 담겨진다. 이 시편기자는 현재의 과도한 불안을 막아주신 하나님의 돌보심에 대한 과거의 경험들을 가지고 있다. 여기서 지배적인 동사들은 3절에 나오는 "신뢰하다"(בטח)와 13절에 나오는 "믿다"(אמן)인 것으로 보인다. 이 화자는 현재에 대한 하나님의 선택이 신뢰할만하며 또한 성취될 때가지 지속될 것임을 알고 있다.

시편 23편

이 시편을 해석한다는 것은 거의 겉치레에 가깝다. 이 시편이 성경적인 영성에 대해 가지고 있는 지배력은 매우 깊고도 진지하다. 이 시편은 매우 단순한 표현이어서 다른 설명 없이 그 자체만으로도 충분히 설명 가능하다. 물론, 이 시편은 신뢰의 시편이다. 이 시편은 풍부한 비유들을 통해 하나님의 선물들을 신뢰하고 받아가면서 살아가는 삶에 대해 구체적으로 자세히 설명한다. 이 시편은 세 부분으로 나뉘어 질 수 있다. 1-2절과 6절에서는, 야웨께서 3인칭으로 일컬어진다. 3-5절에서는, 야웨께서 직접적으로 "당신"으로 호칭되어진다. 그러므로 중간 단락 부분이 좀 더 즉각적이고 좀 더 강렬한 신앙 경험인 것으로 보인다. 이 부분은 구원받은 실제적인 경험들에 좀 더 가까운 것으로 보이며, 식탁과 잔이라는 두 가지 이미지들은 어떤 특수한 구체성을 지니고 있는 것으로 보인다. 3-5절을 둘러싸고 있는 첫부분(1-2절)과 마지막 부분(6절)은, 좀 더 사색적이고 좀 더 총체적인 설명들인데, 이것은 아마도 야웨를 직접 호칭하는 이런 경험에 토대를 두고 있는 듯하다.

우리는 이름들과 대명사들의 사용을 보면서 놀라게 된다. 야웨의 이름은 단지 두 번 갑작스럽게 첫 부분과 마지막 부분에서만 언급된다. 이 시는 신뢰하는 삶과 마찬가지로 이 이름의 임재 안에서 충만히 살게 된다. 이 이름은 삶과 언어 둘 모두에 대한 한계(parameter)를 제시한다. 시편의 중심부에는 장엄하신 당신이 있는데, 이것이 이 시편을 주도하는 것으로 보인다. 다른 인칭대명사적인 어미들도 있지만, 오직 이것만이 하나님을 언급하고 있는 독립 인칭대명사이다. 이점으로 인해 너무 많은 추측들을 야기해서는 안 되겠지만, 그러나 나는 사용된 이 세 개의 경우들이 시편기자의 신앙과 경험에 대한 밑그림을 제공한다고 생각한다.

야웨(1절) ——→ 당신(4절) ——→ 야웨(6절)

다른 문법적 요소들 중 가장 흥미로운 점은, 반복적이고 여기저기에 퍼져 있는 1인칭 대명사인데, 이 인칭대명사는 이 시편 모든 곳에 어디에나 자리 잡고 있다. 다른 몇몇 정황들에서는(시 77편의 탄식에서처럼), 자기 자신에 대한 반복적인 언급은 건강하지 못한 망상처럼 들렸다. 그러나 이 경우에는 그렇지 않다. 여기서는 "나"라는 표현들이 고마움, 열망, 의지, 그리고 감사로 가득 차 있다. 여기서의 "나"는, 모든 경우에서 모든 필요를 미리 아시고 응답하시는 당신을 통해 삶이 충만하게 돌봄을 받고 해결된다는 것을 알고 있다. 야웨와 함께하는 삶은 웰빙과 만족의 삶이다.

야웨의 이름을 처음으로 언급한 뒤 곧장 뒤이어 나오는 구문은, 이 시편에 있어서 여전히 너무 갑작스러우면서도 결정적인 역할을 한다. "내게 부족함이 없다"(חסר). 이스라엘은 영적인 것과 물질적인 것으로 양분하는 것을 거부한다. 이 시편은 야웨께서 모든 바람과 모든 필요에 대한 만족이심을 확언한다. 그러므로, 시편 73:26에서처럼, 야웨는 사람의 일부이시다. 이것은 마치 야웨와의 사귐이 모든 결핍의 종말인 것처럼, 그것은 영적인 만족으로 취급될 수 있다. 이 시편은 야웨께서 모든 종류의 필요와 결핍에 대한 만족이심을 분명히 하고 있으며, 그렇기에 이 확신은 결코 종교적인 갈망만을 의미하는 것이 아니다. 잔과 식탁이라는 이미지들은 영적인 해석으로부터 보호해 주는데, 이것들은 실제 음식과 음료수와 관련되기 때문이다.

이 시편이 이스라엘의 기억이 갖는 의미와 연관되어 있다면, 이 결핍에 대한 만족은 이스라엘의 정황 속에서 적절하게 음미될 수 있다. 출애굽기 16:18에서, 배고픈 자의 해결책이었고 그래서 그 누구도 부족함이 없었던 것은 다름 아니라 하늘의 놀라운 빵인 만나였다. 그리고 신명기 2:7에서는 부족함이 전혀 없었던 이야기로 완전한 광야 전승이 나타나는데, 이는 모든 생명이 위협에 직면할 때마다 하나님의 인자하심과 선하심이 부족함 없이 주어졌기 때문이다(참조. 시 23:6). 이 시편은 위협적인 상황들을 회상할 수는 있지만, 그러나 이 시인은 야웨가 함께해 주시는 그 자체가 이 위협을 이기는 것 이상임을 알고 있다. 이스라엘의 기억 전체는 이 시인으로 하여금 신뢰를 향해서 나아가도록 재촉한다.

이 시편 중 가장 마음에 강하게 호소하는 부분은 "당신" 이라는 직접적인 호칭과 더불어 나오는 4절이다. 여기서의 언어구조는 탄식과 구원 신탁을 회상하게 한다. 그러므로 나는 이 공식이 시편 언어의 세 가지 패턴을 내포하는 하나님과 이스라엘 간의 대화 마지막에 자리 잡고 있다고 생각한다.

탄식	구원	신뢰의 노래
나는 두렵습니다 (참조. 시 56:3) →	두려워 말라 →	나는 두려워하지 않을 것입니다
네가 왜 떠느냐? →	내가 너와 함께함이라 (사 41:10) →	주께서 나와 함께 하심이라(시 23:4)

모든 상황을 바꾸는 것은 바로 하나님의 함께하심이다. 이것은 죽음의 골짜기나 대적이 전혀 없다는 것을 의미하는 것이 아니다. 그러나 그들은 상하게 할 수 없다. 야웨의 성실하심과 함께하심이 위협의 상황 가운데서도 안위케 하신다. "안위"에 대한 주장이 유랑 끝인것처럼(참조. 사 40:1-2), 여기서는 그것이 광야 끝이다. 비참함의 끝은 삶이 새롭게 다시 재정비되는 성전에 나아가는 것이다. 그러나 장소가 아니라 관계의 생명력이 변화를 가져온다. 성전은 그저 관계의 강화로서만 제시될 뿐이다. 이와 같은 연합을 통해 삶이 변화된 사람에게, 경배와 찬양의 삶은 다가올 시간의 면류관이 되며 오늘을 살아갈 안전한 장소가 된다. 시편 23편은 죄악이 현재 이 세상에 존재하고 있음을 알고 있지만, 그러나 그것을 두려워하지 않는다. 하나님에 대한 신뢰는 새로운 정위(定位)의 근원이다.

시편 91편

이 시편은 매우 비범하고 주목할 만한 시편이다. 또한 이 시편은 구체적이고 특정한 것에 관해 이야기를 하고 있다. 그러나 서로서로 융화할 수 있는 종류이기 때문에, 여기서 사용된 언어는 사람들의 개별적인 특별한 경험에 개방되어 있다. 이 시편의 음조는 다른 누군가 확신하지 못하는 사람을 확신케 하는, 조금은 교훈적인 성향을 갖고 있다. 그러나 이 확신은 교훈적이기보다는 고백적이다. 이것은 자신의 경험이 납득될 수 있고 믿을만한 신앙의 확신에 도달한 누군가의 개인적인 증언이다.

이 시편은 1절에서 13절까지가 확장적인 확신이지만, 그러나 8절 이후에는 수사학적으로 잠깐 멈추는 듯한 모습을 보인다. 그러므로 1-8절을 수사학적인 첫 번째 단위로 간주할 수 있을 것이다. 처음 두 구절들은 신뢰를 표현하는데, "의뢰"(בטח)라는 단어로 마무리된다. 이 구절들은 개인적인 믿음의 친밀함("나의 피난처, 나의 요새, 나의 하나님"이라는 단어를 주목하라)과 하나님의 장엄한 초월성("지존, 전능")을 결합하고 있다. 물론 이것은 이 시편의 주장이다. 야웨의 놀라운 권능과 임재가 위험스러운 장소들을 여행해야만 하는 이 여행자에게 주어지도록 허락되었다. 이 시편은 다른 두 종류의 이미지들을 복합적으로 엮고 있다. 첫 번째는 안전한 장소에 대한 것인데, 누군가는 위험들로부터 숨을 장소를 발견해야만 한다.

하지만, 3-6절은 안전한 장소에 대한 것이 아니라 사람이 노출된 때의 안전한 여행에 관한 것이다. 이 이미지들은 마치 천로역정에서 순례자가 계속해서 위험에 직면하는 위험들처럼 보이기도 한다. 이 위협들은 영적인 것이 아니라 육체적인 삶에 대한 실제적인 위협들이다-물론 이 비유들은 양 방향 모두로 전환될 수 있지만. 이 시편은 모든 위협들과 위험들에 대해 기록 한다. "나는 이미 많은 수고와 올무를 거쳐 왔습니다." 그러나 각각의 경우에서 야웨께서는 악한 올무에서 벗어나게 하시고, 그의 날개아래서 공격을 피하도록 덮어주시고(참조. 눅 13:34),

필요할 때 그의 팔로 막아주시는데, 항상 생각하고 기대하는 것 이상이시다. 이 여행자는 문명화된 질서나 경찰의 보호가 없는 곳, 어두움의 세력이 강한 곳을 계속해서 여행해야만 한다. 그러나 이 여행자는 낮과 밤, 어두움과 한낮의 위협들에서도 상처입지 않는다. 위험한 여행이라는 비유는 시설이 잘된 고속도로나 질서가 잘 잡힌 사회 등 이러한 문명에 속해 있는 우리와는 거리가 있지만, 그러나 이 여행은 안전한 행동에 대한 보장이 없는 사회적인 무질서 중에서 여행하는 것이다. 하지만 하나님께서는 안전한 여정을 가능케 하시는 확실한 보호자이시다.

결과(7-8절), 모든 공격자는 지쳐버린다. 이 보호는 권세를 가지고 주의 깊게 보살피는 행위이며, 어떤 공격자에게도 여행자를 상처 입히는 것을 허락하지 않을 것이다.

동일한 비유들이 반복과 더불어 9-13절에서도 들린다. 이제 하나님은 세 번 "피난처"로 고백된다(2, 4절). 본문이 약간은 불명확하지만, 그러나 여기에서만 직접적이고 독립적인 인칭대명사 "당신"이 나온다. 이것은 신뢰에 대한 강렬한 표현이다. 피난처의 이미지가 이 행에서는, 시 90:1절과 같은 단어인 "동굴"의 의미로서 "거주지"와 평행을 이룬다. 그러므로 11-13절에서, 우리는 다시 여행 중에 있게 되고, 이제 무장하고 숨어 기다리는 사자나 뱀들, 길 위의 날카로운 바위들 등을 포함하는 모든 위협을 막아주시는 보디가드들(천사들)의 주인으로부터 안전을 보장받는다. 이것은 사실상 왕의 처분이다.

이 시는 안전한 장소(1-4, 9-10절)와 안전한 여행(5-6, 11-13절)을 찬양한다. 어떤 장소든 혹은 길 위든, 혹은 어떤 다른 방식이든 간에, 이 사람은 안전하다. 왜냐하면 야웨께서 모든 도전들에 부족함 없는 보호자로 동참하시기 때문이다. 이런 보호가 없다면, 이 사람은 분명 문제와 죽음에 빠질 수 있는 운명이다. 이 사람은 여전히 위험에 노출되어 있지만, 그러나 그 어떤 해도 당하지 않는다. 왜냐하면 화자는 혼자가 아니기 때문이다.

14-16절에서 우리는 이 시편 혹은 다른 것에 대해 놀라운 모습을 보게 된다. 여기서에의 확신은 포고하는 형식으로 되어 있는 야웨의 직접적인 말씀인데, 11-13절의 신뢰에 대한 응답인 것으로 보인다. 이러한 확실한 응답이 도출된 것은, 다름 아니라 화자의 위대한 신앙에 의해서이다. 야웨께서는 화자가 열정적으로 야웨를 갈망했기 때문에 응답하신다. 야웨께서는 신실하시며 또한 그분을 의지하는 사람들에게 응답하신다.

야웨의 응답하심은 무엇보다 우선하는 위임이다. "내가 건지리라, 내가 보호하리라, 내가 응답하리라, 내가 그와 함께하며, 내가 구원하리라, [내가] 그를 높이며, 내가 만족케 하며, [내가] 보이리라." 인간적인 확신으로 명확하게 진술되었던 약속은(1-3절) 이제 거룩한 말씀을 통해 입증된다(14-16절). 이런 심오한 위임의 가장 놀라운 공식은 아마도 15절일 것이다. "저가 내게 간구하리니 내가 응답하리라." 의지하고 간구하는 것의 주도권은 시인에게 달려있다. 그러나 야웨께서는 응답하시기로 결심하시고 반드시 그러할 것을 확신하신다. 이점 때문에, 이 시편은 삶의 실제 위협들과 이들을 똑바로 맞대어 응시하면서 대립한다. 그러나 그 무엇도 이 하나님과 맞대응해서 이길 수는 없다. 이 언어는 전쟁 방지의 언어이다. 하지만 동사 חשק는 외적인 권능과 보호 아래에 있는 친밀함의 언어이다. 이것은 집착과 열망 그리고 간절한 바람에 관한 것이다. 이것이 야웨를 이 시편기자와 연결시켜주는 것이다. 신뢰의 노래들은 의지하고 있는 사람들의 말들이다. 이 시편에서의 마지막 단어는 야웨께 속해 있으며, 이 마지막 단어는 매우 세심한 보호하심을 나타낸다. 이 마지막 단어가 우리에 의해 말해지는 것이 아니라 우리에게 말해지고 있다는 것이 확신을 이루는 토대가 된다(참조. 요 6:68).

•••찬양 시 Hymns of Praise

"찬양 시"는 매우 일반적인 분류처럼 보일 것이다. 사실 이 용어를 시편과 동의어로 취급하는 경향이 있다. 그러나 이 용어는 좀 더 정확한 의미를 내포하고 있다. 이 용어는 공적인 노래(개인적이거나 혹은 친밀한 것과는 구분되는)인데, 이 찬양은 하나님의 인격적인 특징이나 하나님의 창조하시고 자유하게 하시는 행동들의 본성에 대해 하나님을 찬양하며 불려진다. 나는 우리가 지금까지 추구해온 정위(定位)-혼미(昏迷)-새로운 정위(定位)라는 패턴 속에서 이런 시편들이 맨 마지막 과정으로서 삶의 새로운 정위(定位)에 대해 기쁘고 놀라운 선언들로 자리매김해야 하는 것인지, 아니면 견고하고 안정적이고 재론의 여지가 없는 옛 정위(定位)의 가장 깊고 안정적인 선언들로 취급되어야 할지 확신하지 못한다.

나는 이 시편들을 여기에 배치하는데, 그 이유는 송축의 사치스러운 형태는 옛 정위(定位)와 더불어 지치고 피곤한 기색이 보이지 않는다. 이 시편들이 최근에 주어진 생명이라는 선물에 놀랍고 경이로운 의미를 반영하면서, 아직 여전히 이 선물에 비쳐지고, 초점을 맞추고 있고 맞물린다. 다른 한편으로, 이 찬양 시들 중 일부는 "선포적"(declarative)이기보다는 좀 더 "묘사적"(descriptive)이다. 이런 시편들은 모든 특별한 구체성은 잃어버렸고 그저 잘 질서 잡힌 세상을 확신하기만하는 것으로 보인다. 이들은 감사 찬양의 구체성을 뒤로 남겨놓았을 뿐만 아니라, 새로운 정위(定位)의 생명력과 열정들도 함께 뒤에 남겨놓고 있는 듯하다. 그러므로 이런 모습은, 이미 오래되고 확립되고 관습화되고 고정화가 되어가고 있는 그런 과정중의 새로운 언어이다. 우리는 베스터만이 묘사적인 것과 선포적인 것 이 양자 간의 구분에 관해 이야기한 것을 기억한다. 그리고 묘사적인 찬송들이 옛 정위(定位)가 되는 경향이 있다는 것을 기억한다. 더욱 더 중요한 것은 골딩게이(Goldingay)의 연구이다. 그는 하나의 시편을 어디에 자리잡게 할 것인지는 그 시편을 어떻게 사용하느냐에 따라 결정된다고 했다. 한 시편의 내용이 아니라 사용에 따른 용법은, 그 시편이 공동체 내에서 어떤 특별한 역할을 하는지를 결정하게 될 것이다.

첫 번째 기준으로서, 우리는 좀 더 선포적일수록 그 찬송은 새로운 재정립에 관해 이야기한다고 간주할 것이다. 역으로 말하자면, 묘사적인 찬송은 옛 정위(定位)를 송축한다. 또한 찬송이 좀 더 역사적 해방에 초점을 맞추고 있을수록 그 찬송은 새로운 정위(定位)에 관한 것일 가능성이 높다고 가정할 것이다. 바꿔 말하면, 한 시편이 창조에 좀 더 초점을 맞출수록 그 시편은 오랫동안 지속되어 오고 확립된 질서, 즉 옛 정위(定位)를 증언하는 것일 가능성이 높다. 우리는 어떤 경우든 간에 정위(定位)-혼미(昏迷)-새로운 정위(定位)라는 순환의 마지막에 가까이 있는 것이고, 이 순환을 통해 "새로운, 새로운 노래"는 "오래된, 오래된 이야기"가 되어진다.

신학적으로는, 찬송은 제의적이며 자기 자신과 공동체를 하나님 앞에 아무런 제약 없이 내려놓는 것을 의미한다. 이것은 생명을 아무런 계산 없이 무조건적으로 시작점이자 온전케 하시는 분께 양도한다(히 12:2). 이것은 웨스트민스터 신앙고백의 첫 번째 대답을 실제로 실천하는 자기 포기의 행동이다. "인생의 가장 중요한 목적은 하나님께 영광을 돌리고 그분을 영원히 즐거워하는 것입니다." 찬송은 신앙 공동체가 이미 약속된 것을 미리 맛보는 것으로서 하나님께 영광을 돌리고 그분을 즐거워하는 일을 행하는 것이다.

시편 117편

이것은 널리 알려진 시편인데, 그 이유는 모든 시편들 중에서 가장 짧기 때문이다. 이 시편은 또한 찬송의 내용 분석에 들어가기 적절한 부분이기도 한데, 이 시편이 두 부분을 이루어 하나의 명쾌한 모델을 제공하기 때문이다. 첫 번째 요소는 매우 특징적으로 찬양하라는 부름으로 되어 있다. 이 시편에서는 이 부름이 "찬양하라"와 "칭송하라"이다(1절). 두 번째 요소는 כִּי로 도입되는데, 찬양에 참여해야 할 이유와 근거를 제시한다. 이 시편에서는 인자하심과 진실하심이 여호와께 돌려진다. 이 두 가지는 찬양하도록 부름 받고 있는 근거이면서 또한 왜 찬양해야 하는가에 대한 이유이다.

두 가지 점에 주목해야만 한다. 첫 번째로, 호칭이 포괄적이라는 점이다. 야웨를 높여드리는 것에는 모든 민족들을 포함하는 것이 의도되어 있다. 이것은 예배의식적인 행동으로서는 일상적이지 않은 양상으로 보일수도 있다. 성전에서의 이와 같은 수사법은 성전(과 왕조)에 대한 주장을 재 강조한다. 그러나 이것은 또한 모든 민족들이 경배라는 하나의 행동으로 모이는 비전을 생생하게 유지하기도 한다.

두 번째로, 찬양해야 할 근거에는 어떤 특정한 이유들이 결여되어 있다. 우리는 야웨의 "인자한 사랑"과 "진실하심"에 대한 신뢰의 이유와 근거에 대해 아무것도 듣지 못한다. 이것은 사실 가장 일반적인 용어를 사용해서 이스라엘의 전체적인 신앙 전승 모두를 불러들이는 일이다. 다른 찬송들은 간결하게 표현된 이 주장에 대해 해석하는 찬송들이다. 즉 이 시편은 다른 시편에서 표현 되는 것 모두를 아주 간략하게 그러면서 아주 분명하게 표현하며, 오히려 더 충분한 표현으로 이루어져 있다.

시편 135편

이 시편은 복합적인 진술로 이루어져 있다. 우리는 이점에 대해서는 다음에 다루고자 한다. 왜냐하면 이 시편은 이스라엘의 실제적인 역사 기억과 매우 밀접하게 자리 잡고 있기 때문이다. 사실, 이 시편은 종종 136편과 더불어 다루어지는데, 136편은 이스라엘 역사를 자세하고 엄격하게 다루고 있다.

1-3절은 찬양하라는 부름이 확장된 것이다. 이미 이 부름들안에, 3절에 나오는 찬양의 근거에 대한 힌트를 준다. 야웨는 "선하시며" "아름다우시니."

그러나 좀 더 근본적인 근거는 4절과 5절에서 두 번의 כִּי로 도입되면서 제시된다. 두 가지 동기제시적인 주장들은 근거의 범위를 표현한다. 4절은 이스라엘의 역사적 경험과 밀접하게 관련되어 있는데 8-14절에서 다시 사용된다. 다른 한편으로 5절은 야웨께서 다른 모든 신들보다 높으시다는 선포이며 그래서 이것은 이스라엘의 범주를 훨씬 넘어서는 것이다. 이 주제는 6-7절에서 긍정적으로 확장되는데, 이 부분에서는 야웨의 창조적인 권능에 관해 이야기한다. 그리고 15-18절에서는 이 주제가 부정적으로 추구된다. 야웨께서는 열방의 신들과 대조되는데, 그들은 무기력하고 무능하다.

이러한 두 가지 모티브들은 이스라엘이 찬송을 통해 이야기하는 내용을 정교하게 요약한다. 역사적인 선포는 야웨의 인자한 긍휼에 대해 증거한다. 그 선포는 야웨의 우주적인 통치와 장엄한 권능에 대해 증거한다. 야웨의 창조적인 권능은 우상들의 무능력과 대조를 이룬다. 인자하심(이스라엘에 보여주신)과 권능(열방들에게 보여주신)은, 하나님께서 주신 우리가 지금 살고 있는 선한 질서를 찬양하고 송축해야하는 근거들이다.

시편 103편

이것은 아마도 모든 찬양 시 중에서 가장 잘 알려져 있고 가장 사랑받는 시편일 것이다. 그 주제들은 찬송의 특징을 이룬다.

1-2절은 찬양하라는 부름들이다. "내 영혼아 여호와를 송축하라"라는 공식은 우리에게 매우 친숙하기 때문에 이것이 얼마나 묘한 것인지 우리는 종종 알아차리지 못하곤 한다. 이것은 찬양하라고 자기 자신을 부르는 것이다. 즉 모든 삶이 하나님의 선하심에 궁극적으로 돌려져

야 한다는 것을 자기 자신에게 기억하게 하는 것이다. 이 찬송은 경배자가 자신에게 이야기하는 것으로 시작한다. "은택"(benefits)이라고 번역된 용어는 "청산"(payoffs)이라고 번역될 수 있다. 이것은 하나님께서 확실하게 주시는 상급과 형벌을 지칭한다.

찬양의 근거는 3-6절에 나오는 기묘한 일련의 분사들을 통해 제시되는데, 이 부분은 하나님의 특징적인 행동을 요약한다. 구체성이 결여되어 있기는 하지만, 이 리스트는 하나님께서 승리하신 모든 종류의 혼돈에 대한 기억을 보여준다. 이 동사들은 하나의 이야기에 대해 말한다. "사하시며, 고치시며, 구속하시고, 관을 씌우시며, 만족케 하사." 우리는 이 목록 바깥쪽에 남겨지는 이 리스트의 마지막 요소인 "행하시며"를 6절이 갖고 있다는 것을 주목해야만 한다. 이 마지막 동사는 우리에게 이스라엘이 가시적인 정의라는 목표를 항상 유지하고 있다는 것을 기억하게 한다. 가장 흥미로운 것은, 매우 특징적인 구원의 언어인 "인자와 긍휼"에 관한 언급이다.

7-8절은 두 개의 좀 더 놀라운 요소들을 포함한다. 7절은 모세를 둘러싸고 벌어진 자유롭게 하고, 비밀을 노출시키는 사건들에 관한 구체적인 언급을 포함한다. 아마도 위의 설명을 구체적인 방식으로 충분히 구현해 보여주는 것이 다름 아닌 모세 사건들이기 때문에, 이것이 여기에 흥미롭게 인용되었을 것이다. 이것은 이스라엘이 3-5절에서 열거한 내용들을 생각할 때, 필연적으로 모세가 마음에 떠오르는 것과 같다. 두 번째로, 8절은 모세의 선포인 출애굽기 34:6-7절에서 유래된 신앙고백적인 설명을 포함하는데, 하나님을 성실함이라는 속성으로 나타내고 4절의 내용들을 되풀이한다. 이러한 특징은 우리가 연구를 시작하면서

살펴본 시편 145:8-9절의 내용과 평행을 이룬다.

9-14절은 좀 더 흥미로운 히브리어 패턴을 갖고 있다. 두 개의 행들은 부정과 더불어 시작한다. 그런 뒤 두 개의 행들(11-14절)이 나오는데, 이 부분은 주장의 근거를 제시하는 כי로 시작하고, 사이에 들어있는 두 개의 행들은 대조를 도입하는 철자 כ를 사용한다. 전체 단락의 포인트는 야웨의 행하시는 방식과 판단 기준이 우리가 예상하는 것과는 전혀 다르다는 선언이다. 우리는 계속되는 분노를 생각할지도 모르지만, 그러나 그것을 받지 않는다.

10절에 나오는 "처치하다"(requite)로 번역된 용어는 גמל인데, 2절에 나오는 "은택"과 동일한 단어이다. 그러므로 이제 야웨의 "청산"이 엄격하거나 인색하지 않고, 놀랍도록 너그러운 것임을 안다. 이 단락에서는 11절에서, 세 번째로 "인자"를 이야기하는데, 이것이 하나님의 선하심의 근거임을 보여준다. 그 결과는 야웨께서 모든 기대들을 흩어버리시고 우리가 예상했던 것처럼 다루시지 않는다는 것이다. 하나님께서는 인자를 활용하시고 돌보시는 아버지의 모습이시다. 새로움의 토대는 궁핍한 이스라엘에게 있는 것이 아니라, 사랑을 베푸시는 아버지의 뜻에 있다.

15-18절은 완벽한 대조를 이루고 있다. 우리는 하나님께서 인간의 기준들을 따라 계산하시면서 평가할 것이라고 기대하지만 그러나 이것이 하나님의 방식이 아니기 때문에 놀라게 된다(참조. 호 11:8-9). 야웨께서는 변화무쌍하고 신뢰할 수 없는 우리 인간들과는 다르시다. 이런 규정들은 별개로 한다 하더라도, 파트너가 언약을 지키는 한 야웨께서는 인자하신 사랑과 의로움을 통해 특별하게 나타나신다. 이것이 "인자

한 사랑"(17절)의 네 번째 사용임을 주목하라. 이것은 야웨가 하나님이시라는 밑그림을 제공한다. 이 하나님은 모든 것들을 강력하게 변화시키시며(3-5절), 예측대로가 아니라 인자하심으로 행하시며(9-14절), 모든 관습들로부터 자유로우신 분이시다.

찬양하라는 것으로 종결하는 호출이 확장적이라는 점은 결코 놀라운 일이 아니다(19-22절). 이 시편은 자기 자신을 부르는 것으로부터 시작했다. 그러나 이제 모든 피조세계, 지상의 피조물들과 하늘의 천사들에게까지 이것이 확장되는데, 그들은 하나님께서 누구신지를 적절하게 선포하도록 요구되는 존재들이다. 이 시편의 관심은 구체적인 사건이나 특별한 상황에 있지 않다는 것을 주목하라. 이 시편의 관심은 특정한 기억이 아니라 야웨의 인격이 적절하고 성실하게 전달되어야 한다는 것에 있다. 야웨에 대한 이런 분별의 핵심은 "인자한 사랑(인자하심)"이다.

시편 113편

이 시편은 장르의 두드러진 특징들을 보여준다. 이 시편은 야웨에 대한 송축이며, 또한 우주적인 선포로 확장해 나가는 것과 해방에 대한 기억의 특수성간의 놀라운 긴장을 유지한다.

1-4절은 그 이름에 초점을 맞추어 찬양하라는 전반적인 부름들을 공포한다(1-3절). 이것은 "야웨"라는 이름을 듣는 것을 기뻐하는 사람들의 노래이다. 왜냐하면 이 이름은 그 자체가 기쁜 삶에 필요한 모든 기억들, 선포들, 선물들을 담고 있기 때문이다. 이 호출은 2절에서는 항상 해야 하는 것으로 사용되었다. 3-4절에서는 모든 장소들에게로 공포

된다. 이 시편은 모든 피조세계가 항상 모든 장소에서 단일한 존재(a single entity)로 보좌주변에 모여드는 비전을 갖고 있다. 이와 같은 비전을 우리는 관습적으로 종말론적인 것으로 사용하곤 하는데, 창조세계가 보좌 주변에 모여드는 소망이 가득한 비전이다. 여기에서 이것은 종교적인 규정이거나 혹은 이런 소망에 대한 갈망이다.

5-6절은 모든 것들을 주재하시는 거룩하신 분이 장엄하게 보좌에 오르시는 장면을 제공한다. 이 다스리심은 결코 무겁거나 강압적이지 않지만, 그러나 모든 열방들과 피조물들을 새로운 복종으로 부르는 다스림이다. 예루살렘 성전의 경배는 정기적으로 이와 같은 선포를 반포해야만 하는데, 사실 우리가 우리 자신의 예배를 들어본다면, 우리도 동일한 선포를 하고 있음을 알 수 있다. "참된 왕"(사 6:1ff)을 보았던 이사야의 비전을 일깨웠던 것은, 틀림없이 성전 안에서의 이런 확신과 규정이었을 것이다. 이런 전반적인 선포에서 절대적인 것은, 신들을 제거하는 것과 다른 열방들이 결국에는 참되신 하나님 앞에서 그들의 "신들"을 포기하게 될 것이라는 기대이다. 열방들이 이스라엘이 되어야만 한다는 그 어떤 주장도 없지만, 그러나 이사야 2:2-4나 미가 4:1-4a절과 같은 본문들에서는 모든 열방이 결국 예루살렘에 오게 된다고 보는 것 같다. 이런 하늘의 비전은 구체적인 제의적 행동을 통해서 구현되어야 한다.

야웨의 특수성(그분과 같은 분은 없는)은 거대한 우주적 선포들에 근거를 두는 것이 아니다. 그것은 그 자체만으로는 실체를 갖고 있지 않기 때문이다. 그러므로 이런 예식 이면에 자리 잡고 있는 것은 이스라엘의 구체적인 기억이다(7-9절). 이 기억은 이스라엘 신앙 기억의 핵심부인 반전하는 간섭하심을 회상하고 다시 읊조린다. 시편의 이 부분은 한나의 노래를 되풀이한다(삼상 2:1-10, 특별히 7-8절). 그 노래는 그 모든 구체성에 있어서 힘 있고 착취적인 대적들-이집트, 가나안, 블레셋, 혹은 다른 그 무엇이든 간에-에 대항하는 유일한 친구이자 동맹이 야웨뿐이시라고 생각하는 힘없고 도움 받을 곳이 없던 소작농 공동체의 노래처럼 들린다. 시편 113편 7-8절에 나오는 언급들은 단순히 특정한 개인들에 대한 것만은 아니다. 이것은 야웨의 중심적인 일은 힘 있는 자들에 대항해 힘없는 자들을 향상시키는 것이라고 주장하는 "계급적인 행동" 이다. 이런 역전의 가장 훌륭한 본보기는 불임인 사람에게 출생이 주어지는 것이다(9절).

관련된 내러티브에서 한나 자신이 해당되는 사례이다(삼상 1:2). 이 노래를 불렀던 모든 이스라엘 사람들은 즉각적으로 웰빙과 풍성한 열매가 맺히게 된 불모지의 역사를 생각하게 된다. 이 노래는 이 역사 안에 있는 모든 "불임의 어머니들"을 시사한다. 사라(창 11:30), 리브가(창 25:21) 그리고 라헬(창 29:31) 등이다. 이제 예루살렘에서 큰 축제날에 온 회중들이 기묘하게 변화된 이런 여인들의 이름을 불러야만 하며, 이것이 이스라엘 신앙의 본질이라는 것은 참으로 놀라운 일이다. 이런 구체적인 과거들로부터 이 찬송의 거대한 일반화들이 나오게 된다. 그러므로 이 찬송은 "구체적인 특정 사건의 스캔들"을 제공한다. 열방들이 찬양하라고 부름을 받는 것은, 정확하게는 이런 타협할 수 없는 기억들 위에 근거를 두고 행해진다.

영광중에 보좌에 앉으신 분은, 특히 마음이 상한 자들과 함께하시는 분으로 알려진 분이시며, 그들을 도우시는 분으로 알려져 있다(사

57:15). "영광의 신학"에 대한 모든 초대가, 십자가의 신학에 속한 고통 중의 능력에 대해 침묵하도록 허용하는 것은 아니다. 이스라엘이 부르는 찬송은 때대로 이 구체적 개별성과 특수성을 무시하고 넘어가는데, 이 시편의 경우에는 그렇게 하지 않는다. 이 송영은 우선적으로 풍성한 열매를 맺게 된 불모의 입술들(참조. 사 54:1-4) 여전히 소망을 품고 있는 가난한 자들의 입술들에 속해 있다. 이와 같은 찬양은 열방들을 향해 맨 밑바닥에서부터 보좌에 이르기까지 모든 삶은 새로운 방식이 된다는 것을 주목하도록 요구한다.

시편 146편

아마도 이스라엘의 특징적인 찬송 구조처럼 보이는 이 시편은 시편 113편에서와 동일한 일반적 순서를 따르고 있다.

1-2절에 나오는 찬양하라는 부름들은 지나칠 만큼 많이 나오는데, 4중으로 되어 있는 선언들 중 2개는 명령형들로 다른 두 개는 1인칭 선포들로 되어 있다. 이 호출들은 시편 117편의 확장적인 호칭들과는 다르게 자기 자신에 대한 것들이다(103편에서처럼).

이 시편의 중간 단락(3-7절)은 대조를 제시한다. 이 부분은 한사람이 어디에 신뢰를 두어야할 것인지를 묻는다. 즉위 시편들에서, 우리는 야웨의 통치가 우상들과 대조되고 있음을 살펴보았다. 여기에서도 마찬가지 대조가 이어지는데, 다른 점은 우상들 보다는 인간들이 부정적인 대조로 제시된다. 그러나 이 대조의 본질은 동일하다. 다른 존재들은 구원하는 능력이 없다.

부정적인 단언(3-4절)은 시편 103:15-16절과 다르지 않다. 사람은 일시적이고 죽게 되며, 그리고 진정 필요한 상황들에서는 신뢰할 수 없다(참조. 사 2:22). 번역하는 과정에서 "사람"(אדם)과 "땅"(אדמה)에 대한 활용을 놓쳤다. 긍정적인 대조는 야웨(5-7절)인데, 한 번 더 시편 103:17-18절의 긍정적인 단언을 반복한다. 이 구절들은 형통에 대한 지혜 격언의 형태로 되어 있다. 야웨의 선포의 본질은 특징적으로 이중으로 되어 있다. 첫 번째, 야웨를 창조주로서 그리고 그분의 피조세계에 대해 신실하신 분으로서 우주적으로 선포하는 것이 나온다. 그러나 그 이후 7절에서는 이스라엘이 일반적으로 하는 것처럼 이 찬양은 특수한 이스라엘적인 목표인 정의로 나아간다. 보편적인 선포 뒤에는 정의에 대한 역사적인 기억이 있는데, 결국 이것이 야웨를 신뢰할 수 있게 만들어준다. 우주적인 선포와 해방 선포들의 병렬은 신명기 10:17-18절의 선언과 비슷한데, 신명기 부분에서도 동일한 움직임이 나타난다. 새로운 정위(定位)에서의 이런 목소리들은 혼미로부터 구원받던 순간에 대해 매우 분명하게 기억한다.

이 시편의 나머지 부분(7b-9절)은 7a절 이후에 첨가된 것으로 추정되는데 이스라엘의 기억에 호소한다. 찬송의 모습에 있어서는, 구체성은 결여되고 있고, 이야기 전개는 시편 103:3-6절과 마찬가지인 일련의 분사형들이 시편 145:13-20과 평행을 이루고 있다. 이 이야기 상술은, 나그네, 과부, 고아 그리고 이스라엘에서 사회적으로 소외되고 힘없는 사람들의 대표격인 자들에 대한 특별한 언급과 더불어, 소망 없는 상황들의 역전에 관한 것이다. 자비로운 변호와 지원의 선언을 통해 전개해 나가는 내용은, 야웨의 언약을 지키는 자와 그렇지 않은 자인 의인과 악인에 관한 주제(8-9절)와는 사뭇 다르다. 왕권에 대한 성전 수사법

(rhetoric)이 결국은 어떻게 이스라엘 신앙의 중추인 정의와 의로움을 행하는 구체적 행동들에 호소해야 하는가는 놀라운 일이다. 의인과 악인이라는 이런 범주는 동반된 다른 주제인 제한 없는 인자하심으로부터 조금은 후퇴하는 것이다.

10절의 결론 공식은 좀 더 우주적인 선포로 돌아가며, 문제를 시온에 든든하게 뿌리박게 한다. 결과적으로 어디로부터 정의가 오는가에 대해서, 시온으로부터 정의와 의로움이라는 아모스 전승을 뿌리내리게 한 것은, 다름 아니라 정의와 의로움에 대한 "시온 커넥션"이다(참조. 암 1:2).

시편 147편

아직 남아있는 시편들에서는, 이스라엘의 구체적인 신앙에서 좀 더 일반적이고 보편적인 주제들로 점차 옮겨가는 경향에 대해 살펴보고 생각할 것이다. (시149편은 이런 경향에 있어서 조금 독특하고 예외이다.) 부름들과 근거들이라는 두 개의 구조적 요소들 중에서, 부름들이 찬송의 거의 전체 표현이 될 때까지 근거들이 매우 조금씩 조금씩 성장한다는 점을 보게 된다. 이런 과정과 진행이 일어나면, 우리는 (옛) 정위(定位) 시편의 완전한 범주에 이르게 된다. 왜냐하면 이제 이스라엘은 질서를 송축하지만 더 이상 그 근본토대들을 특정한 긍휼이나 정의의 행동들에서 회상하지 않기 때문이다. 구체적인 근거들이 사라지는 것은 매우 흥미로운 수사법적 발전이다. 그러나 이것은 또한 사회학적이고 신학적인 문제를 말하는 것이기도 한데, 현재의 질서를 "역사 밖의" 것으로 취급하기 때문이다. 이스라엘이 더 이상 현재의 조화롭고 훌륭한 상황을 만들어낸 특정한 행동들을 기억해낼 수 없을 때, 필연적으로 질서를 절대화하고 또한 이런 질서가 항상 그래왔던 것으로 생각하는 경향을 지니게 된다. 그러므로 특정한 근거들은 확실성이나 감사를 위한 토대를 제공하는 것만이 아니라, 비평주의를 위한 토대도 제공한다. 찬양하라는 부름들이 왜 그래야 하는지 근거들을 통해 비평되지 않을 때, 확실한 것들이 비평을 넘어서 절대적인 것이 될 수 있다. 그런데 이것이 어떻든 간에 성전을 찬양하는 유혹이 된다는 사실이다.

구체적인 특수성의 상실과정은 시편 147편에서 명확해지기 시작하지만, 그러나 우리는 148편과 100편 그리고 150편에서도 이점을 좀 더 살펴볼 것이다.

1-6절은 이 부분들 자체만으로도 충분히 훌륭한 시편이 될 수 있다. 이 부분은 우리가 이미 다른 부분들에서 살펴보았던 세 가지 요소들을 포함하고 있기 때문이다.

첫째, 찬양하라는 부름들, 이 뒤에는 1b절에서 כי와 더불어 근거들이 뒤따라 나온다.

둘째, 첫 번째 근거는 2-3, 6절에 나오는데, 이것은 이스라엘의 해방 전승을 노래한다. 3절은 사회적 긍휼의 행동을 언급 한다. 6절은 희생당한 힘없는 사람들을 시사하고, 2절은 유랑의 끝과 같은 무언가를 시사한다. 이것이 어떤 특별한 방랑을 언급하는 것일 필요는 없지만, 유랑 끝은 야웨의 특징적인 행동으로 이해할 수 있다.

4-5절은 이스라엘에 알려진 야웨의 위대한 능력을 이야기한다. 창조 전승과 해방에 대한 기억은 결코 상호 배타적인 것들이 아니다. 이 두 가지는 모두 다 동일한 하나님에 대한 증거를 내포하고 있다. 모티브

들의 병렬은 이 시편들이 결코 단독적이거나 혹은 정황 없이 단독적으로 있는 것이 아님을 제시한다. 그러므로 우리는, 다양한 다른 모티브들을 포함했던 이스라엘의 예배가운데서 이 시편들을 들어야만하고 이해해야만 한다.

두 번째 찬송 단위는 비슷한 요소들을 되풀이하는 7-11절이다. 찬양하라는 부름이 나온 이후, 비록 일상적인 전치사가 나오지는 않지만, 8절에서 근거가 제시되기 시작한다. 이 근거는 주로 창조하시는 권능에 관한 것이지만, 그러나 마지막 단어는 아마도 여전히 모세의 해방 전승을 시사하는 듯 하는 חסד로 되어 있다.

세 번째 수사적 단위인 12-20절은 동일한 요소들을 다루고 있다. 부름들이 있고 난 이후에, 13절에서 전치사와 더불어 근거가 시작된다. 분사 형태를 통해서 풍성한 창조를 가능하게 한 하나님의 인자한 창조적 행동들에 관한 이야기를 듣는다. 이 부분에서 이스라엘의 역사적 전승에 대한 유일한 언급은 19-20절이다. 이것은 독특한 병렬이지만, 그러나 이 부분은 이스라엘의 구별적인 선택받은 신분에 관해 이스라엘이 지속적으로 언급하고 있음을 보여준다.

각각의 세 가지 단락들은 단독적으로 서 있을 수 있다. 우주적 선포들에 대한 관심이 좀 더 주도적이 되어갈수록, "이스라엘의 역사적 사건과의 연결성" 이 지속적으로 약화되어간다는 것을 주목해야 한다. 세 번째 단위에서, 창조 요소들이 대부분 주도권을 쥐고 있었다. 아마도 다른 요소들은 정황 속에서 이점을 바로 잡았을 것이지만, 그러나 이러한 약화는 이곳에서 명백하게 드러난다.

시편 148편

이 시편의 언어적 패턴은 부름들로 완전히 점유되어 있다. 반복적이고 확장적인 부름들이 찬양하는 행동들을 구성하고 있으며, 또한 이 부름들은 호격의 차이를 통해서만 변화했다. 즉 만약 혹자가 여기서 부름 받는 대상들에 초점을 맞춘다면, 그는 창조세계의 목록을 얻게 될 것이다. 지금 이 모든 피조물들이, 그들에게 생명을 주신 분께 응답을 드리라고 부름받고 있다. 이것은 창조의 거대한 요소들을 단순히 경배하는 회중의 일부분으로서 분류하려는 대담한 접근이다. 이 창조 요소들 안에는 하늘의 존재들, 거대한 동물들, 날씨 요소들 그리고 11-12절에서는 사람들도 함께 포함된다.

찬양의 근거는 오직 5b-6절과 13b-14절에서만 표현되지만, 그러나 이것은 모든 곳들에서 전제되고 있다. 제공된 근거는 부름들 이외의 다른 아무것도 하지 않는데, 이 경우에는 근거와 부름들 두 가지 모두가 야웨의 장엄하심과 비교할 수 없는 권능을 증언하기 때문이다. 하나님의 은혜라는 개념은, 창조 언어 안에서 항상 함축되어 있었던 것처럼 여기에도 함축되어 있을 수도 있지만, 그러나 모여든 피조세계를 압도하는 것은 은혜가 아니라 바로 권능이다.

마지막 구절은 거의 각주처럼 전형적인 이스라엘과의 연결성을 두드러지게 한다(시 147:19-20절에서처럼). 비록 수사학적으로는 이 부분이 중요성에 있어서 창조의 다른 행동들과 동등한 것으로 제시되었지만, 그러나 구조적으로는 거의 이 시편에 대한 부록으로 보인다.

시편 100편

이 시편은 찬양하라는 부름들을 제공하는데, 이는 마치 성전에 들어가라고 초대하는 것처럼 보인다(1절). 그의 "얼굴"(פנה)(임재)이라는 언급 때문에, 2절에서의 이 언급이 하나님의 백성이라는 이스라엘의 특수한 정체성과 관련되어 있다고 받아들일 수 있다(참조. 시 95:7). 예루살렘 성전에서조차 선민 전승(election tradition)은 여전히 회상되었다. 성전은 보편적인 것과 특수한 신앙적 주장들을 다함께 가지고 있다. 4절에 나오는 부름들은 그 뒤에 경배할 대상이 되는 분이 선하고, 충성스럽고, 성실하신 분이라는 특징적 묘사가 뒤따라 나온다. 이런 속성들은 이스라엘의 신앙 경험에서 나오게 되는 것인데, 지금은 그저 요약적으로만 다루고 있다.

시편 149편

이 시편은 한 시편의 관습적인 모든 특징적 표식들을 담고 있다. 그러나 그것의 전개는 비범함과 동시에 두드러진 강조점을 제공한다.

1-4절은 전형적인 부름들인데(1-3절), 4절에서는 כי를 통해 도입되는 근거가 포함되어 있다. 이것이 첫 번째 수사학적 단위이다. 그러나 이 부름들은 이미 우리에게 통지하고 있다. 불리어져야 하는 이 노래는 "새 노래" 이다. 그러므로 제왕 즉위 모티브이다. 우린 좀 더 구체적이고 긴급한 무언가를 이와 같은 공식들에서 기대할 것이다. 그러나 이것은 불리어져야 하긴 하지만, 전 세계적인 초청이 있거나 "신실한 자들의 모임, 즉 이스라엘의 언약 공동체내에서 불리어져야 하는 다른 제왕 즉위 시편들과는 다르다. 이 언어는 이스라엘 역사의 초기, 즉 왕정이전의 이

스라엘의 개념을 시사하는 것처럼 보인다. 비록 이것이 이 시편의 연대를 주장하는 것은 아니지만 말이다. 그 대신, 이점은 그 연대가 언제가 되었든 간에 이 시편이 담고 있는 사회적 모델을 알려준다. 신실한 자들의 회중이라는 개념(참조. 미 2:5; 시 1:5)은 친숙하고, 강렬하고 그리고 의도적인 언약공동체, 좀 더 포괄적인 관심들로 인해 흩어지지 않는 언약공동체를 언급한다. 그러므로 이 시편은, 자의식을 좀 더 반영하고 있으며, 다른 시편들에서 넓게 기초를 두고 있는 전쟁적인 측면에는 무관심한 시편인 듯하다. 이 시편은 새로운 정위(定位)라는 선물에 좀 더 가까이 서 있는 시편인 듯하다. 그러나 또한 여러 일들을 지극히 당연한 것으로 여기지 않는 그런 시편인 듯하다. 4절에서는, 찬양해야 할 근거가 승리(ישׁע-구원, 해방)임이 선포되었다. 이 시편은 이러한 유형을 지닌 시편들 중에서는 다른 어떤 일반화하는 시편들 보다 더 날카로운 면을 지니고 있다.

이 시편의 후반부(5-9절)는 부름들로 역할하는 일련의 기원형들(optatives)이 나온다. 그러나 우리가 일반적인 패턴에서처럼 근거를 발견하게 될 것으로 기대했던 부분에서, 이 시편은 행동하라는 요청을 찬양이라는 근거위에서 반포한다. 급박한 이 행동은, 복수, 응징, 사슬로 묶는 것, 심판의 시행 등에 관한 전쟁 같은 행동이다. 나는 도대체 이걸로 뭘 만들어야할지 잘 모르겠다. 이 내용은 이 시편에서 전혀 기대하지 못했던 것이기 때문이다. 이것은 냉철한 역사적 리얼리즘의 선언이다. 하나님을 찬양하는 것은 역사적 실체로부터 도주하는 것이 아니다. 이스라엘은 그들의 노래들에서 역사적 책임이나 혹은 역사적 유혹 모두로부터 피하지 않았다. 우리는 이것이 과연 책임(압제자들을 밀어내야하는)인지 혹은 유혹인지(제국적인 힘을 끌어 모으는)를 분간할 수 없다. 어떤 방식으로든 간에, 야웨를 향한 이스라엘의 찬양은 한걸음은 안쪽에 들어가 있고 그리고 한쪽 눈은 굳건히 역사적 실체에 집중하고 있다는 점은 너무나 분명하다. 거친 역사로부터 제의적이거나 영적인 것으로의 도주는 결코 없다. 해방에 대한 물음들이 노래에 흡수되어 사라지는 일이 결코 없을 것이다.

이 시편은 옛 정위(定位)를 유지하려는 것에 방어적으로 관련된 것일 수 있다. 정위(定位)라는 선물을 누리는 것이 이제 더 이상 놀라움이 아닌 곳에 이미 도달했지만, 그러나 이제는 정위(定位)가 방어되어야만 하는 소유물인 그런 모습을 반영하는 것일 수 있다. 이 시편에서는 힘없는 자들을 자유롭게 치유하시는 하나님의 권능에 대한 이야기가 더 이상 나오지 않는다. 이 시편은 강화와 확장을 위해 힘있게 행동하는 사람의 목소리로 들릴지도 모른다.

다른 한편으로는, 만약 이것이 어떤 제국에 대항해 전열을 정비한 작은 공동체라면, 여기서의 급박한 행동은 다른 식으로 이해되어야만 한다. 내가 발견한 것은 이 시편이 해석하기가 매우 어렵다는 점이다. 왜냐하면 여기서 제공된 행동이 매우 다른 의도들을 가질 수 있기 때문이다.

만약 현재의 시편모음순서와 배열이 베스터만이 주장했던 것처럼 의도적인 것이라면, 그리고 시편 1편과 150편이 토라에 대한 순종이 찬양으로 이끌어간다는 것을 보여주기 위해 의도적으로 배치된 것이라면, 그러면 이 시편은 그 파트너로 시편 2편을 갖게 된다. 시편모음집의 두 번째 시편은 끝에서 두 번째 시편과 짝을 이루어야 한다. 이것은 어울리는 결합이 된다. 왜냐하면 시편 2편은 열방의 도전에 대해 왕에게 기름 붓는 것에 관한 것이고, 시편 149편도 역시 다소의 저항하는 행동이 있음을 강조하기 때문이다. 이 두 개의 시편 모두다 권력을 절대화하려는 왕의 유혹에 매우 근접해 있는 듯하다.

시편 150편

시편 전체의 결론은 찬양하라는 엄청난 부름들이다. 이 부름들은 모든 피조물들이 자발적으로 그리고 스스럼없이 경배, 찬양, 감사 그리고 경외하는 행동을 하도록 동원하는 것을 추구한다. 여기에는 아무런 "근거들" 도 주어지지 않았으며, 아무런 이유들도 주어질 필요가 없다.

시편집의 결론을 위한 한편의 시로서, 이 시편은 시편 1편과 아주 훌륭한 짝을 이룬다. 우리는 시편 1편이 시편에 대한 공식적이고 의도적인 도입이라고 제안했었다. 시편 1편은 결정적인 방식으로 토라가 지배하는 삶이 이 모든 시편들의 필수조건임을 단언한다. 이와 관련해서, 시편 150편은 토라의 지배를 받고 사는 삶의 결과에 대해 진술한다. 토라를 지키는 것은 순종에 도달하지만, 그러나 순종은 토라를 지키는 것의 목적은 아니다. 결국 그와 같은 삶은 방해받지 않는 찬양에 도달한다.

이스라엘(그리고 세상)이 토라에 순종할 때, 이것은 찬양에 대해서 자유하게 되는데, 이것이 토라에 순종하는 삶의 적절한 직분, 운명 그리고 목적이다. 이런 견지에서 생각해볼 때, 구약성경이 궁극적으로 기대하는 것은 순종이 아니라 경배이다. 시편은 사람들로 하여금 이와 같은 자유로 이끌어가고 양육해서 관습이나 정당성 같은 제한을 모르는 행복한 교제 안에서 그 적절한 삶을 발견하게 하려는 의도를 지니고 있다. 이것이 이스라엘에 대한 그리고 모든 창조세계에 대한 소망이다.

회고 : 영성과 신정론(神正論)

A Retrospect: Spirituality and Theodicy

시편이 영성의 중요한 자원이라는 점과 수 없이 많은 여러 세대에 걸쳐 그렇게 역할 해 왔다는 점은 의심할 여지가 없다. 바로 이것이 우리가 계속해서 시편을 연구하는 이유이기도 하다. 시편 말씀들은 개인과 공동체를 하나님의 임재와 만나게 해왔다. 시편을 보여주기 위해 우리가 제시한 형태는, 가령 하나님과의 진실한 교제 같은 진정한 영성을 전제했는데, 이는 계절들, 변화들 그리고 삶의 위기 가운데서도 결코 제거되지 않는다. 그러므로 하나님 임재하심(그리고 부재하심)의 양식들과 교제의 특성은 그 시기가 정위(定位)의 시기인지 혹은 혼미의 시기인지에 따라 각기 다르다. 혹자가 하나님과의 대화에서 무엇을 이야기하는 가라는 문제는, 그 사람이 정위(定位)의 환경에 처해 있는지 혹은 혼미의 환경 가운데 있는지에 의해 다르게 형성되었다. 하나님과의 관계는, 우리 일상의 삶에서 만나게 되는 놀라움들이나 비용과 상관없는 것이 아니다.

하지만, 시편을 읽어 내려가는 근거로서 영성 그 자체만으로는 부적절하다. 시편을 영성이라는 영역에 자리 잡게 하는 것은 대부분의 경우 기독교적인 접근, 즉 기독교 전통에서의 접근이다. 시편을 매우 선택적으로 읽는 것이, 시편을 관습적인 영성의 한계 안에서 유지하는데 필요했다. 영성에 대한 관습적 관점들은 그것 단독만으로는 시편이 결정적으로 갖는 유대적 특징을 충분히 설명하지 못한다. 이 연구를 계속하는 동안, 나는 계속해서 호세 미란다의 놀라운 단언을 인식했다. 즉 "시편은 정의와 불의의 투쟁을 보여준다고 단호하게 말할 수 있다."는 주장말이다. 미란다의 판단 역시 부분적인 관점이며 시편에서 발견되는 모든 것을 다 포함하지 않는 것은 분명하다. 그러나 이 단언은 우리를 유대적 신앙의 범주로 이끄는 아주 중요한 무언가를 지적해준다. 억압받는 사람들의 불의에 대항하는 투쟁이, 이 문제를 신학적으로 다룰 때, 신정론이라는 이슈가 된다. 이런 결론적인 논평은, 시편이 신정론이라는 이슈와 관련해서 영성이라는 개념을 다룬 방법들을 탐구한다. 나는 과도하게 도식화하는 것을 원하지 않지만, 그러나 다름 아닌 바로 신정론이 기독교가 시편을 개인적인 것으로만 혹은 로맨틱한 영성으로만 제한시키는 것을 바로 잡고 훈련시킬 수 있는 매우 특징적인 유대적 관심이라고 생각한다. 즉, 하나님과의 교제는 공동체의 본성에 대한 관심 없이는, 결코 송축될 수 없다. 이스라엘의 종교적 갈망 자들은 결코 공의에 관한 질문들을 배제하지 않았다. 사실, 교제는 다름 아니라 공의에 대한 질문을 통해서 전개되었다.

> 그러므로 예물을 제단에 드리다가 거기서 네 형제에게 원망 들을만한 일이 있는 줄 생각나거든 예물을 제단 앞에 두고 먼저 가서 형제와 화목하고 그 후에 와서 예물을 드리라(마 5:23-24).

내가 신정론이라는 범주를 사용하는 데에는 세 가지 차원이 내포되어 있다. 만약 영성이 하나님과의 교제에 대한 관심이라면, 신정론은 공평한 처분에 대한 관심이다. 영성, 신정론, 이런 병렬적인 주제들은 교제, 공평한 처분 등의 문제들을 함께 제기한다. 이와 같은 병렬은 주목할 만한 가치가 있다. 왜냐하면 우리는 일상적으로는 하나님과의 교제를 다룰 때에 공평한 처분에 대해서는 염려하지 않기 때문이다. 그러나 시편기자는 염려한다. 우리가 시편 안에서 발견하거나 혹은 우리가 생각하는 그 어떤 영성도, 만약 신정론에 대한 진지한 질문들을 일으키지 않는다면, 그것은 시편적인 신앙에 대해 오해한 것이다.

신정론에 대한 관습적인 생각은 하나님에 대한 관심을 악과 연관짓는다. 만약 하나님께서 능력이 있으시고 선하시다면, 어떻게 이 세상에 악이 존재할 수 있단 말인가? 만약 이런 방식으로 질문을 한다면, 종교는 그 어떤 적절한 논리적 대답도 할 수 없다. 논리적으로는 하나님의 권능이나 혹은 하나님의 사랑 중 하나를 양보해야만 한다. 하나님께서 악을 제압할 만한 충분한 능력이 없기 때문에 악이 존재한다고 말하거나, 혹은 하나님께서 하나님의 능력을 악을 제거하시는 방식으로 사용하실 만큼 충분히 사랑하지 않으시기 때문이라고 말해야 한다. 어느 방향으로든 타협하고 양보하는 것은 종교적으로 부적절하며, 동시에 결코 만족스런 대답을 주지 못한다. 오늘의 신학적인 논의는, 하나님의 주권적 능력을 희생해서라도 하나님의 사랑을 붙들려고 고집하는 것처럼 보인다. 신앙이 제공하는 것은, 복종하고자 준비된 신뢰하는 마음이다. 이 깊은 신뢰는 우리로 하여금 지금 심사숙고하고 있는 범주들에 대해서 심각하게 다시 생각하도록 요구한다.

구약신학에서, 그리고 좀 더 일반적으로는 신학적인 과제에서 신정론을 다루는 특징적인 방식은, 기원전 7-6세기경 이스라엘에서 예루살렘, 성전 그리고 왕조의 몰락을 둘러싸고 이 질문이 날카롭게 대두되었음을 인식하는 것이다. 이런 접근은 위기가 역사적 상황 가운데서 자라나게 되었고 풍성한 문학적 발전 속에서 표현되게 되었음을 인식한다. 이스라엘의 역사적 경험은, 하나님께서 갑자기 형벌을 내리셨다고 주장하며, 불순종에 대한 이런 고통은 부적절하다고 주장 한다; 그래서 하나님의 공의는 의문시된다. 특히, 선한 사람들은 풍요롭게 되고 악한 사람들은 고통 받는다는 오래된 이론들(신명기적인 그리고 지혜적인)은 다시 시험을 받는다. 이 문제는 너무나 어렵기 때문에, 많은 문학들이 하나님의 공의를 둘러싼 풍부한 상상력을 시도하는데, 그중 가장 잘 알려진 것이 욥기이다.

이 질문이 중요한 질문이란 점은 부인할 수 없다. 하지만, 이와 같은 접근은, 제기된 문제점을 하나님의 특성에 관한 종교적 질문으로 좁혀 버린다. 비록 이 질문이 역사적 경험을 통해 성장하기도 하고 문학적 표현을 발견하기도 하지만, 그러나 이런 질문은 그저 신학적인 질문으로만 취급되었다. 정치적으로나 경제적인 방식으로 상벌을 주는 시스템에 대해 진지하게 주의를 기울이지 않은 채 말이다. 그러나 진지한 신정론은, 접근성과 이익에 대한 사회적 배열과 항상 연계되어 있다.

우리는 이미 하나님과의 순수한 교제는 시절, 시대 그리고 삶의 위기들로 인해 결코 제거되지 않는다는 것을 주목했다. 혹은 다른 방식으로 말하자면, 신정론에 대한 질문은 결코 협소한 종교적 질문이 아니다. 신정론은 사회학적으로 이해되어야 한다. 법에 대한 질문, 법의 통치에 대한 질문, 상벌 시스템의 신뢰성에 대한 질문으로 이해되어야 하는 것이다. 그런 후 신정론은 사회조직의 가치체계 안에서 실행되는 하나님의 특성에 관한 것이다.

만약 우리가 시편에서의 신정론의 문제를 진지하게 다루야만 한다면, 이 질문이 하나님에 대한 협소한 질문 안에 포함되거나 혹은 그렇게 축소되어 질 수 없다는 것을 깨달아야 한다. 신정론은 그보다는 사회가 질서 잡혀 있는 방식에 대한 이론적 근거 혹은 적법성에 대한 것이다. 신정론은 한 사회가 선과 악, 의와 거짓, 권력과 힘없음에 대해 어떻게 규정할 것인지를 서술하거나 혹은 동의 혹은 타협하는 것이다. 실제적인 효과로 보자면, 신정론은 권력에 대한 이론인데 누가 결정을 하고 누가 복종할 것인지, 누가 선에 대해 조정을 하고 통제할 것인지, 누가 이런 것들에 접근할 수 있고 이런 것들이 무얼 의미하는지를 결정할 것인지에 관한 것이다. 혹은 다른 방식으로 말하자면, 신정론은 세계를 규정하는 것과 누가 말할 수 있게 되는 것인지에 관해서, 그리고 누가 권위 있는 해석자인지, 이 공동체내에서 누구의 규정과 해석들이 "참된" 것인지에 관한 동의이자 합의이다. 신정론은 우리들이 세상에 대해 갖는 관점의 타당성에 대한 것이다. 어떤 세계관의 타당성이 "참된" 것이냐는 것은 신학적인 문제이지만, 그러나 이것은 또한 법, 경제 그리고 정치적인 모든 권력들에 대한 질문을 포함한다. 그러므로 신정론에 대한 숙고는 항상 삶의 공적인 차원들에 대한 내용을 담고 있다.

신정론의 질문에 대한 모든 신학적 정립은, 사회적 틀과 밀접하게 연결되어 있다. 만약 신정론이 하나님에 관한 진술이라면, 이는 필연적으로 하나님의 대리자들-제사장들, 왕들, 선지자들, 신학자들-의 "진리"에 관한 진술을 포함한다. 로버트 멜튼(Robert Merton)의 말을 빌리자면, 신정론은 법(nomos)에 대한 정당성, 즉 일반적인 합의와 동의가 주어진 하나님의 통치정당성에 관한 것이다. 그러므로 합의가 유지되는

한, 그리고 사회적 질서에 이의가 없는 한 거기엔 신정론에 대한 질문이 나타나지 않는다. 신정론에는 위기가 없다는 말이 옳기는 하지만, 그러나 그것은 신정론에 관한 모든 동일한 합의에 한해서이다. 신정론은 위기의 시간 속에서만이 아니라 균형의 시간 속에서도 역할을 하지만, 이럴 경우 신정론은 종종 숨겨진다. 우리는 동의했고 그래서 우리는 우리 자녀들에게 이것이 존중되어야 하고 복종해야하는 질서라고 가르친다. 우리는 이 질서를 긍정적인 방식으로 객관화하고 구체화하는데, 그 결과 이 합의점 바깥에는 비평을 할 어떤 여지도 남아있지 않다. 이처럼 받아들여지고 수용된 신정론은, 분명 사회적 통제와 순응의 형태가 된다. 여기에는 위기는 전혀 없다. 그러나 하나님의 통치를 통해 관습적으로 정당화된 신정론은 있다.

모든 안정적인 사회에서는 합의된 신정론(theodicy of consensus)이 작동한다. 우리 서구 사회에서는 결혼을 어떻게 구성할 것인지 그리고 남성과 여성의 저마다의 역할들에 관해 무엇이 공정한 것인지 등등에 대해 합의가 존재해 왔다. 합의가 존재해 왔고 그리고 이 배열이 적절하게 정당화되었기 때문에, 이것은 공정한 것으로 경험되었다. 이제 비평이 제기되어 와서(페미니스트들의 목소리들을 통해서), 우리는 이런 배치가 항상 공평한 것은 아니라는 것을 알게 되었고, 그래서 결국 관습적인 신정론은 위기에 처했다. 이것이 어떻게 하나님에 관한 질문이 되는지를 살펴보는 것은 매우 쉽다. 왜냐하면 관습적인 산업사회에서는, 가족배열은 제대로 된 구조이고 공평한 것 일뿐만 아니라 정당하고 하나님을 통해 축복받은 것으로 인정받았고 사회적 삶을 질서 있게 하는 올바른 방법으로 인식되었기 때문이다. 그러나 지금은 만약 하나님께서 계속해서 그런 사회적 배치를 적절하고 유일한 삶의 형태로 계속해서 정당화한다면 하나님의 공의는 매우 크게 의문에 붙여질 것이 너무나 분명하다. 이전에 확립된 사회적 배치에 대해 의문을 던지는 모든 해방 운동들 속에서는, 신정론에 대한 합의로부터 신정론의 위기로 전환된다는 것이 확인될 수 있다.

한 공동체의 어떤 구성원들이(아마도 한 계층이나 사회적 그룹이) 지금까지 동의되어 온 어떤 질서 확립이 부적절하고 존중되어서는 안 된다고 결론내릴 때, 그 위기는 사회의 신정론의 틀에서 발생한다. 그러면 온순함은 거칠게 끝을 맞이하게 되고 열성적인 이의가 표현된다. 도전받게 되는 신정론은 하나님에 대한 교리와 사회적인 권위 시스템에 관한 것을 모두 포함하고 있기 때문에, 이 도전은 한두 가지 형태들을 일으킬 수 있다.

사회적인 것뿐만 아니라 신학적인 것까지를 포함하는 전체적인 배치가 거부되어야만 하는 결론이 내려질 수도 있다. 왜냐하면 정당화를 부여하시는 하나님께서 인간 착취자들과 결탁되어 있고, 이 결탁이 너무 깊고 불공평하기 때문에 전체 시스템이 거부되어야만 하기 때문이다. 이런 급격한 방식으로 보자면, 출애굽-승리 전승은 확립된 이집트 신정론에 대해 반기를 든 것이다. 이스라엘은 이집트 문명의 권위만을 거부한 것이 아니라, 이집트의 신들 또한 거부한다. 이집트 신들은 불공평한 사회 시스템에 빠져 있는 것으로 여겨지기 때문에 이들도 모두 거부되어야만 한다. 그리고 사회 전체의 시스템을 거부하면서, 이스라엘은 새로운 사회 시스템(토라)과 새로운 하나님을 도입한다(참조. 수 24:14-15; 삿 5:8). 즉 이스라엘은 전체적으로 전혀 다른 신정론 틀을 채

택했으며, 토라 형태로 새로운 법률(nomos)을 세웠고 이런 전체 움직임은 평등주의라는 특징을 갖는다.

다른 한편으로는, 인간적인 시스템은 부패하고 불공평하지만 그러나 정당성을 부여하시는 하나님은 신뢰할 수 있다고 결론내릴 수도 있다. 이럴 경우 두 가지 사이에 구분이 만들어지게 되고, 그 결과 여전히 신뢰받으시는 하나님의 이름으로 그리고 하나님을 향한 호소를 통해 옛 시스템은 불의하기에 거절되며 또한 정의로우신 하나님의 의지에 불순종하는 것으로 간주되어 거절된다. 고대 이스라엘에 있어서는, 탐욕스런 옛 사사들을 거절하고 새로운 사회 시스템으로서 왕정을 세우는 것(삼상 8:1-5), 북쪽이 착취적인 남쪽왕조를 거절하는 것(왕상 12:16), 혹은 소년 왕을 둘러싼 왕정을 추구하는 것(왕하 11:17-20)등의 경우가 이런 경우였다. 각각의 경우들에 있어서, 야웨의 공의는 질문되지 않았고 야웨의 정당성을 주장하는 사회 시스템만이 의문시되었다. 각각의 경우들에서, 하나님의 대리자는 거부되었고 정당화를 주시는 거룩한 분은 계속 유지되었다.

오늘날에도, 마찬가지로 급격하게 사회 시스템을 비평하는 여성주의 신학자들이 있지만, 그러나 그들은 다름 아니라 하나님의 이름으로 새로운 사회 시스템을 제안한다. 다시 말해 새롭게 역할하는 신정론을 제안하는 것이다. 구약성경에서는 두 가지 양식이 모두 제시되어 있다. 때때로 시스템에 반해 야웨께 호소하기도 하고, 때때로 마치 욥기에서 그랬던 것처럼 하나님께 반하는 호소가 제기되기도 한다.

신정론에 대한 이런 사회적 분석으로부터, 존 건네만(Jon Gunnemann)의 결론이 나온다. 지금까지 유지되어온 중대한 사회적 혁명은 사실 신정론의 행동이다. 혁명의 전제조건은, 누구누구는 반드시 행복해야만 하며 다른 사람들은 축복에 미달되는 사람들이므로 반드시 불행해야만 한다고 선언하는 신정론이다. 혁명은 바로 이 신정론을 받아들일 수 없을 만큼 불공평하다고 인식될 때에 일어난다. 즉 모든 안정적인 사회는 사람들을 상대적으로 힘이 있거나 혹은 힘이 없는 자리에 배치한다. 이 배치는 균형을 유지하기 위해 필요하다. 이것이 직무상의 사회을 유지하게 한다. 건네만이 특징적으로 표현한 것처럼, 중대한 혁명은 그저 물품들이나 어떤 특정한 유익에 대한 권리들을 한 그룹에서 다른 그룹으로 옮기려는 노력이 아니다. 그보다는 이런 배치를 가능하게 만든 패러다임에 대한 도전이며 기본적인 규칙들에 대한 거부이다. 사회적 혁명은 접근과 분배의 법칙들을 바꾸고자 시도하는 것이며, 그 결과 좀 더 공의롭고 인간적인 실천이 시작될 수 있게 하는 것이다. 어떤 사람들에게는 질서로 보이는 것들이 다른 사람들에게는 착취로 경험될 것이다. 옛 영역의 편에서 보자면 파괴와 전복으로 나타나는 것이 이 변화를 착수하는 사람들 편에서는 공의에 대한 추구로 인식될 수 있다. 이전 영역에서는 거룩한 법률(nomos)로 간주한 내용이, 다른 사람들에게는 정당화된 불법, 아노미로 보인다. 그러므로 게임의 규칙을 바꾸는 급격한 대안이 요구된다. 이스라엘에서는 출애굽이 무엇인지 그리고 결과적으로 이 전승을 향해 만들어지는 모든 호소들이 무엇인지를 확실하게 보여준다.

그러므로 우리가 이해하는 신정론에는 다음의 차원들이 포함 된다.

신정론은 하나님의 특성에 관한 종교적 위기이다.

신정론은 이미 사회적으로 확립된 물자와 권력에 대해 의심하고 또한 이런 확립이 과연 정당한지 그 정당성을 공격하는 사회적 위기이다.

신정론은 게임의 법칙을 바꾸려고 하는 혁명적 행동이다.

미란다의 해석은 우리의 관심에 도움을 준다. 그의 해석은 우리에게 시편의 영성이 신정론에 대한 질문에 몰두하고 있음을 확언하기 때문이다. 이 질문이 이 세 가지 차원들 중 어디에 놓이든 간에 말이다. 이 확신은 우리로 하여금 왜 시편이 그토록 빈번하게 여기저기에서 "의로운" 자들과 "악한" 자들에 대해서, 하나님의 의로우심과 하나님의 다스리심의 신뢰성에 대해서 이야기하고 있는지를 이해하고 그 이유를 찾아내는데 도움을 줄 것이다. 이런 지배적 어휘에서 드러나는 것은, 이스라엘은 신정론의 중요한 이슈를 부정하거나 희석시키려 하는 그런 영성이나 그런 하나님과의 교제에는 별로 관심이 없다는 점이다. 하나님과의 불공평한 관계는 전혀 아무런 관계도 아니다. 비뚤어진 관계는 가질만한 가치가 없는 관계이다. 시편은 하나님과의 교제를 갈망하고 중재한다. 그러나 이스라엘은 교제는 정직해야만 하며 비평에 개방적이어야 하며 변형될 수 있어야 한다고 주장한다. 시편은 해방에 대한 깊은 기억을 갖고 있고 또한 새로운 왕국에 대한 심오한 소망을 품고 있는 사람들의 기도이다. 이 사람들은 그들이 이미 애굽에서 했었던 것처럼 불공평의 멍에에 다시 복종할 준비가 되어있지 않다(참조. 갈 5:1). 시편은 공의와 의로움이라는 이슈에 직면하지 않는 하나님에게는, 이스라엘은 거의 아무것도 아뢸 수 없다고 생각한다.

이 이슈는 이미 우리가 위에서 제안했던 것처럼 두 가지 방식으로 취급될 수 있다. 한 가지는 적은 몇몇 본문들에서처럼 하나님이 사회 시스템과 더불어 거부되는 것이다. 이런 거친 표현들에서는, 비난이 "대적"에 대해서만이 아니라 불공평하시거나 혹은 부재하신 하나님께도 던져진다. 극단적인 이런 경우에서는, 신정론이라는 이슈는 매우 날카롭고 고통스러운데, 사실 시편기자는 달리 호소할만한 다른 법정이 없는데다가 그래서 방금 비난했었던 바로 그분 앞으로 호소하기 위해 돌아와야만 하기 때문이다. 이런 경우들에서는, 기도란 하나님이 공의로우신지에 관해서 혹은 하나님께서 정당화하시는 사회적 시스템에 관해서조차 이야기하지 않고 그저 질문하는 것이다.

다른 한 가지는, 좀 더 자주 나타나는 것인데 시스템에 대항하면서 하나님께 호소하는 것이다. 이런 경우들은, 하나님께서는 공의롭고 신실하신 분으로 가정된다. 그러나 하나님의 방법을 비뚤어지게 만들 것은 "대적"이며 그래서 그들은 중한 심판을 받아야 한다. 이 경우, 하나님을 향한 호소는 매우 적절한 행위라고 할 수 있다. 왜냐하면 이 호소는 하나님의 의지를 훼방하는 사람을 대항하는 것이기 때문이다.

고소, 탄식 그리고 감사라는 양식들은 물론이고 공의와 의로움, 악함과 정직함 같은 어휘들도, 우리로 하여금 이 주제에 지속적으로 관심갖게 한다.

우리는 정위(定位)의 시편이 통합해 나가는 경향, 안정성을 고무시켜 나가는 경향 그리고 일치를 촉구하는 경향이 있다는 것을 이미 살펴보았다. 이런 시편들은 의문 없이 받아들여지고 송축되는 그런 신정론을 반영한다. 이 시편들은 "항상성 있는 균형상태"(in a state of homeostatic equilibrium)인 사회를 반영한다. 이 시편들은 질서를 확립하고, 이 질서에 대한 새로운 충성을 발생시키고, 이 질서에 권위와 능력을 좀 더 부여하고 그리고 젊은이들을 이 안으로 들어오도록 가르치기 위한 것이다. 이것은 좋은 신앙의 행동일 수도 있지만, 그러나 이와 같은 목소리는 또한 현재의 합의에서 유익을 얻는다.

그러므로, 비록 사회적 위기가 없다 하더라도, 사회적 합의가 신정론이나 마찬가지다. 이는 이런 신정론이 법률(nomos)을 유지하고 삶을 당연한 질서에 복종케 하는 일을 유지하고 확고히 한다는 의미이다.

이런 종교에서는 하나님은 사실 공평하시고 공의로우신 분으로 고백된다. 그리고 이런 사람들에게 현재의 합의는 하나님께서 축복하신 것이며 풍성한 삶을 허락해 주는 것이기도 하다. 모빙켈이 이해했던 것처럼, 이런 시편들은 법(nomos)을 송축할 뿐만 아니라, 그것을 생성해내기도 한다.

이런 시편들이 사용되면, 그것은 이 시편들의 역할을 수행하고 있는 것이다. 그러므로 이런 시편들에 초점을 맞추고 있는 영성은 사심 없는 영성이 될 것 같지 않다. 이 영성은 삶의 조화와 하나님의 공의를 송축한다. 왜냐하면 이것이 그들이 지금 어떻게 경험하는지를 보여주기 때문이다. 이는 충분한 안정성을 지향하는 삶이며, 지상과 천상에서의 현재의 규칙들에서 만족을 발견하는 삶이기도 하다. 이와 같은 영성은 삶을 계속해서 변함없이 유지하려는 경향을 갖는다.

건네만은 존슨(Johnson)의 말을 인용하면서 우리의 용어를 사용한다. 이와 같은 신정론은 "난폭을, 계획적으로든 혹은 비의도적으로든 다른 사람들의 행동을 혼란시키는 행동"으로 규정할 것이다. 그런 뒤

혁명은 "불건전한 상태"로 취급될 것이다.

이런 관점에서부터, 우리는 흔히 병리적인 것으로 취급되는 혼돈의 세 가지 차원들에 대해 관찰할 수 있다.

현재의 정치 경제적 권력 질서에 도전하는 것은 병리적인 것이다.

하나님께서 불공평 할 수 있다고 생각하는 것은 병리적인 것이다.

이런 시편들 중 몇몇이 이야기하는 것과 마찬가지로 혼미의 목소리를 통해 이야기하는 것 은 병리적인 것이다.

혼미의 시편들은, 신정론에 대한 합의가 붕괴되고 삶의 질서에 위기가 생겼을 때 생겨나고 또한 우리에게 의미를 갖게 된다. 우리는 지금까지 이런 시편들이 발전할 수 있는 다양한 방향성들에 대해 탐구해 왔다. 사실 이 시편들이 많이 다른 태도들을 가진다는 사실은 이해하기 어려운 일이 아니다. 그건 혼란한 시절에는 사람들이 어떻게 최상으로 움직일 것인지에 대해 모르게 되기 때문이다. 세 가지 방법들이 확실한데, 베스터만이 식별했었던 세 가지 초점을 따른다면 다음과 같다.

첫째, 이 시편들은 삶을 매우 혼란스럽게 만들었던 불의한 대적을 향해 복수하기를 갈망하는 시편들이다.

둘째, 이 시편들은 신정론의 정당성 부여자인 야웨에 대한 공격을 한다. 왜냐하면 일부 경우들에 있어서는 사회적 시스템이 왜곡되어 있을 뿐만 아니라 그 시스템을 정당화시키시는 하나님께서도 마찬가지로 실패한 것처럼 보이기 때문이다. 법뿐만 아니라 법의 보호자 역시도 의문시된다. 이 언어는 믿을 수 없을 만큼 대담하다. 화자는 그가 공격했던 동일한 대상인 야웨에게 돌아와 이야기하는 것 말고는 달리 아뢸만한 곳이 그 어디에도 없기 때문이다.

셋째, 이따금씩 혼미의 언어는 정위(定位)로 돌아가고자 하는 열망을 갖고 있으며, 또한 "일곱 개의 시편들" 에서처럼 잘못을 받아들일 수도 있다. 그러나 이런 경우에서조차도 하나님의 의로우심은 이전에 인식했던 것과는 사뭇 다른 무언가로 구별된다. 하나님의 의로우심은 표준적인 설명들 외부에 놓여 있는 호소의 핵심이 된다.

어떤 경우든 간에, 이런 시편에서 이 언어는 혁명적이며, 충분히 질서 잡힌 세상의 관습들을 깨뜨린다. 하지만 건네만은 다음의 내용을 관찰한다. "이런 깨뜨림의 언어들이 다른 사람들, 즉 혁명적인 정당의 구성원들, 혹은 주변인적인 그룹의, 혹은 사회적 계층의 행동을 향하는 의미를 가질 수 있다. 혹은 이것은 이런 그룹 편에서 사회를 위한 새로운 의미체계를 도입하고자 시도하는 것을 나타내는 것일 수도 있다. 혁명적인 깨뜨림은 확립된 질서에 속한채로 남아있는 사람들이나 혹은 이 깨뜨림이 향하는 것과 반대편에 있는 사람들만을 혼란스럽게 한다."

비록 건네만의 분석 용어들을 좀 더 확장적으로 바꾸어야 하긴 하지만, 내가 보기에 그는 대단히 도움이 된다. 시편에서 우리는 파괴적인 '행동' 들을 보지 못하고 오로지 파괴적인 '언어' 만을 볼 수 있다. 그리고 파괴적 언어는 종종 야웨를 향하는데, 그분은 어떤 경우에는 파괴의 가해자로 인식된다. 이런 분석에서 중요한 점은 그 목표가 "새로운 의미체계가 전체 사회에 존재하기 시작하도록 하는 것" 이라는 점이다. 그러나 새로운 의미체계는 마찰 없이는 오지 않으며, 바로 이것을 이 시편들이 제공한다. 합의된 신정론에 대한 파괴적인 단절은 새로운 공의의 신정론을 위한 필수조건이다.

새로운 정위(定位)에 대한 시편들은 신정론이라는 이슈가 새롭게 해결되는 것을 송축한다. 위기는 지나가고, 이제 다시 사회적 삶을 위한 안정적인 패러다임이 있게 된다. 혁명들은 그렇게 쉽게 성공하지 않지만, 그러나 제의적인 삶속에서 우리는 이런 결과가 올 것이라는 예감과 소망을 진전시킨다. 제의적 사건은 실제 해결을 먼저 맛보는 것이다. 그러므로 새로운 정위(定位)에 대한 이 시편들은, 삶이 완전히 갖춰져 있고 잘 질서 잡혔을 때, 그리고 시스템이 공의롭고 하나님이 의롭고 공평하신 것으로 알려져 있을 때의 여러 새로운 상황에 관해 이야기한다. 이와 같은 시편들의 출발점이 개인 감사시들이거나 혹은 제왕 즉위 시편들인 것은 바로 이런 이유 때문이다. 전자의 경우에, 한 개인은 새로운 질서에 대해 친근하고 부인할 수 없는 경험을 이미 갖고 있다. 후자의 경우에는, 사람들은 불의한 질서의 대리자들인 우상들을 반대해 그것들을 결정적으로 제거해 버린 새로운 다스리심의 확립에 대해 공적으로 명확한 진술을 한다. 이런 시편들에서 분명한 점은, 이것이 옛 신정론으로 되돌아가는 것이 아니라는 점이다. 여기서는 옛 영역, 옛 하나님께 전혀 굴복하지 않는다. 도리어 그보다는 이제 새로운 통치를 확립하시며 새롭게 오시는 하나님에 대한 송축이 있다. 사회학자의 언어로 보자면, 이것은 신뢰할만한 법률(nomos)의 확립이다. 이스라엘의 평행적 언어로 보자면, 중요한 것은 다스림이나 혹은 토라이다. 그리고 이 시편들은 심각하게 뒤틀려서 사실상 아노미 상태가 되어버린 옛 법을 대신하는 새로운 법에 따라 살아갈 행복한 준비를 드러낸다.

신정론에 대한 분석과 더불어서, 우리는 이제 영성의 자료로서의 시편이라는 문제로 되돌아가야 할 것이다. 시편은 영성을 위한 자료들이지만, 그러나 신정론이라는 평행적 이슈를 부인하거나 피하는 시편의 영성은 핵심을 놓치는 것이다. 즉 시편의 영성은 특정한 역사를 통해 형성되었고, 경험적인 범주들을 통해서 형성되었으며 그리고 보편적인 것을 꺼려하는 것을 통해 형성되었다. 이것이 시편을 형성했고 규정했으며 특징지었다. 이런 인식은 이 시편들이 이해되어지는 범주들에 관한 해석학적 주장처럼 그렇게 많이 각각의 시편을 새롭게 주석하는 것을 요구하지 않는다. 시편은 개인적인, 내세적인 영성의 중심부로 있어 왔거나 혹은 그런 의미에 대한 질문에서 중심 역할을 해왔다. 그러나 만약 내가 시편을 올바르게 읽었다면, 이런 시편들은 특징적이게도 "의미" 보다 "공의"를 더 중시한다. 시편은 공평, 권능 그리고 한 사람의 삶을 충분히 인간적으로 살 수 있는 자유를 규칙적으로 주장한다. 시편을 이와 같은 공동체적 관심사들로부터 빼내올 수는 없을 것이다.

우리가 시편을 기도할 때, 공동체에서든 혹은 개인적으로든, 우리 기도들 의존하는 구름 같은 증인들에 의해 둘러싸이게 된다. 이 증인들은 무엇보다도 바로와 다른 억압자들로 인해 부르짖었던 유대인들을 포함한다. 그리고 구름 같은 증인들은 공의와 해방을 기대하는 사람들을 포함한다. 이것은 하나님께서 권능 있는 영이시라는 확신을 손상시키지 않는다. 이것은 시편을 정치적인 문서로 전락시키지도 않는다. 그보다는 우리 영성은 하나님을 향해 대답해야만 하는데, 그 하나님은 공의와 질서, 변혁과 균형에 관한 질문이 제기되는 곳에 임재 해 계시는 분이시다는 점이다. 우리는 마치 모든 이슈들이 해결된 세상 속에서 살고 있기라도 한양, 우리들의 영성에 대해 감히 실증주의자가 될 수는 없다. 시편의 영성은 이 세상이 하나님과의 이 대화에서 질문하도록 부름 받고 있다고 가정한다. 이점은 하나님과 우리의 대화가 열정적이고, 솔직하고 또한 대담할 것을 요청하기도 하고 허용하기도 한다. 이런 대화 가운데서 하나님께서는 다른 역할들을 생각하신다. 때로는 하나님께서는 옛 균형의 보증인이시다. 다른 때에는 하나님은 이제 확립 되어야할 새로운 공의의 선구자이시기도 하다. 또한 때때로 하나님께서는 우리를 때리시지 않는 방법으로 적절하게 다스리시는 통치자가 되시면서, 혼미가운데 계시기도 한다. 우리는 하나님을 이와 같은 역동성으로 부터 옮겨오기를 원했었는지도 모른다. 왜냐하면 영성이란 그렇게 대립하려는 경향을 띠지 않기 때문이다. 그러나 시편은 하나님을 우리 매일의 삶에 대해 이런 방식을 통해 거짓된 분으로 다루는 것을 거절하며, 또한 시편은 그들이 애굽 왕조에 속하지 않았음을 알고 있고 공의와 의로움의 왕국에서 새로운 균형을 소망하는 이 백성들의 기억에 대해 거짓이 되는 것을 거부한다. 이점에 대해, 시편은 열정적으로, 열렬하게 대담함을 가지고 주장한다.

시편색인